D0082856

Lope de Vega

EL PRIMERO BENAVIDES

The Thirteenth Publication
in the Haney Foundation Series
University of Pennsylvania

Lope de Vega

EL PRIMERO BENAVIDES

Edited from the Autograph Manuscript with Introduction and Notes

by

Arnold G. Reichenberger

and

Augusta Espantoso Foley

Philadelphia
University of Pennsylvania Press

Library of Congress Catalog Card Number: 74-103336
ISBN: O-8122-7637-X

PRINTED IN THE UNITED STATES OF AMERICA

For

N. L. R.

and

H. R. F.

Acknowledgments

In our files there are the names of thirty-five friends, colleagues, and correspondents, who at one time or another kindly, generously, and promptly answered our requests for information. The unfortunately futile search for the history of the autograph manuscript between 1863 and 1939 alone involved sixteen correspondents in Austria, England, Switzerland, and the United States. We are deeply grateful to all of them for their invaluable help.

However, fairness bids us mention by name those who made particular contributions to our investigations. Don Nemesio Sabugo, historian of the town of Benavides de Orbigo, followed our work with unflinching interest and enthusiasm and provided much historical and topographical information. Professor Ciriaco Morón Arroyo clarified many a passage which offered syntactical or semantic difficulties. Professor Otis H. Green was always ready with advice and counsel. Professor Joseph H. Silverman sent us a photocopy of the Gálvez manuscript. Professor Frank Paul Bowman contributed to the solution of a bibliographical enigma through search in the Bibliothèque Nationale. Mr. Thornton N. Wilder, with uncommon generosity, put at our disposal his detailed notes on the actors appearing in the cast of our play. Dr. Mac E. Barrick contributed the notes on the proverbs appearing in *El primero Benavides*. Mr. Urbain De Winter assisted in significant ways in the preparation of the manuscript. Mr. José Regueiro helped with the Bibliography. Finally, Mrs. Eleanor Hoskins, with much patience and good humor, created a clean typescript from a difficult copy.

We are also much indebted to the Committee on the Advancement of Research and the Department of Romance Languages for financial support for our work.

Again, to all friends a heartfelt "thank you!"

A. G. R.
A. E. F.

Contents

ABBREVIATIONS USED IN NOTES AND BIBLIOGRAPHY

To indicate place of publication: B., Barcelona; M., Madrid; N. Y., New York; P., Paris.

Ac.	*Obras de Lope de Vega publicadas por la Real Academia Española.* 1890-1913.
acc.	accepción.
BAE	Biblioteca de Autores Españoles.
BH	*Bulletin Hispanique.*
Clás. Cast.	Clásicos Castellanos.
Covarr.	Covarrubias, Sebastián de. *Tesoro de la lengua castellana o española.* Ed. Martín de Riquer. Barcelona, 1943.
DCELC	Corominas, Joan. *Diccionario crítico etimológico de la lengua castellana.* 4 vols. Madrid, 1954.
DH	*Diccionario histórico de la lengua española. A-Cevilla,* 2 vols. (only). Madrid, 1933-36.
DHLE	*Diccionario histórico de la lengua española. A-aga,* 7 fascs. Madrid, 1960-66.
Dicc. Ac. or *Acad.*	*Diccionario de la lengua española.* Real Academia Española. 18th ed. Madrid, 1956.
Dicc. Aut.	*Diccionario de la lengua castellana.* Real Academia Española, 1727-39 (known as *Diccionario de Autoridades*).
Dicc. hist.	*Diccionario de historia de España desde sus orígenes hasta el fin del reinado de Alfonso XIII.* 2 vols. Madrid, 1952.
Esp. mus.	Lévi-Provençal, *España musulmana. Historia de España,* IV. Ed. R. Menéndez Pidal. Madrid, 1950.
HR	*Hispanic Review.*
Int.	Introduction.
PhQ	*Philological Quarterly.*
RFE	*Revista de Filología Española.*
RHi	*Revue Hispanique.*
RPh	*Romance Philology.*
TAE	*Teatro Antiguo Español.*

Tes. lexic.	*Tesoro lexicográfico.* Ed. Samuel Gili y Gaya. Madrid, 1947-.
Voc. Cerv.	Fernández Gómez, *Vocabulario de Cervantes,* Madrid, 1962.
ZfRPh	*Zeitschrift für Romanische Philologie.*

INTRODUCTION

I. BIBLIOGRAPHY

A. The Autograph Manuscript

The fully autograph manuscript (holograph) of Lope de Vega's play *Los Benavides* is now in the University of Pennsylvania Library. * It was part of the great autograph collection assembled by the late Swiss industrialist, Karl Geigy-Hagenbach, who died in 1949. It was put up for auction in Marburg, Germany, jointly by the Haus der Bücher, Basel, and J. A. Stargardt on May 30, 1961. [1]

* Our Introduction has adopted the pattern of the Introduction to Lope's *comedia Carlos V en Francia* (1604), edited by Arnold G. Reichenberger (1962), and repeats information contained in his Note "The Autograph Manuscript of Lope de Vega's play *Los Benavides*," *The Library Chronicle,* XXVIII (1962), 106-108.

Throughout the Introduction and Notes we are using the traditional title of the play *Los Benavides* derived from the *Peregrino* lists and Lope de Vega's *Segunda Parte.* See p. 8, n. 8, and p. 245 in the Notes.

[1] The Catalog bears the title "*Autographen aus der Sammlung Karl Geigy-Hagenbach und anderem Besitz.* Auktion am 30. und 31. Mai 1961, in Marburg. Haus der Bücher A. G., Basel, Bäumleingasse 18—J. A. Stargardt, Marburg, Bahnhofstrasse 26." *Los Benavides* is No. 333 of the catalog and is described on page 57. About Herr Geigy-Hagenbach as collector we read (pp. 5-6): "Ihm gehörte unstreitig die grösste universale Autographensammlung, die selbst noch in ihrem jetzigen, durch eine Erbteilung um zwei Drittel verringerten Umfang das Streben ihres Besitzers nach grösstmöglichster Vollständigkeit auf allen Gebieten zeigt, wie sie den meisten Autographensammlern des 19ten Jahrhunderts als Ziel vorgeschwebt hatte." He began collecting autographs when he was twenty years old and continued his activity as collector for almost sixty years with the result that he created "eine Sammlung ... die an Grösse und Vollständigkeit ihresgleichen nicht hatte und nicht mehr haben wird." A catalog entitled *Autographensammlung von Karl Geigy-Hagenbach* was privately printed in a very limited edition in 1929, with two *Nachträge* already included. Two more appeared in 1933 and 1939. Geigy also published a facsimile atlas *Album von Handschriften berühmter Persönlichkeiten vom Mittelalter bis zur Neuzeit* (1925) containing almost 1300 reproductions. Lope is represented (p. 207) with this text: "Capellan y aficionadissimo / seruidor de Vd. /

The manuscript, dated "En Madrid a 15 de Junio de 1600," measures 21 × 15.5 cm (8 1/2 × 6 inches) and its format is that of all other known Lope *comedia* holographs. There is no title page.[2] The first folio containing the cast of characters for Act I is unnumbered. The text of this act follows on seventeen folios numbered by Lope himself, ending on fol. 17v. Act II has two unnumbered preliminary folios; the first is the title page for this act, the second gives the cast of characters. The text of Act II, like that of Act I, consists of seventeen folios numbered by Lope and ends on fol. 17v. Between Acts II and III there is a blank folio. Act III has one unnumbered preliminary folio with the cast of characters. The text follows, again on seventeen folios and ending on fol. 17v. However, whereas the first two acts are of almost the same length (1111 and 1174 lines respectively), the third act is considerably longer, totaling 1328 lines. Therefore, Lope wrote his text in two columns on folios 15 and 16. The entire manuscript consists of 51 numbered, 4 unnumbered folios and 1 blank folio, a total of 56 folios. The play with a total of 3613 lines is among the longest Lope plays in existence.[3] The original offers 163 lines more than the printed editions.[4]

The manuscript is in good condition, although not quite as good as that of *Carlos V en Francia* (also owned by the University of Pennsylvania). The first folio is damaged toward the lower right-hand

Lope de Vega Carpio." Other Spaniards are Cervantes (Sevilla, February 4, 1593), Calderón (April 30, 1635) and Echegaray. He was in contact with Stefan Zweig, who was also a great collector and is known to *Lopistas* as the owner of the autograph of *La corona de Hungría* (see S. G. Morley and C. Bruerton, *The Chronology of Lope de Vega's "Comedias"* [New York, 1940], p. 45). Stefan Zweig mentioned the *Benavides* manuscript in one of the thirty postcards to Geigy which were also offered for auction.

[2] The title page must have been lost. All completely preserved manuscripts have both title page and cast of characters for Act I (see *Carlos V en Francia* [Philadelphia, 1962], p. 13, n. 2).

[3] According to Morley-Bruerton's count of the lines of an authentic play based on printed texts, there are only four plays with more than 3500 lines. They are: *Lo fingido verdadero,* 3507, ca. 1608 (p. 198); *El hijo venturoso,* 3584, 1588-1595 (pp. 14, 33); *Los muertos vivos,* 3569, 1599-1602 (pp. 17, 35); *La fuerza lastimosa,* 3521, before 1604 (p. 21), "with certainty 1595-1603" (p. 144).

[4] Morley-Bruerton, *Chronology,* p. 17, counts 3446 lines based on the Academy edition. However, subtracting the 163 lines omitted in the *princeps,* as listed on p. 10, from the total of 3613 lines of our edition we arrive at a total of 3450 lines for the Academy edition.

corner, and the first ten folios of Act I show a tear on the right-hand margin, as does the last folio of Act III. The writing, however, is not affected. The manuscript came in a folder, the size of the original, of different (modern) paper. A modern hand wrote on the cover "Los Benavides / Comedia original manuscrita / de Lope de Vega." The script is calligraphic and could be that of a nineteenth century Spanish archivist. In the upper right-hand corner there is a pencil notation Kat. Nr. 2616. This must have been made by a German-speaking person, as the *K* for *Katalog* implies. The folios are slightly stitched together and are now protected by a handsome slipcase. Each page with text shows the religious invocation *JM* or *JMC* (i.e. *Jesús María* or *Jesús María* [*Ángel*] *Custodio*) in the center of the top margin. A simple cross suffices for the pages containing the cast of characters. This is also Lope's habit in the *Carlos V* manuscript, dated Toledo, November 20, 1604. His signature at the end is preceded by the letter *M,* one of his ways of expressing his love for Micaela de Luján which lasted from 1599 to 1608. [5] Lope signed the autograph of *Carlos V* the same way. In *Los Benavides* he put the initials *ML* at the end of Act II and his rubric at the bottom of the *repartos* of all three açts. [6] The text shows corrections by Lope's own hand, but little modification of the text by a different person, such as a stage manager. We observed only two minor passages of this kind: Act I, fol. 6r (line 330) and Act II, fol. 3r (line 1243). There are, as in the *Carlos V* manuscript, several passages marked for omission in performance. Again as in *Carlos V,* a long line, often, but not consistently, broken up into two or three segments and ending in a *Z*-shaped rubric at the right-hand end indicates that the stage remains empty. Shorter lines indicate smaller changes, such as exit of a character (e.g., Act I, foll. 8v, 13v, lines 491+, 824+ respectively) or change of speaker and assonance in a *romance* passage (Act I, fol. 11r, line 669+). A cross potent is regularly placed above or sometimes at the beginning of stage direction. Whereas in *Carlos V* Lope wrote 20 out of 95 1/2 pages, or about 21 percent, without the slightest *tachaduras,* in *Los Benavides* we find only 9 1/2 columns out of a total of 105 1/2, or about 9 percent written without any corrections at all. However, there

[5] See Américo Castro, "Alusiones a Micaela de Luján," *Revista de Filología Española,* V (1918), 256-292, especially pp. 267-277.

[6] Américo Castro, "Alusiones," p. 277, n. 1 reproduces in facsimile another example of the letter *M* combined with *L* plus rubric, at the end of the second act of *Pedro Carbonero.* The date of the play is August 26, 1603.

are many columns[7] where the corrections are very slight and minor. There is a clear distinction between Lope's own *tachaduras* and those made by others, of which in *Los Benavides* there are only two (see above). In Act III, fol. 10v (line 2991), another hand changed Lope's faulty assignment of a speech to Payo, to the correct person, Sancho, writing *San* on the left margin. *Pa* is still clearly discernible. Lope himself always tried to make the discarded version more or less illegible, either by a series of loops or—less frequently—by veritable blots. In Act I, fol. 6v opposite line 372, another hand wrote on the left-hand margin *se ganaua,* presumably to replace *se tardaba,* although this change completely destroys the sense. Some doodling by Lope or by other hands is found but much less than in *Carlos V,* probably because the manuscript passed through fewer hands than that of *Carlos V.* On fol. 6r of Act I there is a rubric which resembles that used by Lope but is less elaborate than the one placed at the end of the *repartos.* It may or may not be by Lope himself. On top of the blank page facing the cast of characters of Act III we find: a simple cross / *BenaBides delopedeBega* / 1607, the words being penned in calligraphic script. On the following blank page, facing fol. 1r of Act III, someone wrote *Los Benavides,* then, farther down on the page *Jesús que buenos,* further below an elaborate *B* in dark ink and still farther down, a larger *B* in pale ink. Finally, a modern note is discernible on the very last page, below Lope's signature: a pale *1902,* preceded by a Z-shaped pencil mark. It may refer to the year in which an owner preceding Geigy-Hagenbach acquired the manuscript.

Very little is known about the history of the autograph. It must have belonged with other Lope manuscripts to Lope's Maecenas, the Duque de Sessa, who was also the first collector of Lopeana. The archivist of the House of Sessa, Ignacio de Gálvez, in 1762 copied a total of thirty-two plays from the original autographs. They were collected in four bound volumes. Their existence was completely unknown until the Marqués de Valdeiglesias made them available to Agustín G. de Amezúa, who published a study about the collection in 1945.[8] Amezúa (p. 30) reports the

[7] We are counting in columns because, as we have said earlier, Lope divided folios 15 and 16 of Act III into two columns.

[8] Agustín G. de Amezúa, *Una colección manuscrita y desconocida de comedia de Lope de Vega* (Madrid, 1945). *Los Benavides* is the third play in the fourth volume, folios 112-176, dated June 17, 1762. In 1967 it was inaccessible. In 1969 Professor Joseph H. Silverman was kind enough to supply us with a Xerox copy

title as "Benavides (El primero)." Furthermore (p. 31), he reports the following *licencias* and *aprobaciones,* not preserved with the autograph manuscript:

> Del secretario Tomás Gracián Dantisco, mandándola examinar, en Madrid, a 23 de enero de 1601.
>
> Otra, del mismo, en Madrid, a 24 de enero de 1601, o sea mediando tan sólo un día entre la orden y su examen.
>
> Otra, de Alonso Pérez de Villalta, en Antequera, a 23 de marzo de 1603.
>
> Otra, sin expresión de lugar, del Dr. Domingo Villalba, a 23 de enero de 1606. [9]

Some one hundred years after Gálvez copied the original, the manuscript was still in the archives of a descendant of Lope's protector, Duque de Sessa, the Conde de Altamira, Duque de Sessa. In April, 1863, it was found together with the first three codices of Lope's letters by Don Luis Buitrago y Peribáñez, an official of the archives, as he went through "varios legajos de papeles antiguos." There "encontró uno rotulado *Diversos de curiosidad,* que contenía, entre otros, la desconocida epístola de Cervantes al Secretario de Felipe II y uno de sus privados, Mateo Vázquez de Leca Colona, y el manuscrito autógrafo de la comedia de Lope *Los Benavides.*" [10] Then the traces of the manuscript disappear. Menéndez Pelayo was aware of its existence "años hace" in the above-mentioned archives, [11] but did not know where it was at the time of editing the play for the Academy edition (1890). Neither Rennert, Rennert-Castro, Morley-

of the Gálvez manuscript. It has not been collated by us but it confirmed our conjecture that the correct title of the play is *El primero Benavides.* The collection has a fifth volume with *comedias* of the eighteenth century (*ibid.,* p. 18). The study, without the variants between the Gálvez copies and the Academy edition, has been reprinted in Amezúa's *Opúsculos histórico-literarios* (Madrid, 1951) II, 364-417.

9 Tomás Gracián Dantisco and Dr. Domingo Villalba gave their approval of the performance of *Carlos V.* For their activity as censors of Lope plays, see *Carlos* V, p. 243. Villalba issued permits in Zaragoza in 1608 and 1611. We have not identified Alonso Pérez de Villalta.

10 La Barrera, *Nueva biografía de Lope de Vega. Obras de Lope de Vega* (Madrid, 1890) I, i 1n; also p. 154, 1n. Repeated by Amezúa, *Colección,* p. 31 (the date given as 1865) and Amezúa, ed., *Lope de Vega en sus cartas,* III, xxv (date given as 1863).

11 In the Introduction to his edition of the play in the Academy edition, Vol. VII (1897); reprinted in *Estudios sobre el teatro de Lope de Vega* (Santander, 1949) III, 326.

Bruerton[12] nor Amezúa in 1945 knew anything about the location of this autograph. Its appearance in the auction catalog of the Geigy-Hagenbach Collection came as a complete surprise. Herr Geigy-Hagenbach had acquired the manuscript between 1933 and 1939, since the autograph is mentioned for the first time in 1939 in the fourth *Nachtrag* to the catalog of his autograph collection (see Note 1).

B. The Printed Editions

The title of our play appears in the *Peregrino* lists of 1604 and 1618 as *Los Benavides.*[13] The *editio princeps* is contained in Lope de Vega's *Segunda Parte* (Madrid, 1609) the full title of which is: *Segunda Parte de las Comedias de Lope de Vega Carpio, que contiene otras doce, cuyos nombres van en la hoja segunda. Dirigidas a D.ª Casilda de Gauna Varona, mujer de D. Alonso Vélez de Guevara, alcalde mayor de la ciudad de Burgos. En Madrid, por Alonso Martín. Año de 1609.*[14] It is the sixth play, appearing on foll. 162v-194r. We used a photostat of the British Museum copy.[15] In addition to the *princeps* of the *Segunda Parte,* the following editions have been recorded by H. A. Rennert, in his *Bibliography of the Dramatic Works of Lope de Vega Carpio based upon the Catalogue of John Rutter Chorley* (New York-Paris, 1915), pp. 12-13. (In the opposite column we give the present locations of the various editions as far as they are is known to us.)

Valladolid, 1609	not located (mentioned by A. F. Schack)
Pamplona, 1609	not located
Madrid, 1610	Biblioteca Nacional (Raros 14095); Bibliothèque Nationale, Paris (Yg. 273)
Valladolid, 1611	Bayerische Staatsbibliothek, Munich; Universitätsbibliothek Göttingen

[12] Its existence and location at the University of Pennsylvania Library have been duly noted, however, in the Spanish edition, p. 230.

[13] *El peregrino en su patria,* Madrid, por la viuda de Alonso Martín, 1604, fol. ¶ 2v; Madrid, 1618, fol. ¶¶ 3r.

[14] Title quoted after H. A. Rennert and A. Castro, *Vida de Lope de Vega (1562-1635)* (Madrid, 1919), p. 186, n. 1.

[15] The call number is PS / 5329 over 1072 K 8. Errors in foliation: number 183 omitted; 192 wrongly numbered 191.

Barcelona, 1611	Biblioteca Nacional (Ti 92); British Museum (1172b.k.4)
Amberes, 1611	Bibl. Nac.; British Museum (1072. f. 4); University of Pennsylvania
Bruselas, Antwerpiae, 1611	Bibl. Nac.; British Museum (11725.aaa.18, a duplicate copy of Amberes, 1611, with a new title page)
Lisboa, 1612	Univ. of Pennsylvania; Bibl. Nat., Paris (Yg. 1375); Bayer. Staatsbibl., Munich. Copy in the library of Peterhouse, Cambridge. Classmark F.10.33. Courtesy E. M. Wilson.
Madrid, 1618 (Juan de la Cuesta)	Bibl. Nac.; Univ. of Pennsylvania
Madrid, 1621 (viuda de Alonso Pérez de Montalbán)	not located (A. Restori, *Zeitschrift für Romanische Philologie,* XXX [1906], 226)
Madrid, 1621 (viuda de Alonso Martín)	not located (A. Restori, *Ancora di Genova nel teatro classico di Spagna* [Genova, 1913], p. 15n.)
Barcelona, 1630	not located (Rennert says "Bibl. Nac."; [16] but the edition could not be located)

We have a photostat of a *Benavides* text which comes from a copy of the *Segunda Parte* with the title page and the *Aprobaciones* missing. The play appears on sig. Z[1r] [Cc8v], foll. 169r-200v (fol. 186 misnumbered 184). The signature is different from that of British Museum copy of the Madrid, 1609 *princeps.* This *Segunda Parte* copy is in the Bibliothèque de l'Arsenal, Paris, call number Re6614. The dedication is to the same lady as that of the *princeps.*

The first time the play was reprinted in modern times was in the Academy Edition, VII (Madrid, 1897), [507]-548 under the editorship of

[16] The information in parenthesis for the editions Valladolid, 1609, Madrid, 1618 and 1621 comes from Rennert, *Bibliography,* and the *Catálogo de la exposición bibliográfica de Lope de Vega* (Madrid, 1935), p. 75. Hermann Tiemann, *Lope de Vega in Deutschland* (Hamburg, 1939), p. 15, gives additional locations in Germany. The remark about omissions in Act III of the *Benavides* in later editions of *Parte II,* reproduced by Rennert (p. 496), is erroneous. The omissions refer to *La bella mal maridada,* which is the eighth play in *Parte II.* The error is corrected in Rennert and Castro, *Vida,* pp. 464-465.

Menéndez Pelayo. Finally *Los Benavides* was included in Lope's *Obras escogidas* (Madrid, Aguilar, 1955) III, [697]-734. [17]

As we have stated above, the autograph contains 163 lines more than the *princeps,* which does not offer the following:

Act I: 151-155, 268-271, 288-291, 542-545, 562-565, 590-593, 811, 984-987, 1090-1091. The total is 32 lines.

Act II: 1172-1176, 1202-1206, 1349, 1401-1405, 1436-1440, 1451-1470, 1536-1539, 1601-1603, 1754-1758, 1771, 1885, 1904-1907, 1968-1971, 2090-2093, 2134-2137. The total is 71 lines.

Act III: 2423-2427, 2443-2457, 2528-2532, 2728-2731, 3038-3043, 3240-3244, 3270-3274, 3285-3289, 3295-3299, 3350-3359: two *quintillas* replaced by one. The total is 60 lines.

In a spot check of the omissions in Act I with the Madrid, 1610, Amberes, 1611, and the Lisbon, 1612 editions we found they followed the text of the *princeps.* We have not collated the text of the *Benavides* text as it appears in the other seven located editions of the *Segunda Parte.* Nor have we consulted the manuscript copy in an eighteenth-century hand which is the last play (fifteenth) in a volume of manuscript Lope plays preserved in the Library of the University of Seville. [18]

C. This Edition

Our primary aim has been to offer a faithful transcription of the original manuscript, to describe the appearance of each page which shows some deviations from the norm, and to decipher Lope's *tachaduras.* We furthermore wish to show the relationship of the original Lope text to the *princeps* of 1609 and to the modern editions most currently in use, the Academy edition and the Aguilar edition. The result is that the latter follow closely the Madrid 1609 text and offer very few corrections or mistakes of their own. Consequently we adopted the following system

[17] The full title is *Lope Félix de Vega Carpio, Obras escogidas.* Estudio preliminar, biografía, bibliografía, notas y apéndices de Federico Carlos Sainz de Robles. 3 tomos (I: Teatro; II: Poesía; III: Teatro). Madrid, Aguilar, 1955. Vol. II, in addition to "Poesía," contains also "Prosa" and "Novelas."

[18] See *Catálogo de la exposición ...,* núm. 98, xv (p. 34), and Amezúa, *Opúsculos,* II, 382. We have a microfilm copy.

for the variants: (1) a variant reported without indication of an edition implies that Madrid, 1609, Ac(ademy), and Ag(uilar) coincide. (2) M 9 alone means the variant is found in the Madrid, 1609 text only. (3) Ac indicates the variant occurs in both the Academy and the Aguilar editions but not in M 9. (4) Ag means the variant appears in the Aguilar edition only. Evident misprints have not been reported nor such vacillations in seventeenth-century pronunciations and spelling as that between *e* and *i* (e.g. *perseguirme—persiguirme*), *t* and *ct* (e.g. *Vitoria* and *victoria*), *agora* and *aora* and other slight morphological differences, metathesis observed or not observed (*dadles—daldes*), assimilation or no assimilation in the infinitive with the enclitic personal pronoun construction. The stage directions in M 9 are completely independent from the autograph as they are in the printed editions of *Carlos V* in *Parte XIX*. Since they are not of Lope's making we have not collated them, following the same editorial policy which was adopted in the edition of *Carlos V*.

We observe the usual principles for the editing of Lope autographs. The spelling has been reproduced as accurately as possible. Accents, capitalization, and punctuation are the editors'. Abbreviation of character names has been resolved without square brackets. Likewise, *que,* which Lope often abbreviates as a *q* with a flourish, has been consistently resolved whether *que* appears as a word or as a syllable. Other abbreviations have also been resolved, but with the use of square brackets, thus: *prim*° is transcribed as *prim*[*er*]*o*. Lope's usual spelling of *un, uno* is *vn, vno,* except when combined with the preposition *a,* in which case he combines the two words to *aun, auno.* We have rendered this by *a/un, a/uno.* Likewise, the *ff* in *ffee* appears only in combination with the preposition *a* as *affee.* We write *a/ffee.* Other words written together, such as *eneste,* have been separated into *en este.* In the description of Lope's corrections we have tried to offer reasonable conjectures as to what made Lope change his mind. Often we could not find any reason except haste, but surely some possible explanations have escaped us which the alert reader may discover.

II. THE STRUCTURE OF THE PLAY

The theme of *Los Benavides* is, on the level of action, the story of the founding of the house of the Benavides family; on the other level, that of moral purpose, it is the punishment of the evil of pride (Payo de

Vivar's) and reward for the virtue of loyalty (Sancho's). [1] The theme on the level of moral purpose is indeed, as Mr. Pring-Mill says, a "moral commonplace when detached from the action," but "it is the business of the action to embody [it] in a particular series of events in such a way that the commonplace utterance is made significant to the audience." [2]

Act I

1. At Court in León

1-195 *Quintillas*

Mendo de Benavides and Payo de Vivar enter accompanied by other noblemen.

A quarrel has arisen between the two about who is to bring up the six year old (42) * boy king, in the course of which young Payo has slapped old Mendo in the face. Mendo wishes to revenge this unforgivable offense immediately but is prevented from doing so by the other noblemen present. It is established that Mendo has no young, male relative who can challenge Payo to a duel (36). The moral issue is clearly cut. The *bofetón* received is the result of Mendo's *lealtad* and Payo's *trayzión,* which means that the offense transcends the *agravio* to Mendo's personal honor (66-70). Yet, just as the paper outlives the pen used for writing on it, so will he outlive the offender. The moral issue is presented at the same time as the dramatic suspense is produced. We are certain that poetic justice will be carried out, but we do not know *how* this is going to happen.

[1] We are trying to analyze the play within the general framework of the five principles governing the Spanish theater of the Golden Age, as established by Professor Alexander A. Parker, "The Approach to the Spanish Drama of the Golden Age," *Diamante* VI, published by the Hispanic and Luso-Brazilian Councils, London, 1957, reprinted in *Tulane Drama Review,* IV (1959), 42-59, and slightly modified by R. D. F. Pring-Mill in his Introduction to *Lope de Vega, Five Plays* translated by Jill Booty (A Mermaid Dramabook), Hill and Wang, New York, 1961. These five principles are: (1) Primacy of action over character drawing. (2) The primacy of theme over action. (3) Real unity of the play is to be looked for in the theme rather than in the action. (4) The moral purpose inherent in the theme is brought out through the principle of poetic justice. (5) Elucidation of the moral purpose by means of dramatic causality.

[2] Pring-Mill, *ibid.,* p. xv.

* Numbers in parentheses refer to verse numbers.

Mendo leaves and the noblemen continue their discussion in the same meter. Fernán advises Payo that for many reasons it would be improper to take King Alfonso with him. Payo, who has authority as *alcalde,* will send to Galicia for Count Melén González and his wife, Doña Mayor, to be the *ayos* of the king. The scene closes with a significant remark that Mendo will not leave the *bofetón* unavenged. Payo dismisses the warning lightly.

2. In Benavides

196-459 *Redondillas*

Change of characters, place, and mood.

The change of meter indicates these changes: We move from León to the home of Mendo de Benavides in his *aldea.* The mood also is different from the previous scene which was all action among noblemen and established the dramatic conflict. This long scene is primarily lyrical with a central theme of its own, the love of Sol and Sancho. It consists of two unequal parts. In the first and shorter one (196-252) Sol, a servant girl, talks of her love for Sancho and prevails upon Doña Clara, her mistress, and Mendo's daughter, to ask her father to give his consent to her marriage to Sancho. The much larger second part (253-459) begins with Sancho's expression of his devotion for Sol by playing with the conceit, *Sol* the person, and the *sol* of the sky. Further on, two contrasting passages reveal Sancho's anger when it looks as if Doña Clara is opposed to the marriage, and then joy when he is told that she actually is in favor of it. She will write to her father in León asking for his consent. In the first part we have ninefold anaphora with *no* repeated at every second line of the *redondilla* (312-321) as Sancho in almost ritual fashion wishes upon her the rejection and nonfulfillment of all her wishes. In the antithetical affirmative lines (336-355) when Sancho wishes her just the opposite, anaphora is based less on the repetition of a word than on parallelism of syntactical structure, that is, optative use of the present subjunctive. The declaration of love on Sancho's part continues and he is informed that he himself has been chosen as the messenger to bring Doña Clara's letter to her father in León. Sancho is strong, and although the distance is six leagues round trip, he will walk. This has importance for the plot since it establishes Sancho's rustic ruggedness. Another strain to be noted in this scene is Doña Clara's seeming hesitation and stalling for time as far as the wedding is concerned. A trained audience would not miss these pointers toward the further development of the action. The two passages antithetically structured on the negative and the affirmative remotely resemble the two love alphabets in *Peribáñez* (408-487) and the declaration by Peribáñez and Casilda of their love for each other (41-120), based on the male-female contrast. The love element dominates this scene, which is related to the main theme through the person of Sancho and through the reluctance of Clara. At this point she is the only person on and off stage who knows that the two lovers are actually brother and sister, her own children, and that King Bermudo II was their father. One could say that this scene is a lyrical expansion of the main action.

3. In Benavides

460-491 *Endecasílabos sueltos*

Change of persons on the stage but not of place of action.

Ramiro escudero asks his master, Mendo, why he was so depressed on their way back from León that he did not speak a word. The latter pleads grief over King Bermudo's death as the reason. The eleven-syllable line is appropriate for the mood.

4. In Benavides

492-505 *Soneto* ABBA ABBA CDE CDE

Mendo's soliloquy.

Honrra, the first word of the quartets and the tercets, is the theme. Life is no longer worth living. Mendo is cast out of the *hidalgo* class, "ya soy villano."

5. In Benavides

506-788 *Redondillas, romance o-o* and *a-a, quintillas*

A long dialog in three different meters (*redondillas, romance, quintillas*) between father and daughter in changing moods.

First, *redondillas* (506-573). There is excitement in both characters. Clara is very much disturbed by her father's strange behavior. Mendo blames his daughter for her refusal ever to get married, so that he has no descendants to avenge the affront he has suffered. Effectively he tells

Clara in the last line of his speech what happened: "...vn infanzón / pudo mi rostro afrentar" (569). Then follows a pair of *romance* passages: the first spoken by Mendo in *o-o* (574-669), the second by Clara in *a-a* (670-753). Mendo gives a detailed account of the quarrel which culminated in the *bofetón* received from Payo de Vivar. His speech is enlivened by narrated direct discourse (630-637). First we have one long sentence beginning with the grammatical and thematic subject "El famoso rey Bermudo" (574), his whole history plus that of Bermudo's enemy, Almanzor, being packed into the subordinate clauses (575-605), with anacoluthic participial construction in 590 and 594 leading to the main verb *murió* (606), followed by a short four-line codalike ending. The epic pace of the first part forms a contrasting foil to the dramatic second part of the *romance* passage. Now the time has come for Clara to tell her father that the supposed *villanos,* Sancho and Sol, actually are Mendo's grandchildren, fruit of the secret love affair between King Bermudo II and Clara. The king had given Clara his word in writing (720) to marry her but failed to keep it. Therefore, Sancho is, although illegitimate, after all a king's son, and from the mother's side, a Benavides. He will carry out the revenge. *Romance* is the appropriate meter for the narration of events. It is a *relación.* The joyous epilogue is couched in the lively *quintillas* (754-788). In this long scene in three different meters the action carries the theme without much deviation and elaboration. The pertinent facts of the past are revealed and the exposition is nearly complete. The new questions to be resolved are (1) to see whether the rustic Sancho will prove himself to be worthy of his royal and noble ancestry: "que ver será justa ley, / ... / si lo que tiene de rey / se lo ha quitado el aldea" (780-783), and (2) what will be the reaction of Sancho and Sol when they are told of their origin and relationship. The latter issue will be postponed to well into the second act.

6. At Court in León

789-848 *Endecasílabos sueltos* ending in one *pareado*

A solemn scene of paying homage to King Alfonso. Inborn dignity and childlike traits are mixed in him. It is decided that the young king will stay in León under the tutelage of Count Melén González (802-803). Sancho's arrival is announced (840) and he appears on the stage (847-848).

The action moves forward with little delay. The meter is appropriate for the solemn occasion at court.[3]

849-968 *Redondillas*

Change in tone and argument but not in place.

A spirited conversation between Sancho and the noblemen, primarily, however, between him and Payo, brings the antagonists face to face for the first time. Although Payo tells Sancho that he has slapped Mendo in the face, Sancho refuses to believe it and challenges him with the deadly offensive words "tú mientes como traydor" (930). Since the law prohibits an *hidalgo* to fight a *villano,* Payo will send one of his men who is of the same social status as Sancho to meet him for the duel. Sancho's character "develops" as required by the theme and the action: he shows his moral and physical strength, and his fearlessness even when confronted with persons of higher rank. He insists on his personal dignity when rejecting the term *villano* for *labrador* to indicate his place in the social hierarchy. (The social order as such, of course, is not questioned at all.) Payo talks to him haughtily, thus giving evidence of his *mala cortessía* (864). A sententious key line succinctly expresses the theme of the play: "Sienpre dan honrra los buenos; / el que la tiene la da" (865-866) and, by implication, those who deny *honra* to their fellow men, even if of a lower class, lack true honor. Word play with *dos soles,* somewhat farfetched in this context perhaps (867-870), links the present scene with Sancho's love for Sol.

969-975 *Endecasílabos sueltos* ending in one *pareado*

These seven lines spoken among the noblemen reveal their respect for Sancho's strength: "Este hombre tiene sangre de los godos," even Payo has to admit.

7. In Benavides

976-1027 *Redondillas*

Change of topic, persons, and place. A short, lively, dramatic scene.

First, Mendo wants Sancho to undergo a test because "aquella real grandeza / tendrá eclipsadas las lumbres" (984-985). Clara is sure that

[3] Lope does not use *octavas reales* in this play.

Sancho will be "vn nuebo Bernardo" (999). At this moment Sol beseeches Clara to intercede for her with Mendo. Sol withdraws to a corner of the stage and anxiously watches the two. Mendo says aloud so as to be heard by Sol what sounds like a promise to Sol but it is actually noncommittal or rather negative to the audience: "Pues luego que lugar aya, / se podrán cassar los dos" (1022-1023).

1028-1041 *Soneto* ABBA ABBA CDE CDE

Sol's Soliloquy.

Amor is an unreliable debtor who never has kept his promise of payment for the last six years but now he has to pay in full, otherwise, she will have him thrown into debtors' prison. In the last tercet, however, the metaphor of Amor the debtor, is suddenly and ironically changed into Amor the unsuccessful creditor: "... has echo / pleyto de acrehedores por mil años / y en buscando tu hazienda estás desnudo" (1039-1041). The argument of the sonnet is tuned to the actual situation, uncertainty and doubt in the girl's mind, whereas the audience knows that the marriage of Sol and Sancho is impossible.

8. In Benavides

1042-1111 *Quintillas*

The last scene moves on swiftly. Sancho returns to Benavides in a terrible mood. He has no inclination to talk to Sol about love and marriage. Then his master enters with several *villanos* and falsely accuses Sancho of the theft of a chain and a ring. Despite his hint that he has just defended Mendo at the court in León, he is to be arrested. He resists valiantly and escapes. Mendo happily tries to stop him. Sancho has passed the test. "Espera, hijo; que en ti / funda el çielo mi venganza" (1110-1111).

Summary

Reduced to its bare outlines, the plot of Act I can be summarized as follows:

1-195 *qu* The main action is set in motion: Mendo has lost his honor.

196-459 *red* The secondary plot is set in motion: Sol and Sancho are in love, wish to get married. The main plot develops.

460-788 *su, son, red, rom, qu* Development of the main plot and complications in the secondary plot.

789-975 *su, red, su* The first dramatic confrontation of the antagonists Sancho and Payo. The third element of the plot, the boy king, is introduced.

976-1111 *red, son, qu* Both main plot and subplot are being furthered.

Sancho passes the test of his noble qualifications, marriage between Sancho and Sol is impossible, but the lovers are still unaware of their blood relationship.

Act II

1. In Benavides

1112-1371 *Quintillas*

Dialog between, first, Sancho and Mendo, then Sancho and Clara. Sancho fervently declares his loyalty and obligation to Mendo for having him, the son of unknown parents (unknown to himself and to Mendo at the time) brought up on the Benavides homestead. What gives him thought is that he is not Payo's equal and therefore not qualified to carry out in person the revenge on the offender. He concludes with a plea to be permitted to marry Sol (1112-1211). Mendo explains to him in dark allusions, vaguely anticipating future action, the rules of vengeance: "haber el contrario muerto / es mui justo desagrabio, / encubierto o descubierto" (1214-1216). Sancho is being armed, but his rustic *sayo* will cover the armor. Mendo gives some hints (1245-1248) of Sancho's noble origin, hints understandable only to the audience, not to Sancho. Sancho feels uncomfortable in his armor and would rather fight without it, but Mendo insists (1232-1314). Sancho is now alone with Clara who had entered on line 1236 to bring the armor, but without taking part in the conversation. Sancho raises the question "¿Quién soy yo?" Clara enigmatically answers "un hombre de bien" (1319), which qualification can apply to a *labrador* as well as to an *hidalgo*. Sancho begins to suspect that he belongs to the Benavides family, perhaps an illegitimate son of Mendo and "alguna villaneja" (1333). Clara leaves Sancho in the dark for the time being, but the latter's determination to kill Payo is strongly encouraged (1314-1371). The secondary plot, his love for Sol, is not entirely neglected in this section. Sol is mentioned (1358-1361, 1370-1371). Sancho's character is further developed in these dialogs but is subservient to the theme. On the one hand, his primitive strength is symbolically underscored when he imagines that he had been borne by a she-bear, but "aunque animal tosco, al doble / tengo alma de caballero" (1160-1161). He shows more and more of his noble heritage until he finally accepts the armor, symbol of the *caballero* (1362-1364) as opposed to the *tosco animal* who fights with its bare hands.

1372-1385 *Soneto* ABBA ABBA CDE CDE

Uncertain hopes of rising from his lowly origin have been awakened, as clearly expressed in the first two thematic lines: "Confusso y atreuido pensam[ien]to, / ¿adónde vas que a mi baxeza quadre?" The *armor* is for him *alas*. He feels like Icarus but he is afraid of his own boldness which in his eyes is actually *soberbia*. The sonnet reflects the hierarchical world view. Every animal, every human being has its place assigned to him according to God's plan. For a human being to change it of his own will is *hubris*. In Sancho's case however, change will not come by his own will but by having the opportunity through circumstances to prove the qualities which he as a king's son is expected to have, valor and generosity. The monolog shows him to be well on his way toward the triumphant proof of his worth.

2. In Benavides

1386-1490 *Quintillas*

Dialog between Sancho and Sol. No change of place.

Sancho tells Sol that he is going to León and why. Sol encourages him. Both are motivated by their affection for Mendo. *Bastón* and *daga,* which Sol brings him, are symbols of Sancho's "double" personality. The *bastón* is the weapon of the rustic near-savage, incompatible with honor (1389-1390), but he has to carry it because it fits well with the *villano*'s *sayo* worn to cover up the armor of a *caballero.*

3. At Court in León

1491-1527 *Sueltos*

Change of place to León. Payo de Vivar and three *caballeros* at court.

Attention centers on Payo. His overweening pride and his envy are further established. Dialog between him and Yñigo Arista develops rapidly until it ends in a *mentís* by Payo (1524) which is tantamount to a *desafío.* Only the appearance of the king prevents an actual fight.

1528-1571 *Redondillas*

Enter the king and later (1561) the count with two *alabarderos.* The king is annoyed to see swords drawn in the palace. Yñigo, out of respect for the king or rather the kingship (1538-1539), renounces his vengeance, and leaves the decision to the king: "al que yerra / castigad. Vuestra es la ley" (1552-1553). Payo also affirms his loyalty but tells the king that "they" want to take him away from León. At this moment the count enters and the king orders him to punish the culprits. Yñigo's loyalty is emphasized, but Payo's hypocrisy only sketched (1558-1561). The boy king's wisdom and dignity are praised (1570-1571).

1572-1658 *Sueltos*

Deliberations continue. No change of place.

The count inquires into the reasons for the quarrel and strongly blames Payo in a long series of rhetorical questions for his opposition to the king's transfer to Galicia. Note the inconsistency in the story. In lines 802-803 the count had consented to having the king brought up in León, under his, the count's tutelage. Payo defends himself proudly and he claims to be of equal rank with the count. The quarrel ends in Payo's exile from the kingdom for two years. He, however, vows that he will never return at all and separates himself completely from León. "No soy leonés ni godo ni asturiano; / de mis castillos soy y de mis villas" (1624-1625). Fernán and Laýn, the other two noblemen who are witnesses to the dispute, declare their loyalty to the count, so that "bad" Payo is completely isolated. When the count hears the story of the offense to Mendo confirmed, he gives instructions to call Mendo back from Benavides to the court. Just as Sancho in the preceding scene develops toward the noble *caballero,* so Payo's character is revealed in its fundamental pride and arrogance. Again we observe character delineations serving the theme, which is a simple black and white one: arrogance against innate nobility or nobility degenerate against nobility pure. *Sueltos* are appropriate for court deliberations like these. The center section of 44 *redondillas* serves to put into relief the pressure upon the king but if Lope had composed the scene also in *sueltos,* that is, without change of meter, it would have been perhaps even more appropriate.

1659-1778; 1779-1828 *Quintillas*

This passage is divided into two parts with a complete change of place in the second part, from León to the house of Mendo in Benavides. There is a thematic connection however: unsuccessful attempts at the restoration of Mendo's honor by the Leonese noblemen.

The first attempt leads to the tragic death of Laýn. Sancho appears at court and the noblemen assume that he has been sent by Mendo to arrange for the duel which they think Mendo is to sustain in person. Laýn pretends to be the Payo who slapped Mendo. The Payo of the first act had only pretended to be the offender to protect his presumed brother, Laýn. This subterfuge had been invented with very honorable intentions. Laýn would accept the expected challenge but "al puesto que dize yré, / donde le pienso abrazar / y llamarle de tu parte" (1702-1704). When Sancho bends down to let Laýn search for a letter in his *zurrón,* Sancho stabs him in the chest. He escapes arrest by threatening everyone with his *bastón.*

4. In Benavides

1779-1828 *Quintillas* continued

The second part of the *quintillas* passage shows how Yñigo failed in his mission to call Mendo back to court. Mendo cannot tolerate being in the king's presence as long as his offender is alive. With Payo's exile physical revenge seems impossible and it appears as if Mendo has lost his honor forever.

5. In Benavides

1829-1842 *Soneto* ABBA ABBA CDE CDE

Mendo's soliloquy.

This monolog of address again has *honra* or rather *deshonra* as its theme. Every living being, animal as well as human, deeply resents any *afrenta* done to him. Even Christ ("Dios humano," 1840) must have felt "con estremo entre sus penas / ver ofendida su diuina cara" (1841-1842).

6. In Benavides

1843-1887 *Quintillas*

No change of place.

Sancho returns from León but finds Mendo and Clara greatly depressed until he announces that he killed a *caballero* whom he thinks was Vivar (1867). The "armas dobles" he mentions (1873) again symbolize his double nature, *noble y villano.*

1888-2055 *Romance* in *a-o*

Sancho tells how he entered the royal palace, the splendor of which he describes in terms more applicable to a Renaissance than to an early medieval royal residence. Finally he encounters a group of noblemen, one of whom says he is Payo de Vivar and his companions confirm it. Sancho kills him. Here the narrative repeats (1936-1956) what the audience has already witnessed on the stage (1719-1758). Sancho concludes by asking again for permission to marry Sol. In the second part of the *romance,* Mendo reveals the identity of Sancho and Sol. When Sancho, despite his royal blood, insists in asking for Sol, *villana* in his eyes, as his wife, Mendo has to tell him that they are brother and sister (2034-2035). Sancho is disconsolate.

2056-2069 *Soneto* ABBA ABBA CDE CDE

Sancho's monolog.

He bewails his *desengaño.* The quartets are built around the image of Sol and Sancho's boldness in wanting to reach for it. The tercets carry out the antithesis between *engaño* which gives life and *desengaño* which brings death.

2070-2285 *Redondillas*

No change of place. Sancho and Sol.

This passage, the most lyrical and moving of the play, shows the two lovers under the strain of the heartbreaking discovery of their blood relationship. When Sol meets Sancho after his return from León she finds him sad and unresponsive to the tender declaration of her love. After many *rodeos* (110 lines) Sancho finally tells Sol: "soy tu hermano y tú mi hermana, hasta este punto encubierto" (2180-2181). Sancho will leave Benavides for the war to forget Sol. The scene and the act end with

¡Adios, inposible esposa!
¡Ynposible exposso, adios!

Summary

One could indicate the theme of Act II with the words "Toward reality" or "From *engaño* to *desengaño*." The *desengaño* is complete in the secondary action. Sancho's and Sol's origin has been revealed to them. Their love cannot culminate in marriage. As to the primary action, Mendo's *afrenta* seems to have been revenged but actually this is not the case. In this respect, the *engaño* persists. But Sancho has given full proof of his noble qualities both as a revenger for *honra* and as a faithful lover of Sol, as long as he did not know that she was his sister.

A plausible reason for the choice of a particular verse form can always be given, but the act cannot be structured on the basis of change in verse form.

The action moves on in a steady flow.

Act III

1. In the Open Fields Near Payo's Castle

2286-2395 *Quintillas*

Four *segadores* with pastoral names are talking about the pressure of the Moors in the neighborhood. The harvest is promising but most of it goes to the Moor Zelín "en diezmo y tributo" (2297). While they are talking, they observe a woman approaching, followed by a man. The woman who is hunting is Elena, sister of the lord of the peasant vassals and owner of the fields. The young man is Sancho who is already on the verge of a new love, that for Elena. The *segadores* gather around the lady, joking a bit, yet looking at her with respect and wondering why her brother has not yet provided a husband for her.

2396-2407 *Copla a8 b5, redondilla, copla a8 b5*

The topic is mowing, both physically and allegorically. The scythe is sharp and can cut the mower (an allusion to Payo). The metaphor of the *trigo de vuestros años* brings in the mower Time. The harvest is not ours. "Tras vos el t[iem]po enemigo / va los manojos atando" (2402-2403).

2408-2652 *Quintillas*

The peasants cover Elena with flowers and leave her sleeping (2408-2416). A prevalently but not entirely pastoral interlude has come to a close. It is integrated with the main action by mentioning the domination of the Moors and the war going on between Moors and Christians. The *copla* alludes to Payo. A new phase of Sancho's love story has also been initiated. A soliloquy by Sancho follows, spoken in the presence of the sleeping Elena. He takes stock of his new condition. Socially, he ponders about his *traje* unbecoming to his new status but practical enough to carry out his *venganza.* At this point a slip on Lope's part is to be noted. Sancho still does not know that he had not killed Mendo's real offender. Therefore it is inconsistent for him to speak of his *ultraje*: "tiene vna mancha mi honor, / está mi agüelo afrentado" (2432-2434). Emotionally, he definitely overcomes his love for Sol. Already he is attracted by the beauty of the sleeping huntress. He awakens her by pretending to have chased away a bear and so to have saved her life. She offers him a chain as reward, which he refuses. Instead he asks her to secure for him employment as *segador.* After discovering that Elena's brother is Payo de Vivar and very much alive, he states his conflict between *honor* and *amor* (2600-2602). In the conversation between Elena and Sancho, Payo is characterized as a respectable nobleman and warrior feared by the Moors. There is quite a bit of conceptistic double-talk built around Troy: (a) the Trojan Horse (Sancho to be introduced into Payo's household); (b) Troy in flames (Sancho in love with Elena). The device of *engañar con la verdad* is skillfully employed when Sancho promises: "Si en tu seruiçio me empleas, / haré qu uiua tu hermano, / hasta que en honrra me veas" (2635-2637).

2. At Court in León

2653-2683 *Sueltos*

Change of scene and character. Mendo has discovered that Laýn, not Payo de Vivar, was slain by Sancho. He is ashamed to be seen by other *hidalgos* and to appear in the presence of the king. He wishes to return to Benavides.

2684-2747 *Redondillas*

The king appears. No change of place, persons, or topic. *Redondillas* accelerate the pace of action, but the passage could as well have been composed in *sueltos*. Mendo requests the king directly to let him withdraw to Benavides, but the count is opposed to it and proposes a solution presented in *sueltos*.

2748-2795 *Sueltos* ending in a *pareado*

The king will order Payo to appear within ten days to fight with a nephew of Count Melén González, representing Mendo. Mendo accepts the proposal and remains as governor of León while the young king goes to Galicia with the count. Note that in Act I, Melén González had consented to bring up the king in León.

3. In León, Probably at Court

2796-2863 *Redondillas*

Dialog between Clara and Yñigo. Clara asks Yñigo to represent Mendo in the duel in case Sancho cannot be found in time. Yñigo in turn asks for the hand of Sol, which is promised to him if he wins the *desafío.* Sol would accept him.

4. Payo's Castle

2864-3108 *Quintillas*

Change of place and persons. Payo rejects the demand of Zulema transmitted by his ambassador Alife, to surrender the castle as being the king's. Payo claims it as his own. Payo's haughtiness continues (2864-2919). Elena comes to introduce Sancho to her brother. Sancho's speech is saturated with *double entendre,* allusions to his own intentions, allusions to his past failure, allusions to *un viejo* (2964), all of which only the audience can understand. This is a particularly clever passage, not too complex, a brilliant sequence of conceits. Yet, Sancho also offers Payo his help against the Moors, which Payo accepts. He orders him who still wears peasant garb to serve as outlook and spy (3024-3026). In a short dialog between Elena and her brother, the first traces of the girl's love for Sancho appear. Fernán Ximénez brings the *desafío* from the king. At the same time we learn through him that the Moors are nearby. Payo, of course, has to accept the challenge. Ironically, he will take Sancho along as *escudero.*

5. In the Open Country

3109-3140 *Redondillas*

Change of place and persons. The count with the boy king and others is traveling through the countryside swarming with Moors. They halt for a rest and put the child to sleep.

3141-3151 *Sueltos*

Another *caballero* announces the approach of the Moors. The count and his retinue meet the Moors in combat.

3152-3159 *Redondillas*

Brief monolog of Garci Ramírez, who has been left to guard the king.

3160-3168 *Sueltos*

The Moors appear, killing Garci Ramírez.

3169-3204 *Redondillas*

They are about to take the king as a prisoner (not without admiring his courage), when Sancho appears "con su bastón." He frees the king in combat and takes him away through the woods. The audience has no time to ask themselves where Sancho comes from. We just have seen him with Payo de Vivar. Verisimilitude or realism need not be observed in the *comedia.* The action moves too fast here.

3205-3214 *Sueltos*

The count and his entourage have just returned to save the king but find only Garci Ramírez, slain by the Moors.

6. At Court in León

3215-3399 *Quintillas*

Yñigo courts Sol and she responds. He takes leave to prepare for the fight with Payo (3215-3275). Mendo and Clara appear and express their confidence in Yñigo's victory (3276-3300). Payo's arrival, accompanied by his sister, is reported. He has come with a number of retainers and enters the town with a great display of armor and emblems. Again his arrogance is emphasized (3301-3317). Then he and his party appear on the stage. He refuses to rest before the duel, out of contempt for his enemy. The talk turns to Sancho. Payo believes he is dead, killed by the Moors. Elena in an aside confesses her love for him and his "oculto balor" (3366). Mendo with his *damas* appears. A short exchange of words takes place between him, Yñigo, and Payo. With the pretext of wanting to check "si armado estás / contra el vando" Mendo himself plunges his dagger into Payo. "Ya no pudo / durar mi soberbia más," are his last words (3374-3399).

3400-3539 *Romance* in *e-o*

A great uproar follows, but Mendo defends his action because the *agraviado* has the right to carry out his revenge in any way he sees fit, even killing his enemy while he is asleep. It is the duty of the offender, if he is *honrado* and *discreto* (3409), to watch out for himself at all times. Mendo, now speaking as royal governor, further clarifies the situation. Particularly, he wishes to do justice to Elena by giving her as a husband, an "hombre tan bueno / que sea del rey hermano," as recompense for her lost brother. But Elena is not so easily satisfied (3454-3455). The count appears with Sancho (3456), admonishes the vassals to forget Mendo's *agravio* and its consequences and to unite instead to carry the war into Moorish territory and to avenge the king, be he dead or a prisoner. Sancho joins in the count's plea. Now Mendo reveals Sancho's identity and presents him as king. All pay homage to him. He requests only approval of his marriage to Elena (3526). But exactly 74 lines before the end (3539) Sancho denies being the rightful king.

3540-3569 *Quintillas*

He tells how he has saved the boy king from the Moors and leaves.

3570-3613 *Redondillas*

He soon returns "con el rey niño en los brazos." Alfonso bestows upon him as escutcheon "vn león / que esté arrimado a / un bastón" (3595-3596) and "diez villas" (3608). The last words of the play are "Aquí acaba la comedia / del primero Benauides." This can only mean that Sancho is the Benavides who has earned the escutcheon for the family and is therefore the founder (*primero*) of a newly established titled family.

Summary

The pace of action has quickened very much in Act III and there are a great many short passages, each in a different meter. The two strands of the action come to a conclusion. Payo pays for his offense with his life. Mendo's honor is therefore restored. This happens, as Lope prescribed in his *Arte nuevo,* very late in the play. Sancho who is the protagonist, although he himself does not carry out the revenge, emerges at the end in all his glory, strength and loyalty, with his identity established by the story of his origin, and, what is more, by his deeds. He also gets a wife suitable to his new station. Sol finds a worthy husband. A third topic, the warfare with the Moors, necessary to give Sancho his full due, is added in the third act. All these strands are effortlessly interwoven.

To turn now briefly to the play as a whole, we find that the action is fast. Both action and character delineation are indeed subordinate to the theme as stated at the beginning of this analysis. Lope has succeeded in creating quite a genuine atmosphere of early Spanish history as he saw it: glorified simplicity of customs and manners, feudal loyalty, and most of all, an unbending, almost primitive adherence to the honor code with a bloody vengeance, not only as its consequence, but also, at the same time, just punishment for outrageous pride. There is the beautiful lyrical passage at the close of Act II when Sancho's and Sol's love has come to an end.

Yet, when all this is said and duly recognized, it should also be admitted that the ideological basis of the whole play is too small to make it a truly great work of dramatic art. The honor code is too rigid and Mendo is too obsessed with it to allow for sufficient depth in the drama. Whether or not the code of honor actually permitted one to kill the offender in the way Payo and Laýn were killed, to our view it is a rather cunning and deceitful way of restoring one's honor. Furthermore, what is entirely lacking is conflict between two emotions. The antagonists are presented in black and white. Only Sancho shows some development but it is subservient to the main theme: his noble qualities come to the fore slowly but steadily. His rustic manners recede and at the end he is "one of them," that is, of the *hidalgos*. The play can be understood easily with the tenets of the Spanish people around 1600 in mind, but it cannot overcome its historical circumstances.

III. VERSIFICATION

Act I

		Verse form	*Number of lines*
1.	1-195	*Quintillas*	195
2.	196-459	*Redondillas*	264
3.	460-491	*Sueltos* ending in *pareado*	32
4.	492-505	*Soneto*	14
5.	506-573	*Redondillas*	68
6.	574-669	*Romance o-o*	96
	670-753	*Romance a-a*	84
7.	754-788	*Quintillas*	35
8.	789-848	*Sueltos* ending in *pareado*	60
9.	849-968	*Redondillas*	120
10.	969-975	*Sueltos* ending in *pareado*	7
11.	976-1027	*Redondillas*	52
12.	1028-1041	*Soneto*	14
13.	1042-1111	*Quintillas*	70
			1111

ACT II

		Verse form	*Number of lines*
1.	1112-1371	*Quintillas*	260
2.	1372-1385	*Soneto*	14
3.	1386-1490	*Quintillas*	105
4.	1491-1527	*Sueltos* ending in *pareado*	37
5.	1528-1571	*Redondillas*	44
6.	1572-1658	*Sueltos* ending in *pareado*	87
7.	1659-1828	*Quintillas*	170
8.	1829-1842	*Soneto*	14
9.	1843-1887	*Quintillas*	45
10.	1888-2055	*Romance a-o*	168
11.	2056-2069	*Soneto*	14
12.	2070-2285	*Redondillas*	216
			1174

ACT III

		Verse form	*Number of lines*
1.	2286-2395	*Quintillas*	110
2.	2396-2407	*Copla*	12
3.	2408-2652	*Quintillas*	245
4.	2653-2683	*Sueltos* ending in *pareado*	31
5.	2684-2747	*Redondillas*	64
6.	2748-2795	*Sueltos* ending in *pareado*	48
7.	2796-2863	*Redondillas*	68
8.	2864-3108	*Quintillas*	245
9.	3109-3140	*Redondillas*	32
10.	3141-3151	*Sueltos*	11
11.	3152-3159	*Redondillas*	8
12.	3160-3168	*Sueltos*	9
13.	3169-3204	*Redondillas*	36
14.	3205-3214	*Sueltos* ending in *pareado*	10
15.	3215-3399	*Quintillas*	185
16.	3400-3539	*Romance e-o*	140
17.	3540-3569	*Quintillas*	30
18.	3570-3613	*Redondillas*	44
			1328

Different passages

Act	I	13
Act	II	12
Act	III	18
Total		43

Total of Meters

Quintillas

Act	I	300
Act	II	580
Act	III	815
Total		1695

Redondillas

Act	I	504
Act	II	260
Act	III	252
Total		1016

Romance

Act	I	180
Act	II	168
Act	III	140
Total		488

Sueltos

Act	I	99
Act	II	124
Act	III	109
Total		332

Sonetos

Act I	28
Act II	42
TOTAL	70

Copla

Act III	12
TOTAL	12

Confrontation of Versification of *Parte II* and Autograph

Morley-Bruerton, p. 134 based on *Parte II*[1]		Autograph
12 *red.*		12 *red.*
10 *qu.*[2]		12 *qu*[2]
4 *rom.*[3]		3 *rom*[3]
10 *su.*		10 *su*
not noted		5 *son*
not noted		1 *copla*
Total passages: 41 (13, 12, 16)		43 (13, 12, 18)
Span. lines: 88.4 %		88.4 %
Longest passages:	*red,* 256	264 *red*
	qu, 330 (beginning III)	245 *qu*[2]
	rom. 160[3]	180 *rom*[3]
	su. 84	87 *su*

[1] S. Griswold Morley and Courtney Bruerton, *The Chronology of Lope de Vega's "Comedias"* (New York, 1940).

[2] Morley-Bruerton counted the long *quintillas* passage, interrupted by a twelve-line *copla,* as one passage. We counted it as two passages.

[3] The longest *romance* passage (Act I) has 96 lines in *o-o* and 84 lines in *a-a* assonance.

Morley-Bruerton, p. 24, based on *Parte II*		Autograph
Total line number:	3446[4]	3613
red.	980	1016
	28.4 %	30.9 %
quint.	1590	1695
	46.2 %	43.6 %
rom.	476	488
	13.8 %	13.6 %
son.	70	70
	2.0 %	1.9 %
su.	330	332
	9.6 %	8.9 %
copla	not counted	12
		0.3 %

IV. HISTORICAL ELEMENTS AND THEIR SOURCES IN *LOS BENAVIDES*

A. The Dispute between Menendo González and Payo de Vivar. Intervention of Mendo de Benavides

The original and historically attested litigants in the dispute concerning the tutorship of King Alfonso V of León were Counts Menendo González of Galicia and Sancho García of Castile. After the death of King Bermudo II (*el gotoso*) of León, Menendo was appointed tutor to the young King Alfonso. Sancho García, his uncle on the maternal side, demanded the right of tutorship and management of the kingdom. The historical accounts of this dispute make no mention of the physical offense (a slap) inflicted on the appointed *ayo,* nor of the names Mendo de Benavides or Payo de Vivar—as found in Lope's *comedia*:

> Al año siguiente, en 1004, 'Abd al-Malik fué solicitado para intervenir como árbitro en una querella entre el conde de Castilla Sancho

[4] According to our count the *princeps* has 3459 lines, a discrepancy of 14 lines. See Morley-Bruerton *Chronology,* pp. 4-5, for their method of counting, which explains the difference, at least in part.

García y Menendo González, el tutor gallego del pequeño rey leonés Alfonso V. Éste contaba a la sazón apenas diez años y, como su madre Elvira era hermana de Sancho García, el castellano quería eliminar al conde gallego y ejercer por sí mismo, en nombre de su sobrino, la regencia del reino de León. Para arreglar este conflicto, el 'Amiri les envió al juez de los mozárabes de Córdoba, Asbag ben 'Abd Allah ben Nabil, que se pronunció en favor de Menendo González. El conde gallego conservó la tutela del joven detentador de la corona leonesa hasta su asesinato en 1008.[1]

Upon the death of Count Menendo, Alfonso's mother, queen Elvira of León, declared Alfonso V of age to rule,[2] in order to prevent a second conflict concerning the question of guardianship.

The intervention of Mendo de Benavides in the dispute is obviously a literary creation of Lope and based on the same concept as the *romances* dealing with the *Mocedades de Rodrigo.*[3]

B. Historical Characters and Dates

1. Bermudo II of León, *el gotoso*

The reign of Bermudo II fell within León's first period of independence (910-1037).[4] Although King Bermudo's death and the resulting problem

[1] E. Lévi-Provençal and E. García Gómez, *España musulmana,* 711-1031 (Madrid, 1950), p. 445, in *Historia de España,* Gen. ed. R. Menéndez Pidal, IV. Subsequently, this work will be referred to as *España musulmana,* IV. For further details on this trial see: Francisco Simonet, *Historia de los mozárabes en España* (Madrid, 1897), pp. 636-637. The *Primera crónica general de España* corroborates the fact that Count Menendo was actually the guardian of Alfonso V: "A este Rey don Alfonso mientre era pequenno criaron el conde Melend Gonçalez de Gallizia et su mugier..." (Publicada por R. Menéndez Pidal [Madrid 1955], II, 451b, no. 758). See also R[einhart] Dozy, *Recherches sur l'histoire et la littérature de l'Espagne* (Paris, 1881), I, 102-103. For evidence of the frequent settlement of disputes among Christian princes made by Arabic or Mozarabic judges see Ramón Menéndez Pidal, *Romancero tradicional* (Madrid, 1963), II, 88. In the sources noted above, the names Melendo, Melend, Menendo, all refer to Count González of Galicia, guardian of Alfonso V.

[2] We follow closely the *Diccionario de historia* (Madrid, 1952), I, 106a.

[3] Cf. R. Menéndez Pidal, *Reliquias de la poesía épica española* (Madrid, 1951), p. 132.

[4] The other two periods of independence are 1065-1072 and 1157-1230. At that time the kingdom of León comprised the territories of Asturias, Galicia, and León;

of the guardianship of Alfonso V, are mentioned several times in Act I (225, 372-373, 480) it is not until later (574-610) that Lope recounts Bermudo's encounters with Almanzor, the devastating campaigns of the latter, the restoration of the church of Santiago of Compostela and the final transfer of the remains of San Pelayo and of his (Bermudo's) parents. Lope's accurate references to all these facts warrant a brief, historically documented resumé of King Bermudo's life.

According to the chronicle of Sampiro, Bermudo II, son of Ordoño III,[5] came to the throne because:

> Rex verus Ramirus (III), cum esset in puericia et modica sciencia, cepit comites Gallecie factis ac verbis contristari: Ipsi quidem comites talia ferentes, calide adversus eum cogitaverunt, et regem alium nomine Veremundum super se erexerunt, qui fuit ordinatus in sede sancti Jacobi apostoli, idus Octobris era millesima vicessima.[6]

Lope's praise of Bermudo II (480, 574-610) is in contrast with the more generally known reputation of this king. Nevertheless, it will be seen that Lope's praise is historically valid. There seem to have existed two different traditions or opinions about Bermudo's character and life. The origin of the negative attitude will be considered first:

> El obispo cronista Pelayo de Oviedo se empeñó en afear la memoria de este rey con una animosidad que sienta mal a un historiador y desdice de su caracter de prelado. Comienza por llamarle

Portugal on the western border and Castile in the east (cf. *Diccionario de historia,* II, 206-207). See also Antonio Ballesteros y Beretta, *Historia de España* (Barcelona, 1920), II, 201-210.

[5] See *Sumario de los reyes de España,* por el Despensero Mayor de la Reyna Doña Leonor, mujer del Rey Don Juan I de Castilla, Ed. Eugenio de Llaguno Auricola (Madrid, 1781), pp. 15-17.

[6] *Historia silense,* eds. Pérez de Urbel and González Ruiz-Zorrilla (Madrid, 1959), p. 171. The era *millesima vicésima* was the year 1025 or era 982.

The *era hispánica* was the system whereby dates were calculated 38 years in advance of the standard system known as *año del señor* or simply *año.* For further information on the *era,* its origin and use see *Diccionario de historia,* I, 999a. Although we are not concerned here with establishing the exact date of Bermudo's coronation, it should be noted that Fray Manuel Risco does not give the year 982 as in the *Historia Silense* but states: "... y proclamaron rey á Don Vermudo en 15 de octubre del año de 980" (*Historia de León* [Madrid, 1792], p. 14). See note 8 below.

> indiscreto y tirano en todo (indiscretus et tyrannus per omnia): atribuye a castigo de sus pecados las calamidades que sufrió el reino.... Pero el monje de Silos, que muy justamente es tenido por escritor mas verídico, desapasionado y juicioso, nos pinta a Bermudo como un príncipe prudente, amante de la clemencia y dado a las obras de piedad y devoción. [7]

This appraisal by Lafuente is strengthened by Pérez de Urbel and González Ruiz-Zorrilla's comparative explanation of the chronicles of Bishop Pelayo of Oviedo and *El Silense* in the light of certain events that occurred at the time: "En Oviedo debía conservarse una tradición adversa al rey gotoso, ya que allí, en el monasterio de San Pelayo, habían de terminar sus días la madre de su rival (Ramiro III) Teresa Ansúrez y su primera mujer, Velazquita, abandonada por él...." [8]

In addition to this hostile circumstance "un obispo de Oviedo debía guardar viva la memoria de un antecesor suyo, que había sido expulsado de su sede por el rey Bermudo." [9] Finally, Pérez de Urbel and González Ruiz-Zorrilla point out that the author of the *Crónica Najerense,* in his account of Bermudo's reign, includes some sentences from the "texto puro" that "nos han permitido descubrir el último fraude de Pelayo consistente en suprimir de la crónica de Sampiro todo lo relativo al reinado de Bermudo II porque no estaba conforme a sus ideas sobre este rey...." [10]

As a specific example of Bishop Pelayo's alteration of Sampiro's chronicle, the editors cite the passage dealing with the destruction caused by the Moors as a result of the "peccata populi christiani" to which Pelayo adds "peccata *principis Vermudi* et populi." [11]

In Juan de Mariana's *Historia general de España,* upon which Lope obviously relied for other information relative to Bermudo and Almanzor, there is no attempt to praise or justify King Bermudo as far as his personal life and management of the kingdom are concerned. Mariana gives accounts of Bermudo's dismissal of Gudesteo, Bishop of Oviedo, and of the physical ordeal he inflicted upon Ataulfo, Bishop of Compostela. [12] These

[7] Modesto Lafuente, *Historia general de España* (Barcelona, 1888), III, 22.

[8] *Historia silense,* ed. cit., p. 34.

[9] *Ibid.*

[10] *Historia silense,* p. 67.

[11] *Ibid.,* p. 35.

[12] *Historia de España.* Biblioteca de Autores Españoles, XXX (Madrid, 1950), 236b-237a.

incidents are also found in the *Primera crónica general.* [13] The story concerning Bishop Ataulfo and Bermudo must have been popular since it is the theme of a *romance.* [14]

The *Crónica general* is also inclined to point out Bermudo's weakness of character and personal sins. The drought which took place toward the end of his reign is interpreted as a punishment from God for the king's behavior: "Et assi como el rey don Bermudo era muy liuiano de creer el mal et fazerle por lo que non conuinie, assi era otrossi muy ligero de tornarse dello et fazer bien...." [15]

Among the positive opinions about Bermudo II, the chronicle of Sampiro contains the most explicit evaluation: "Vir satis prudens; leges a Vambano principe conditas firmauit; canones aperire iussit; dilexit misericordiam et iudicium; reprobare malum studuit et eligere bonum." [16]

Although the *Crónica general* does not praise Bermudo, it does mention his repentance and efforts to reconstruct the church of Compostela, and other worthy deeds. [17]

The internal struggles between the nobles and Ramiro III which led to his deposition and the proclamation of his cousin Bermudo II as the new king spurred Almanzor (then Governor of Cordova) to renew his raids on the North. The incursions of the Moorish forces became much stronger and more consistent during Bermudo's reign. Again, Almanzor took advantage of the internal dissension and rebelliousness on the part of the nobles. In the year 995 he launched a strong attack against León; Bermudo was able to disperse the Moors near the river Ezla, but only

[13] *Crónica general,* II, 450b, no. 756. Also *Valerio de historias eclesiásticas* [1541]. Ed. used: 1793, lib. i, fol. 14.

[14] "Viendo el rey [Vermudo II] este milagro / Arrepentido y confuso / Se fué donde el Santo Ataulfo estaba / ...por mal fadado me culpo" (*Romancero general,* I, Ed. Agustín Durán. Biblioteca de Autores Españoles, X [Madrid 1945], 474b, no. 718.) The miracle refers to the sudden taming of the wild bull sent by Bermudo to attack the Bishop.

[15] *Crónica general,* I, 451a, no. 757.

[16] This is interpolated in *Historia silense,* p. 172, no. 30. To form an impartial opinion of the primary sources concerning Bermudo's reputation, one should note that Sampiro had been given shelter by King Bermudo after the Moors took Zamora: "Et exinde perveni in civitate Legione Sedis, a paucis namque diebus perveni in palatium Domini, Serenissimi Veremundi, cujus memoria ejus sit in benedictione, qui fecit mihi multum bonum ad plenius dum vitam duxit." See Manuel Risco, *Historia de León* (Madrid 1792), p. 220.

[17] II, 451a, no. 757.

momentarily. Encouraged by Almanzor, the Moorish soldiers attacked once more, forcing Bermudo and his army to retreat within the walled city. The arrival of the winter season forced the Moors to return to Cordova.[18] Almanzor returned in the spring of the following year (996), determined to take the city of León, which he succeeded in capturing after a year's siege. Bermudo went to Oviedo, taking with him the relics of the saints and the remains of his ancestors "porque no fuesen escarnecidos de los enemigos si la tomaban."[19] The defense of that city was assigned to the able Guillén González.[20] It is this fact of history that Lope utilizes to praise Bermudo's caution (598-602).

Lope's mention of Almanzor's destruction of Compostela, the church of St. James (579-589), and of the removal of the church bells to Cordova is very similar to Mariana's description:

> No perdonara aquella malvada gente al sepulcro del apóstol Santiago si un resplandor que de repente fué visto no reprimiera por voluntad de Dios sus dañados intentos. Verdad es que las campanas, para que fuesen como trofeo y memoria de aquella victoria, fueron en hombros de cristianos llevadas á Córdoba, do por largo tiempo sirvieron de lámparas en la mezquita mayor de los moros. Siguióse luego la divina venganza; muchos perecieron....[21]

[18] Almanzor had taken Zamora, Simancas, and Rueda. See R. Dozy, *Histoire des Musulmans d'Espagne* (Leyde 1932), II, 234-237. Bermudo II, shortly after he succeeded Ramiro, negotiated for peace with Almanzor and regained Zamora. However, he was not satisfied with partial independence. In 987, after several unsuccessful requests to Almanzor to remove his army of occupation, Bermudo recaptured Coimbra. Almanzor reacted quickly and set out to attack León. Cf. *España musulmana,* IV, 420-421. Ballesteros discusses the discrepancy in the dates of the capture of Zamora and León; the new date 988 instead of 983 is based on Dozy and his investigations of the Moorish chroniclers Al-Maccari and Ibn-Haldun: *Historia,* II, 59. See also Risco, *Historia de León,* pp. 15-16.

[19] Mariana, *Historia,* XXX, 234a.

[20] *Ibid.* See *Crónica general* II, 445-446, no. 747.

[21] Mariana, *Historia,* XXX, 236a. Lope seems to paraphrase Mariana. His friendship with the historian and the well known fact that he was acquainted with his works allow us to reach this conclusion. See also Agustín G. de Amezúa, *Lope de Vega en sus cartas* (Madrid, 1943), IV, 43, no. 416; 279, no. 730; 284; no. 736; 287, n. 739.

Almanzor's destruction of the Church of St. James and the removal of the spoils to Cordova is recorded by R. Dozy in his *Histoire des Musulmans d'Espagne* (I, 596-597); his information is based on Ibn Haldun's chronicles and Al-Makkari. The same events are recorded in the *Crónica general,* II, 448b-449a, no. 754; *Historia silense,* p. 132, no. 30.

Lope's most important tribute to King Bermudo is based on a legend rather than historical fact: "Venzido el alarbe monstruo / que Algahib[22] los moros llaman / y el rey Almanzor nosotros" (575-577) refers to the battle of Calatañazor or Kalat-al-Nosor in which the Moors were supposed to have been defeated by King Bermudo and the confederated Spanish forces of León, Castile, and Navarre. Almanzor was compelled to flee and died shortly after. Since there is no fixed authority establishing the date of the battle, its actual occurrence, and the presence of King Bermudo, we can only list the various opinions of historians.[23]

The title Algahib (viceroy), used by Lope and Mariana, designates Almanzor's position during the reign of Hixem II; before he was awarded

The punishment meted out to Almanzor and his troops for destroying the church of Compostela is referred to in Lope's lines "del santo patrón gallego / terror de alarbes y moros" (I, 596-597). Lafuente explains further: "Cuentan que Dios en castigo del ultraje hecho á su santo templo de Santiago envió al ejército muslímico una epidemia de que morían á centenares, y aún á miles. Pero el Tudense, que no menciona aquella disentería, dice que el rey Bermudo destacó por las montañas de Galicia ágiles peatones, que ayudados por el Santo Apóstol, perseguían desde los riscos á los moros y los cazaban como alimañas lo cual es muy verosímil atendida la topografía de aquel país y sus gargantas y desfiladeros" (*Historia de España,* III, 22).

[22] Again, there is a striking similarity to Mariana "porque el gobierno y poder tenía Mohamad ... El mismo que despues se llamo Almanzor, que quiere decir vencedor" (*Historia,* XXX, 232a).

[23] R. Dozy, *Recherches sur l'histoire de l'Espagne* (Paris, 1881), I, 197-198, maintains that the battle of Calatañazor was a pious legend deriving from Almanzor's attack on Compostela. The essence of his argument is based on the discrepancy of dates. At the time of this battle (1002), Bermudo II had been dead for three years and Almanzor lived for three years after the destruction of this city. Dozy points out that there is no mention of the battle of Calatañazor in the chronicles of the Monk of Silos and Pelayo of Oviedo nor in the works of Al-Makkari and Ibn-al-Albar. R. Menéndez Pidal, *Historia y epopeya* (Madrid, 1934), pp. 22ff., agrees with Dozy.

Mariana, *Historia,* XXX, 236b — who is the most probable source of Lope — records that King Bermudo II and Count García of Castile defeated Almanzor at Catalañazor. Mariana's account is very similar, not only in content but in wording, to the *Crónica general,* ed. cit., II, 449, no. 755. Risco, *Historia de León,* pp. 229ff., follows Rodrigo of Toledo and Lucas of Tuy who recorded the battle of Calatañazor with Bermudo taking part in it. F. de Codera and E. Saavedra also disagree with Dozy's allegation that the battle was a pious legend. They maintain that Almanzor died only a few days after the battle, therefore the *vulgo* believed that his death was caused by the defeat. For an account of this theory see A. Ballesteros, *Historia de España* (Barcelona, 1920), II, 61.

the highly honored title of Almanzor (Al-Mansur bi-llah) for the numerous and successful incursions into Spanish territory,[24] his name was Mohammed Ibn Abi 'Amir.

In Act I (222-223), Doña Clara explains to Sol the reason for Mendo de Benavides' stay in León: "mi padre estará en la corte / por muerte del rey Bermudo." In Act III (written in prose following line 3068), the summons sent by King Alfonso V to Payo de Vivar is dated "a 24 de junio de 979." Moreover, it is made clear throughout the *comedia* that Bermudo's death is a very recent occurrence.

The historically attested date for King Bermudo's death is *año* 999 or *era* 1037. In the hope of justifying Lope's date of 979, we have examined the formation of his 7's and 9's throughout the autograph manuscripts of *Los Benavides* and *Carlos V*; no similarities have been found. The possibility of some of the center area of the "7" having been rubbed away by time and handling, has also been ruled out; the section where this date appears is particularly clear. Historically, a difference of twenty-two years in an event of such significance as Bermudo's death, is a serious error. From Lope's literary point of view, however, this error —whether willful or not—does not affect the dramatic development of the plot nor does it cause any difficulty in the story.

There has been only one discrepancy in the date of Bermudo's death: M. Escalona in the *Historia de Sahagún* cites a public document dated *era* 1038 and issued during Bermudo's reign; this sets his death one year later (1000 instead of 999). However, M. Risco has examined the documents in the archives of León and Sahagún finding that they state Bermudo died in 999; the epitaph on the king's tomb also indicates this same date. The actual day and month of Bermudo's death is not known. Again, Risco states that there are documents in the archives of León, issued as late as May and June of 999, naming Bermudo as the current monarch.[25] The date affixed by Lope—24 *de junio*—on the summons sent by King Alfonso to Payo creates a close circuit of events, but is not an impossibility, for King Bermudo could have died just a few days prior to the 24th of June. Furthermore, news traveled very slowly, so that Bermudo's

[24] For Almanzor's incessant military campaigns in Spanish territory and his rise to power, see Dozy, *Histoire des Musulmans,* II, 235. *Crónica general,* II, 445-449, nos. 747-755. Also, C. Sánchez Albornoz, *La España musulmana* (Buenos Aires, 1946), I, 352-357.

[25] Risco, *Historia de León,* p. 231. See also, Sánchez Albornoz, *España musulmana,* IV, 429. Cf. Lafuente, *Historia,* III, 25.

name could well have been affixed to public documents in other parts of the kingdom even after his death. Bermudo II did not die on the battlefield, but as result of the long illness (gout) that caused him to be generally identified as *el gotoso.*[26]

2. The Heirs of Bermudo II

King Bermudo's private life was a source of criticism and controversy. His marriage to Elvira and the repudiation of his first wife, Velazquita Ramírez has been termed adulterous.[27] This affected the status of legitimacy of the offspring of the second marriage (to Doña Elvira), among whom was Alfonso V. But in 1760, Risco discovered an inscription in the monastery of San Salvador of Deva that clarified the close blood relationship between Velazquita and Bermudo; the Church does not allow this type of marriage, therefore it had to be annulled.[28] This annulment made Bermudo's second marriage to Doña Elvira legitimate. His offspring by Doña Velazquita was Doña Christina; those by Doña Elvira were Alfonso V, Teresa, and Sancha. Born outside of lawful wedlock were Ordoño, Elvira, and Pelayo.

In Act I (682-718) Doña Clara explains to her father, Mendo de Benavides, that Sol and Sancho are not orphans, but her own children by King Bermudo II. With this parallel to the historical facts in mind, it is necessary to consider Bermudo's illegitimate progeny first. In his edition of the *Crónica general* (1541), Ocampo states: "Tuvo el Rey por amigas incestuosamente dos hermanas de noble linaje, y de la una hubo al Infante Don Ordoño, y de la otra a la Infanta Doña Elvira. Tuvo el Rey otra hija llamada la Infanta Doña Christina, y fué su madre una labradora por nombre también Velazquita como su primera mujer, y fué hija de

[26] *Historia silense,* p. 172, no. 30. See also, *Crónica general,* II, 451a, no. 757.

[27] Pelayo de Oviedo made the charge of bigamy, whereas the Monk of Silos defended Bermudo II's position even before Pelayo's attacks. Dozy agrees with the Monk of Silos. For details, see A. Ballesteros, *Historia,* II, 211. For the two traditions relative to Bermudo's reputation see our section A, no. 1.

[28] ... la verdadera causa de la separación del matrimonio entre Don Vermudo y Doña Velasquita, que fue el parentesco de los dos en grado prohibido, por el qual justamente llama incestuoso aquel matrimonio el Arzobispo Don Rodrigo. Así que el divorcio o repudio no se hizo por disgusto del Rey, ni por la licencia de aquellos tiempos, sino por la obligacion que imponia para ello la Iglesia" (Risco, *Historia de León,* 233). For a copy of the inscription discovered by Risco, see *ibid.,* p. 232.

Mantelo de Belalla del lugar de Meres, junto al monte Copçiana." [29] Mariana, however, states that Doña Sancha was born to one or the other of the two sisters mentioned by Ocampo. [30] Don Pelayo's mother is not known and neither Ocampo nor Mariana includes him. Nevertheless, he is the only one mentioned by other historians in connection with Bermudo and Almanzor: "Por su parte el rey Bermudo II de León—que, una vez más, tras el desastre de Santiago, se había visto en el trance de pedir la paz a Almanzor, enviándole para ello a su hijo bastardo Pelayo—murió también en 999." [31]

Neither Sancho nor Sol, whom Lope presents in *Los Benavides* as Bermudo's illegitimate children, can be identified as historical. There is, however, a solid parallel between Pelayo and Sancho. Pelayo serves as an important envoy to the Moorish leader at a particularly precarious time for the Spanish forces; Sancho is entrusted by the aged Mendo with a matter of supreme importance to him: "por ver si tienes honor / para que cobres el mío" (1120-1121).

Among the legitimate heirs, Teresa and Alfonso V concern us directly —both are mentioned explicitly in *Los Benavides.* In the hope that he may keep the young king in León, Payo de Vivar remarks that Alfonso wishes to remain there; to which the king adds "Sí señor conde [Mendo] sí, por vida suya, / que mi hermana me dice que no baya" (800-801). Although no further mention of this sister is made in the *comedia,* she played her part in the Spanish-Arabic relations of the time; in an effort to ensure peace, Bermudo II gave his daughter Teresa in marriage to Almanzor. [32]

[29] *Coronica general de España* que recopilaba el Maestro Florián de Ocampo (Madrid, 1791), VIII, 423, Lib. xvii, Cap. 26. We have not found this particular information in the other historical sources used for this study. For an evaluation of Ocampo's edition of the *Coronica* see *Diccionario de literatura española,* eds. Germán Bleiberg and Julián Marías (Madrid, 1953), p. 514b.

[30] *Historia, XXX,* 237a. But Aguado Bleye lists Sancha as the legitimate daughter of Bermudo and Elvira, along with Alfonso V and Teresa. See *Manual de historia* (Madrid, 1954), II, 489.

[31] *España musulmana,* IV, 425. Dozy adds: "Ce Pelage, un bâtard à ce qu'il paraît, signe des chartes dans les années 998, 999, et 1006; il s'y nomme proles Beremundi Regis" (*Recherches sur l'histoire et la littérature de l'Espagne* [Paris, 1881], I, 101, 1n, with reference to Flórez' *España Sagrada,* XVI).

[32] Dozy has a lengthy explanation of Almanzor's union with the Leonese princess, based on the chronicles of Ibn-Khaldoun and Pelayo de Oviedo (*Recherches,* I, 184-192). In *España musulmana,* IV, there is a briefer account of the matter:

3. Alfonso V

The guardianship of Alfonso V is of extreme importance to the plot of *Los Benavides*. Our concern here is the chronological problem created by Lope concerning Alfonso's reign. In line 481 Lope presents Alfonso as "niño de seys años" and in line 813 he is crowned king. Finally—and all within brief intervals—the same king signs the letter to Payo de Vivar, dated "a 24 de junio de 979" (3068-3069). This date, given by Lope, differs by twenty years from the one generally found in historical sources, i.e. 999.

Risco's evidence proves that Alfonso V, also known as *el noble*, was crowned king late in 999:

> En el mismo año en que murió Don Vermudo, fue sublimado al trono, y ungido con gran solemnidad en la santa Iglesia de Leon su tierno hijo Don Alonso. Hácese memoria de esta coronación en un instrumento del Archivo Legionense, por el qual el nuevo Rey confirma en favor de la Catedral de santa María, donde le ungieron, la donacion del castillo del Salvador de Curueño, de Ferreras, y de Pedrun del rio Torio; y estando firmada esta escritura en 13, de Octubre de la Era de 1037, es consiguiente, que Don Vermudo, cuyo reynado se expresó hasta el Junio del mismo año, falleció entre este mes y el dicho dia de Octubre.[33]

"En el año siguiente —993 (383)— Ibn Jaldún, en su historia de los reyes cristianos de España, resumida de la de Ibn Hayyan, registra otro matrimonio de Almanzor con una segunda princesa cristiana, la hija del rey de León, Bermudo II, el cual según dicho historiador, 'envió en 383 su hija a Almanzor que hizo de ella su concubina (chariya), pero a la que luego manumitió para casarse con ella'. Esta princesa leonesa, que no parece haber dado hijos a Almanzor, ha sido identificada por Dozy con la Teresa o Tarasia de que habla la crónica de Pelayo de Oviedo" (421-422). In a later work, Menéndez Pidal confirms the above date, 993. See *Romancero tradicional* (Madrid, 1963), II, 258. There is a discrepancy in the name of the Moorish king who took the Infanta Teresa as wife. Some older Spanish sources give Abdalla instead of Almanzor; however, they all agree that Teresa was the daughter of Bermudo II: Diego de Almella, *Valerio de historias* 1541 (ed. 1793), Lib. III, fol. 32r.

[33] Risco, *Historia de León*, p. 234. The following further confirms the coronation date: "...era milesima tricessima septima" (*Historia silense*, p. 172, no. 30), "... el 11 de octubre de 999" (R. Menéndez Pidal, *Historia de España*, VI, 242), "... sucedió al rey Don Vermudo, su padre, el año de novecientos noventa y nueve" (Pedro Salazar de Mendoza, *Origen de las dignidades seglares de Castilla y León* [Madrid, 1657], fol. 20v).

By contrast, the coronation scene in *Los Benavides* is quite simple and hurried (810-820); the date set by Lope is 979.

Historical sources are at variance in regard to the exact age of the young monarch in the year of his coronation. The *Historia Silense* states that he was three years old;[34] The *Crónica General* adds two years;[35] Enrique Flórez sets Alfonso's age at a minimum of eight years;[36] Risco says that in 999 Alfonso was: "de edad muy tierna aunque pasaba de los cinco años."[37] These discrepancies do not exceed a difference of five years which is not sufficient to justify Lope's date of 979 instead of 999.

Lope's praise of Alfonso's character is historically valid (3120-3130). He was a magnanimous, prudent ruler and continued to show himself to be a good soldier by driving the Moors out of Spain.[38]

Lope had Payo de Vivar (1505-1513) make an extended prediction which proved to be completely faithful to history from the reign of Alfonso V through that of Fernando I, Count of Castile and King of León, and that of Fernando V of Castile and II of Aragón, the husband of Isabel la Católica. Payo accuses Count Menendo González of desiring not only to become the king's guardian but also of planning to bring him up with his daughter Elvira, with the intention of fostering their future marriage. Lope may well have found the inspiration for this prediction in Mariana's text: "Llegado el nuevo Rey á mayor edad, para que

[34] *Historia silense,* p. 172, no. 30.

[35] "Et quando su padre el rey don Vermudo murio, este don Alffonso non auie mas de V annos de quando nasciera de edad quando començo a regnar. Et el primero anno del su regnado començose en la era de mill et XVII annos, et andaua otrossi estonces ell anno de la Encarnation en DCCCC et LXX et IX, et el de Otho emperador de Roma en un anno, et el de Johan papa en uno, et el de Abdelmelic rey de Cordoua en V, et de los alaraues en CCC et XC et uno." (II, 451b, no. 758).

[36] *España Sagrada,* XXXVIII, 21a, tratado 74.

[37] *Historia de León,* p. 17. Justo Pérez de Urbel, *Historia del Condado de Castilla* (Madrid, 1952), II, 793, asserts that the young king was *seven* years old.

[38] For an account of the king's enforcement of the law on the question of restoration of property, see Manuel Fernández-Núñez, *Folklore Leonés. Canciones, romances y leyendas de la provincia de León e indicaciones históricas sobre la vida jurídica y social en la Edad Media* (Madrid, 1931), p. 22. Furthermore, the Despensero Mayor de la Reina Doña Leonor, records that "Este Rey Don Alfonso fué muy amado e temido de los suyos ... venció muchas lides contra moros" (*Sumario de los reyes de España,* [Madrid, 1781], p. 16). For accounts of Alfonso's work in the restoration of the churches and houses destroyed by Almanzor as well as the building of the city wall, see Risco, *Historia de León,* pp. 18-20.

los ayos [Menendo González y Doña Mayor] tuviesen mas autoridad y en recompensa de lo que en su crianza y en el gobierno del reyno trabajaron, le casaron con una hija que tenían, llamada Doña Elvira. Tuvo [Alonso V] de este matrimonio dos hijos, Don Bermudo y Doña Sancha." [39] Doña Sancha married Fernando I, Count of Castile and King of León. [40] Lope's reference to "un Fernando que su línea acabe" (1513) was no doubt to Fernando el Católico (see above) who was succeeded after his death in 1516 by his grandson Carlos I of Spain and Carlos V, Emperor of Germany and of the Holy Roman Empire. This monarch was the son of Juana la Loca, daughter of the above-mentioned Catholic Monarchs, Fernando and Isabel. His father was Felipe el Hermoso, of the Habsburg family. Carlos V's accession to the Spanish throne introduced the Austrian Habsburg line of succession. [41]

We have not been able to find Mariana's concept of calculated recompense in any other historical sources. Lope also directs our attention to the idea of a planned marriage: "de que criado el niño [Alfonso V] con su hija / le cobre amor y por muger la tenga" (1506-1507).

Lope deals with Alfonso only insofar as his succession to the throne and the question of tutors are concerned. Historical records and chronicles tell us that his reign was beset not so much by troubles created by the Moors as by certain nobles. The *comedia* itself provides a "preview" of the future rebellions and spirit of independence of a certain segment of the landed nobility. [42]

In the year 1027 (era 1065) King Alfonso set out to recover the territory still occupied by the Moors in Portugal. While in the city of Viseo, he was killed by the arrow of a Moorish soldier. [43]

[39] *Historia,* XXX, 237a. See *Crónica general,* II, 451b, no. 758. Also Pedro Salazar de Mendoza, *Orígen de las dignidades seglares de Castilla y León* (Madrid, 1657), Lib. III, fol. 99v.

[40] *Crónica general,* II, 482, no. 802. Mariana has a lengthy, laudatory account of Fernando I, Count of Castile and King of León and Queen Sancha. See *ibid.,* 246b; 248-249. Also Aguado Bleye, *Manual de historia* (Madrid, 1947), I, 490a.

[41] *Diccionario de historia,* I, 540b-541.

[42] Risco, *Historia de León,* pp. 244-45. For the attitude of the landed nobility toward the King see Ballesteros, *Historia,* II, 213. The spirit of independence and rebelliousness is exemplified by Payo de Vivar in *Los Benavides*: I, 161-190; II, 1614-1630.

[43] A. Sánchez Candeira's recent investigations set the date of Alfonso's death at August 7, 1028 instead of 1027; however, more documentation is needed. See

4. The *Ayos* of Alfonso V

As we have seen (pp. 33f), Count Menendo González of Galicia and Sancho García, Count of Castile, are the historically attested contestants in the dispute concerning the guardianship of Alfonso V. In *Los Benavides,* Sancho García, uncle of Alfonso V, is not mentioned by name.

All of the principal historical sources agree that Count Menendo González and his wife Doña Mayor were entrusted by Bermudo II with the upbringing of Alfonso V. Among these references, Ocampo's edition of the *Crónica general* is of particular interest since it can be applied to specific instances in Lope's *comedia*:

> Dexo el Rey Don Bermudo á su hijo y sucesor el Rey Don Alonso el Quinto ... en tutela y en poderío del Conde Don Mendo Gonzalez, y de la Condesa Doña Mayor su mujer; que desde que nació lo habian criado en Galicia [44] y siendo ellos como padres enteros del Rey, demas de la comisión que les quedó del Rey Don Bermudo, [45] trataban todos los negocios y tenian todo entero el poderío del Reyno ... y parece cierto que gobernaba el conde con mucha prudencia y modestia, [46] pues pudiendo dar muchos privilegios á su voluntad en nombre del Rey ... yo no he visto sino muy pocos privilegios ... aunque he visto muchos tumbos y archivos. [47]

CONCLUSION

The litigation arising from the claim to King Alonso's guardianship is historically sound (Section A). Of the original names of the litigants, the

"Sobre la fecha de la muerte de Alfonso V de León," *Hispania - Revista de historia,* VIII (1948), 132-135. See also Risco, *Historia de León,* p. 253.

44 Immediately after the coronation of young Alfonso, Count Menendo protectively ushers him out and summons Doña Mayor to take care of him (I, 823). See also *Crónica general,* I, 795 for Menendo's reliance on Doña Mayor's judgment.

45 Provoked by Payo de Vivar's insolent and unfounded challenge of his right to be guardian to the king, Menendo emphatically stresses the point of being "testamentario" of Bermudo and having been appointed guardian by him (1582-1583).

46 Lope brings out the fact that although Menendo had been commissioned by Bermudo to raise the young monarch, he is very prudent and not aggressive; he will submit to the decision of the other *hidalgos* relative to the city where the king is to live (790-795).

47 Ocampo, *Coronica,* VIII, 429, Lib. xvii, Cap. 29. Other sources corroborate Ocampo's praise of Menendo and Mayor: Mariana, *Historia,* XXX, 237a; Dozy,

only one mentioned by Lope is Count Menendo González. In the play there is no counterpart to the other historical *ayo,* Count Sancho García; there is no historical justification for Lope's inclusion of Mendo de Benavides in the dispute between the *ayos.*

Lope's presentation of King Bermudo II is, for the greater part, faithful to history. He follows the tradition of the Monk of Silos, and that of Sampiro which upheld King Bermudo, as opposed to Bishop Pelayo's harsh criticism. The accounts of Bermudo's achievements and struggles against Almanzor are true to history, with the exception of the allusion to the victory over Almanzor (Calatañazor), which in Lope's time had not yet been disproved. The greatest departure from historical chronology is that connected with Bermudo's death which Lope dates as 979 instead of the historically attested date of 999 or *era* 1037.

The only heirs of King Bermudo II, of whom Lope makes explicit mention, are Alfonso V and Teresa, his sister. No reference is made to Sancha and the other illegitimate heirs, Don Ordoño, Don Pelayo, Doña Elvira, and Doña Christina. One can only assume a parallel position between Pelayo, who served as envoy to Almanzor, and Sancho (in the *comedia*) who was assigned to redeem the honor of Benavides.

Lope's characterization of the boy-King Alfonso is true to history; it foreshadows his future surname of "El noble." According to the events described in *Los Benavides,* King Alfonso's coronation took place in 979, but historical records agree that the year was 999. The age of Alfonso, as computed by historians, ranges from five to eight years at the time of his ascension to the throne of León; Lope states that the boy-king was six at the time.

Payo de Vivar's prediction concerning Alfonso's marriage to Doña Elvira, daughter of his guardian, their offsprings Sancha and Bermudo III, is historically correct.

In addition to Count Menendo González, the historical guardian of Alfonso V, Lope makes a few references to his wife Doña Mayor and her influence in the upbringing of the young king. In this Lope is, again, following historical facts.

In the light of the preceding study, we differ from Marcelino Menéndez Pelayo's opinion in his *Observaciones preliminares* that *Los Benavides* is a genealogical legend with only two historical characters, Menendo and

Recherches, I, 101. Risco, *Historia de León,* p. 235 points out Menendo's restraint in issuing "privilegios."

Alfonso V.[48] Lope's inclusion of such personages as Bermudo II, Almanzor, Doña Mayor, Hazén (Hiscem) and his general faithfulness to history justify our classification of *Los Benavides* as a genealogical-historical *comedia.*

C. Genealogy of the Benavides Family

At the end of Act III King Alfonso V offers to Sancho, his half brother, a twofold reward for having rescued him from a group of hostile Moors: he is granted a coat of arms,[49] and the jurisdiction over ten *villas* within the realm. This, and the statement made by Sancho, "Aquí acaba la comedia / del primero Benavides" (3612-3613), establish the status and origin of the family as historical facts. The date given by Lope for these events is *año* 979. However, chronicles, historical accounts and genealogical studies are not in accord regarding the date and the circumstances as described by Lope.

The Benavides Family, Its Origin and Ramifications
Alonso as Patronymic

The Alonso-Benavides family traces its origin to Alfonso VII of Castile (1105-1157), known as Emperor of Castile and León, who had an

[48] "*Los Benavides* pertenece al número de leyendas genealógicas que dramatizó Lope de Vega. Nada hay en ella de histórico más que el nombre del niño Rey de León, Alfonso V, y el de su tutor, el conde Melendo González. Todo lo demás parece de pura invención, a no ser que Lope se haya valido de algún nobiliario que desconozco. La leyenda está calcada en gran parte sobre la de las mocedades del Cid." (*Obras,* Real Academia, VI, Madrid [1899], ccxxxix; *Estudios sobre el teatro de Lope de Vega* [*Obras completas* de Menéndez Pelayo, Edic. Nac., XXXI, Santander, 1949], III, 330).

[49] "... un león / que esté arrimado a un bastón" (3595-3596). Alberto and Arturo García Garrafa give the description of the fully developed coat of arms as known today: "De plata, con un león rampante, de gules, barrado en oro, de tres barras.... De oro, con un león rampante, de gules, fajado de plata, puesto sobre un palo de gules. Bordura de plata con ocho calderas de sable." (*Diccionario heráldico y genealógico de apellidos españoles y americanos* [Madrid, 1924], XV, 414). See also Warren T. McCready, *La heráldica en las obras de Lope de Vega* (Toronto, 1962), p. 101. Eugenio Alvarez-Quiñones y Caravia, "Historia y leyendas en los lemas heráldicos," *Hidalguía,* IX [1961], 347-368. A. Huntington Bushee and L. Lavery Stafford explain Tirso's description of the Benavides coat of arms in *La prudencia*

illegitimate son by a noble lady of Galicia. Alfonso VII endowed this son with the villa of Benavides; he was known as Juan Alonso or Alfonso de Benavides.[50] The adoption of the name "Alonso" as surname was done with the intention of perpetuating the royal origin of the Benavides family.

Theories Concerning the Founders of the House of Benavides

In reference to the strong Moorish influence on family names in Spain during the tenth century, especially during the time of Almanzor, Menéndez Pidal states "Los nombres de personas árabes abundan ahora extraordinariamente entre los cristianos, y hasta se componen patronímicos cristianos con el árabe *iben* (hijo) plural *bani*... A esta época[51] debe remontar el apellido Benavides, que hallo Vanavides en 1194, Venevidas en 1231, esto es, bani-Vidas, los hijos de Vidas... "[52]

Juan (or Fernando) Alfonso de Benavides is generally cited as the progenitor of the house of Benavides. However, there is a controversy caused by the lack of historical data to prove the identity of Juan [Fernando] Alfonso de Benavides' father. Genealogists generally mention

en la mujer as follows: "The *barreado león* was the *león* with three bars of gold which the Benavides family had the right to use... The *real blasón,* since the ultimate union of Castilla and León under Don Fernando III in 1230, consisted of two castles and two lions" (ed. cit. [Mexico, 1948], p. 138).

50 García Carraffa, *Diccionario heráldico,* VII, 74-75. Juan Alfonso de Benavides was also known as Fernando Alfonso; see Tirso de Molina, *La prudencia en la mujer,* Eds. A. Huntington Bushee and L. Lavery Stafford (Mexico, 1948), pp. xxxi, xxxii, and Diego de Benavides, *Memorial en que representa la antiguedad, calidad y servicio de sus casas* (Madrid, 1660), fol. 13v. Future references to this work will be cited as *Memorial* only. For the background of Diego de Benavides see Nemesio Sabugo, *Pórtico a la presencia de Benavides* (León, 1959), pp. 11-16.

51 In reply to our inquiry about the existence of the Benavides family in the tenth century, Don Ramón Menéndez Pidal stated (Letter dated February 12, 1964) that he did not have any other information about this family, except that it was already in existence in the twelfth century.

52 *El idioma español en sus primeros tiempos* (Madrid, 1927), II, 201-202. This same information is included in *Orígenes del español,* 3rd ed. (Madrid, 1950), pp. 508-509, no. 105, sec. 3. Also Gonzalo Díez Melcón, *Apellidos castellano-leoneses, Siglos IX-XIII* (Tésis doctorales VII, Universidad de Granada, 1957), p. 83. Sr. D. Nemesio Sabugo cites various documents ranging from the eleventh to the twelfth centuries showing the different spelling of the Benavides name as pointed out by Menéndez Pidal: "Benavides," *Archivos Leoneses* (1955), 140-141; 153-155.

one of three possibilities: Alfonso VII, Emperor of Castile and León; Alfonso VIII, King of Castile; Alfonso IX, King of León.

1. Alfonso VII, Emperor of Castile and León (1105-1157)

According to the *Memorial* of Don Diego de Benavides[53] the first of the line was "... Don [Juan] Fernando Alfonso hijo del Señor Emperador Don Alfonso el Séptimo a quien Fray Anastasio de Lobera en la *Historia de León* llama Don Juan Alfonso, Primer Señor de Benavides."[54] Alfonso VIII, who was a good ruler, powerful and active in the Reconquest,[55] had eight children by his two legitimate wives, Doña Berenguela and Doña Rica. He also had three daughters born out of wedlock.[56] None of the offspring can, at present, be identified as Juan [Fernando] Alfonso. However, it will be seen later that the case for Alfonso VII is much stronger and rests on more solid evidence than that of the other two kings.

[53] This *Memorial* was not written until 1660, therefore could not have been used by Lope. However, sources such as Argote de Molina's *Nobleza de Andalucía,* as well as the public documents frequently cited in the *Memorial* were equally available to Lope.

[54] *Memorial,* fol. 13v. See Nemesio Sabugo, *Archivos Leoneses* (Enero-Junio, 1949), p. 150.

[55] The childhood of Alfonso VII is similar to that of Alfonso V in Lope's *comedia*; he was brought up by an *ayo,* the count of Traba; see Mariana, *Historia,* XXX, 288; Flórez-Risco, *España Sagrada,* XXXV, 176-211; Sandoval refers to Alfonso VII as "... glorioso, pio, semper invicto" (*Historia de los reyes de Castilla y León* [Madrid, 1792], II, passim 163-330). Also Lucas de Tuy, *Crónica de España,* ed. Julio Puyol (Madrid, 1926), pp. 392-397. Of particular interest: M. Laza Palacio, *La España del poeta de Mio Cid, comentarios a la crónica de Alfonso VII* (Málaga, 1964), pp. 163 ff.

[56] "... la primera doña Berenguella hermana del conde don Remont de Barcilona, et en esta fizo all inffante don Sancho y all inffante don Ffernando et estas dos fijas: donna Helisabet et donna Baesça...la otra [mujer] diz que ovo nombre donna Rica; et desta donna ovo una fija la cual ovo nombre donna Sancha" *Crónica general,* II, 654b, no. 975; Lucas de Tuy, *Crónica,* ed. cit., p. 392.

The illegitimate heirs were: Urraca, Estefanía and Teresa. Doña Guntroda, who came of a noble Asturian family, was the mother of Urraca. Sancha Fernández de Castro was Estefanía's mother; Teresa's mother has not been ascertained. *Crónica general, ibid.*; Risco, *Historia de León,* p. 329; Laza Palacio, *La España del poeta de Mio Cid,* p. 163.

In the *Chronica Adefonsi* [VII] *Imperatoris* there are lengthy references to a Ferdinandus Joannis (Fernando Juanes), Duke of Limia,[57] and to a Petrus Adefonsi (Pedro Alfonso).[58] Although at present, the element of chronology makes it difficult to establish a specific blood relationship between Fernando Juanes and Alfonso VII, who were contemporaries, the similarity of names, as pointed out by Don Nemesio Sabugo, presents the possibility that he was the first Benavides.[59]

2. Alfonso VIII of Castile (1156-1214)

This monarch was a contemporary of Emperor Alfonso IX of León. He was known as *el noble* due to his abundant charity and nobility of character. As it was the case of Alfonso V (in *Los Benavides*) his childhood was controlled by *ayos* who struggled to retain power.[60]

57 Ed. Luis Sánchez Belda (Madrid, 1950), pp. 176-177. In the "Indice de personas" the editor gives a detailed account of the activities of Fernando Juanes in the court of Doña Urraca and of her son Alfonso VII. For commentaries and translation of the *Chronica* and the *Poema de Almería* see Laza Palacio, *La España del poeta de Mio Cid,* p. 196. There is very limited information on the lineage of the Juanes: see García Carraffa, *Diccionario heráldico,* XLVII, 192. We are indebted to Don Nemesio Sabugo for having pointed out the possibility of identifying the first Señor of Benavides with this Fernando Juanes (Letter, July 12, 1967).

58 For Pedro Alfonso see also the *Chronica,* ed. cit., "Indice de personas," pp. 244-245. See also Sandoval, *Historia de los reyes de Castilla y León,* pp. 111, 125, 273. Since the genealogy of Pedro Alfonso and the records of the public offices he held during the reigns of Alfonso VI, Doña Urraca, Alfonso VII, and Fernando II are well established, he should not be identified as the first Señor of Benavides. For a detailed account of the Alonso family (of Asturias) see García Carraffa, *Diccionario heráldico,* VII, 9-14.

59 The hypothesis advanced by Don Nemesio Sabugo is important but it needs additional documented proof, since it presupposes that Fernando Juanes was not the son of Alfonso VII but perforce the son of an earlier king. Sánchez Belda attests that Fernando Juanes "figura ya en la corte de Doña Urraca y asistió a la reunión de Santiago convocada por la reina en 1112 ..." (*Chronica,* p. 229). It is essential to note that Alfonso VII was born in 1105.

60 "...de los grandes fechos et de las obras de piedad deste muy noble don Alffonso ochavo rey de Castiella" (*Crónica general,* II, 679b, no. 1000). There is a great similarity between the childhood of this monarch and that of Alfonso V in Lope's *comedia*: The father of Alfonso VIII died when the boy was three years old; he had appointed Gutierre Fernández de Castro as *ayo,* who "despues de la muerte del rey Don Sancho, ponie muy grand femençia en la guarda del Rey Don Alffonso niño ... era ya Gutierre Fernández omne de grand edad et onrrado ..." (*Crónica general,* II, 668b, no. 988).

Alfonso VIII married Princess Eleanor of England; there were eleven children from this marriage. The illicit relationship of this monarch with the Jewess Raquel has been immortalized by Lope de Vega, Luis de Ulloa Pereira and Vicente García de la Huerta. There are no records of any offspring that could be identified as the first Benavides.[61]

Relative to the origin of the Benavides family, the case for Alfonso VIII is not well founded. Diego Vincencio de Vidania, referring to the Benavides branch from Castile, points out that Juan [or Fernando] Alfonso, was the illegitimate son of "... el Señor Rey Don Alonso VIII de Castilla y León, que le llamaron Emperador de España..."[62] This is obviously a mistake on Vidania's part, or one made in the process of printing; only Alfonso VII was crowned *Emperador* of Castile and León and known as the last king of León.[63]

3. Alfonso IX of León (1171-1230)

Alfonso IX was known among the Leonese as *el baboso* [*loco*]. As in the case of Alfonso VII and Alfonso VIII, this monarch was also under the care and influence of his *ayo,* Juan Arias, son-in-law of the influential Count of Traba. The two church marriages of Alfonso IX were annulled by the Pope because of consanguinity. The first marriage to Teresa of Portugal left no heirs. Among the heirs from the second marriage to Berenguela, daughter of Alfonso VIII of Castile, is San Fernando III. Argote de Molina states that this Fernando III had a brother who was the first Benavides.[64]

After the Church-imposed separation from Queen Berenguela, Alfonso IX had four children by Teresa Gil and four others by Aldonza Martínez de Silva; all used the patronymic Alfonso.[65] The second liaison is of vital importance in tracing the origin of the Benavides family. Ac-

[61] Among the legitimate heirs of Alfonso VIII is Berenguela, who married Alfonso IX of León: *ibid.,* 708a, 1024. The legendary love of this king for "la judía de Toledo," whose name was Fermosa, was, according to popular belief, punished by God with defeat at the battle of Alarcos and the death of his son Enrique. Cf. Aguado Bleye, *Manual,* I, 648-649.

[62] *Al Rey Nuestro Señor D. Francisco de Benavides representa los servicios, heredados y propios y los de sus hijos* (Naples, 1696), p. 110.

[63] See Aguado Bleye, *Manual,* I, 636b.

[64] *Nobleza de Andaluzía,* p. 446. For additional information on this relationship see our note 66. Also *Crónica general,* II, 676-677, no. 997.

[65] Aguado Bleye, *Manual,* I, 658b; Vidania, *Servicios,* p. 112. For a complete and documented study of this monarch, see Julio González, *Alfonso IX* (Madrid, 1944).

cording to Vincencio de Vidania, "el señor Rey Don Alfonso IX de León, en la nobilissima Señora Doña Aldonza Martínez de Silva, Señora del Honor de Mansilla, Dama de tan gran Sangre ... tuvo, segun el Conde Don Pedro, y otros, dos Hijos y dos Hijas. Don Rodrigo Alonso, Progenitor de la casa de Benavides, á la cual dió varonia su nieto..." [66]

Vidania establishes two branches of the Benavides family, both of royal origin: one from the house of Castile, Alfonso VIII and the other from León, Alfonso IX. Although both kings were contemporaries, one difficulty arises from the fact that Vidania calls the progenitor of the Castile branch Fernando or Juan Alfonso Benavides, whereas, the progenitor of the León branch is named Rodrigo. It has been seen so far that the name Fernando or Juan is used by all the principal genealogists; moreover, Vidania does not document his theory concerning Rodrigo as the first Benavides from the royal house of León. [67]

In tracing the ancestry of a certain Juan Alonso de Benavides, Gonzalo Argote de Molina in his *Nobleza de Andaluzía* (1588) agrees, at first, with Fray Martín López de Leçana [68] in stating that the gentleman was

> descendiente de un hijo del rey D. Alonso [IX] de León habido de ganancia y hermano del santo rey D. Fernando. Y así se conservó el nombre patronímico de Alonso en los de este linaje, y usan por armas el león rojo rampante en campo de plata barrado con barras de oro, como se ven en su escudo. Y fué el primero de este linaje que en las historias se llamó de Benavides, por la villa de Benavides de que fue señor. [69]

In the later corrections he made to his own text, however, Argote de Molina disagrees with López de Leçana, adding that the family should trace back its origin to an earlier king of León, since "se tiene noticias de todos los hijos que tuvo el rey Don Alonso [IX]." [70] In the light of the

[66] Vidania, *Servicios,* pp. 112-113. The other children to whom Vidania refers were Pedro Alonso, Aldonza Alonso de León and Teresa Alonso. See García Carraffa, *Diccionario heráldico,* XIII, 196.

[67] Cf. Vidania, *Servicios,* pp. 112-113.

[68] *Nobiliario de linages de España,* quoted in Morel-Fatio, *Etudes sur l'Espagne* (Paris, 1904), III, 133.

[69] P. 446. Pedro Salazar de Mendoza, *Origen de las dignidades seglares de Castilla y León* (Madrid, 1657), also fellows Leçana; Fernando III el Santo, the son of Alfonso IX and Queen Berenguela, was born in 1199.

[70] *Nobleza de Andaluzía,* pp. 446-447. Also, Morel Fatio, *Etudes sur l'Espagne,* pp. 53-56.

facts presented so far, it seems justifiable to assert that the "earlier king" was Alfonso VII.

During the reign of Alfonso IX (1188-1230) the name of D. Pedro Fernández de Benavides, *Rico-hombre* and known as *el castellano,* appears frequently in documents and *privilegios.* He was *Mayordomo mayor* to King Alfonso IX and Queen Berenguela for at least five terms, covering the years from 1190 to 1204.[71] Don Diego de Benavides, in this *Memorial,* clarifies the surname "Fernández":

> Don Pedro passò a ser Merino mayor de Castilla el año 1214. Fue segundo Señor de la Villa, i Estado de Benavides, i de Palacios de Valduerna, que heredò de su padre Don Fernando [or Juan] Alfonso, hijo del Señor Emperador Don Alfonso el Septimo, Rey de Castilla, i Leon, a quien Fray Atanasio de Lobera en la Historia de León llama Don Juan Alfonso, Primer Señor de Benavides. Mas el Patronimico de Fernandez, que tuvo Don Pedro su hijo, dà a entender la equivocacion (fol. 13).[72]

In addition to Lobera's assertion, it is not feasible, chronologically, to identify Pedro Fernández, *second* Señor of Benavides, as the son of Alfonso IX, whom he served; he should rather be identified as the grandson of Alfonso VII, the Emperor who has already been named by Lobera and other genealogists as the father of the *first* Lord of Benavides.[73] According to the information available, incomplete as it appears to be, the first Benavides was Fernando [Juan] Alfonso de Benavides, illegitimate son of King Alfonso VII of Castile and León, known as the Emperor. This Fernando [Juan] Alfonso de Benavides did not make a name for himself. It is his son, Pedro Fernández de Benavides, Merino Mayor de Castilla who because of his important post became better known to genealogists.

[71] Julio González, *Alfonso IX* (Madrid, 1944), I, 323. For supplemental information on Pedro Fernández de Benavides, see Fray Alonso Andrés, OSB, "Documento inédito de Alfonso IX," *Hispania, Revista de Historia, VIII* (1948), 136-139. For a summary of the activities of Pedro Fernández de Benavides, see Nemesio Sabugo, *Pórtico a la presencia de Benavides* (León, 1959), pp. 30-31.

[72] Fol. 13v. See also Morel-Fatio, *Etudes sur l'Espagne,* III, 53; García Carraffa, *Diccionario heráldico,* XV, 195.

[73] a. Alfonso VII of Castile and León: b.1105-d.1157.

b. Juan [Fernando] Alonso, First Señor of Benavides was probably born about 1125 or thereafter.

c. Pedro Fernández, second Señor of Benavides was active in court duties between 1190-1204.

D. The Fusion of Benavides with the Houses of Fines and Biedma [74]

The house of Fines or Funes is the older of the two and the more pertinent to the present study since its origin can be traced back to the Infante Don Sancho. Don Diego de Benavides in his *Memorial* aims to clarify the legitimacy of this prince:

> Que la Casa de Fines, que es la Primera en orden, y Sucession, procede de la Real de Leon i como es Notorio en las Historias, y Nobiliarios de Castilla, se deriva del Infante Don Sancho, Hijo del Señor Rey Don Fernando Segundo de Leon, i de la Señora Reyna Doña Teresa su Segunda Muger. Muriò este Principe el año 1217 a Manos de vn Osso en los Montes de Cañameros; aviendo sido Capitan General del Señor Rey Don Alfonso el Nono de Leon su Hermano ...
> No se Ignora, que Argote de Molina, i otros Genealogistas deducen la Casa de Fines, de Don Sancho, Hijo no Legitimo del Señor Rey Don Fernando el Segundo. Mas como quiera que el Conde Don Pedro (a quien siguen) le dá dos Hijos Sanchos, vno Legitimo, i otro no Legitimo, i en las Escrituras se hallan Dos, i Ambos Legitimos, es preciso q̃ Vno dellos aya sido Progenitor de la Casa de Fines.... [75]

The Infante Don Sancho married Doña Teresa Díaz de Haro. Their eldest son was Diag [Díaz or Diego] Sánchez, who had Fines added to his name because he conquered the strategic castle of Fines from the Moors in Andalucía. He married the *Rica-hembra* Doña Teresa Gómez de Roa. Through this marriage, the house of Fines traces back its ancestry to Doña Christina, daughter of King Bermudo II of León (this is the monarch of Lope's *comedia*). The house of Fines joined that of Biedma in 1291 when Doña Juana Díaz de Fines, *Rica-hembra de Sangre* married Don Rodrigo Iñiguez de Biedma. [76]

The information known about the Galician branch of the Biedma (or Viedma) has not yet been proven to be fully historical. The point of interest for this study is that Juan Alfonso Benavides died without heirs;

The time element favors Alfonso VII as the father of the first Benavides and grandfather of Pedro Fernández.

[74] For Funes or Fines, see García Carraffa, *Diccionario heráldico,* XXXIII, 46-48. For Biedma, *ibid.,* XIV, 183-185.

[75] Fol. 2v-3r.

[76] I follow closely *Memorial,* 5v-6r.

the name and estate were inherited by his first cousin, Don Men Rodríguez de Biedma (1364) who added the surname Benavides.[77]

E. The Bazán and the Benavides Families: Their Prestige and Lope's Acquaintance with One of Their Members

The noble house of Bazán was among the "doce ricohomes de Navarra que fundó el Rey García Ramírez en 1135."[78] The union of the Bazán and Benavides families began with Alvaro de Bazán and Doña Ana de Guzmán (married 1525) whose daughter María Isabel married Juan de Benavides.

In our study there are numerous references to the *Memorial* by Don Diego de Benavides and *Servicios* by Don Vincencio Vidania. Both of these works prove the importance and prestige of the Benavides family at least from the time of the second Señor of Benavides. Although there is no conclusive evidence as to whether he was the grandson of Alfonso VII, he was of royal blood.

The accomplishments and services of the Benavides family are numerous. Titles of nobility have been awarded to them through the centuries, beginning with the title of Counts of Santisteban del Puerto given by Enrique IV (1473).[79]

[77] See Alonso López de Haro, *Nobiliario genealógico de los reyes y títulos de España* (Madrid, 1622), I, 542a. For a detailed explanation of the origin of the Biedma-Benavides family see Benavides, *Memorial,* fol. 12r.

[78] Julio de Atienza, *Nobiliario español* (Madrid, 1948), p. 438a. Also García Carraffa, *Diccionario heráldico,* XV, 60; Vidania, *Servicios,* pp. 278-279, 313-333.

[79] Some of the important *servicios* of the Benavides are listed by Luis Salazar y Castro, *Los comendadores de la orden de Santiago* (Madrid, 1949), II, 734-735. However, the principal sources for this information are Vidania's *Servicios* and Diego de Benavides, *Memorial.* See also Antonio de Benavides, *Memorias de Fernando IV de Castilla* (Madrid, 1860), p. 270; for the many *privilegios* awarded to the Benavides family, see p. 211. *Escrituras y privilegios del Monasterio de Benavides,* MS., Era 1217-1400 Biblioteca Nacional, fols. 267-272. For the status of several members of the Benavides family who were *ricos-homes,* see Pedro Salazar de Mendoza, *Origen de las dignidades seglares de Castilla y León* (Madrid, 1657), libro iii, fol. 107. In the *Dedicatoria* of his *Memorial* to the King, the author (D. Diego de Benavides) lists his titles of nobility and important posts, thus providing proof of the importance of the house of Benavides for posterity:

> Don Diego de Benavides, de Fines, de Biedma y de la Cueva. Cabeza i Pariente Mayor en la Andalucia de estos Quatro Linages, Octavo Conde de Santisteban en el Reyno de Jaen, cuyo onzeno Cabdillo Mayor es; Alcalde

Luis Astrana Marín explains the circumstances of Lope's acquaintance with Don Alvaro Bazán:

> Una epístola en tercetos escrita entonces por el poeta al contador Gaspar de Barrionuevo, ausente de Sevilla, en las galeras de España, con el almirante marqués de Santa Cruz, nos proporciona nuevas noticias autobiográficas....
>
> Después le dice cómo pensó que el marqués de Santa Cruz le concedería permiso para estar un mes siquiera en Sevilla....
>
> ... en Malagón hallé el famoso Aquiles,
> fénix de aquel que, de su Cruz armado,
> hizo mil pueblos de Africa serviles.
> Hábléle en vos, y como honrar profesa
> las sombras de las letras con notable
> favor ...
>
> El hijo de don Alvaro de Bazán aseguró a Lope que daría licencia a Barrionuevo; pero, por lo visto, no había cumplido su promesa. [80]

The Marquis of Santa Cruz, to whom Lope refers, was Don Alvaro de Bazán y Benavides, II Marqués de Santa Cruz (born in 1571), and son of Doña María Manuel de Benavides. [81] He is the protagonist of Lope's play *La nueva victoria del Marqués de Santa Cruz,* written 1604. Moreover, in his *Gatomaquia,* Lope speaks of the same personage as "el marqués famoso / de mejor apellido." [82] Rodríguez Marín also identifies him as Don Alvaro de Bazán. [83]

de sus alcazares Reales: Marques de Solera, Comendador de Monreal, en la Orden de Santiago; Gentil-Hombre de la Camara de V. M. de su Consejo, i del Supremo de Guerra; Governador, i Capitán General (que fue) del Reyno de Galicia, i Virrey, i Capitán General del Reyno de Navarra; i hoy Virrey, Gobernador, i Capitán General de los Reynos del Perú (1r).

[80] *La vida azarosa de Lope de Vega* (Barcelona, 1935), pp. 200-201. For having called our attention to this fact, we are indebted to D. Nemesio Sabugo (Letter, May 12, 1967). In two of the letters to his patron, the Duke of Sessa, Lope explains that due to an injury to his arm he was compelled to forward some of the secretarial work to the Contador Barrionuevo whom he calls "tan grande amigo mío" (Agustín G. de Amezúa, *Lope de Vega en sus cartas* [Madrid, 1941], III, 96, no. 83, dated Madrid, 1612). See also letter 82 of same year.

[81] García Carraffa, *Diccionario heráldico,* XIII, 62. For tables tracing the Bazán-Benavides to royal ancestors see Vidania, pp. 334-337.

[82] *La gatomaquia,* Ed. Francisco Rodríguez Marín (Madrid, 1935), p. 4. Also Sabugo, *Pórtico a la presencia de Benavides,* pp. 30-31.

[83] *La gatomaquia,* p. 102, no. 11b.

F. Don Mendo de Benavides

In Part I, the historicity of the characters mentioned by Lope in connection with the dispute over the guardianship of young King Alfonso V of León was discussed; the presence of Mendo de Benavides could not be justified historically. In the Benavides family there are several descendants by this same name, the most prominent being Don Mendo [Rodríguez] de Benavides. Although we have no proof that Lope knew of the fame and exploits of this gentleman, the possibility cannot be dismissed.

> Don Mendo de Benauides, segundo Conde de Santisteuan del Puerto, señor de las Nauas, Espeluy, el Castellar, y otros vassallos, caudillo y Capitan general del Obispado de Jaen, fue valeroso cauallero en la disciplina militar, y muy semejante al valor de sus mayores, como lo mostrò en seruicio de los gloriosissimos Reyes Catolicos, don Fernando y doña Isabel, teniendo a su cargo las fronteras de Jaen, Vbeda, y Baeça, contra los Moros del Reyno de Granada, donde hizo cosas de famoso Capitan.... [84]

G. The Estate of Benavides

In reference to Fernando [Juan] Alonso, Vidania explains: "No tenemos por aora escrituras, ni documentos que decidan la question. Pero ninguno duda aver sido primero Señor de Benavides, Villa y Estado que le dió su padre cerca de la Puente Orbigo, y de Palacios de Valduerna." [85]

In the *Memorias* of Fernando IV, there is a record of a "Privilegio del Rey Don Fernando concediendo a Juan Alfonso de Benavides que el lugar de Benavides, cerca de la Puente de Orvego, sea franco y privilegiado..." [86]

The present status of Benavides is that of a *villa,* situated approximately 36 kilometers east of León by the Orbigo river. The actual

[84] Alonso López de Haro, *Nobiliario genealógico* (Madrid, 1622), I, 546b. This book was printed twenty years after *Los Benavides* but Lope may have easily obtained his information from other sources, considering the fact that Don Mendo was so well known.

[85] Vidania, *Servicios,* p. 110. Also Benavides, *Memorial,* fol. 13v.

[86] Ed. Antonio de Benavides (Madrid, 1860), II, 547. This Juan Alonso [Alfonso] de Benavides was "tercero del nombre, llamado el Viejo.... También fué general de la frontera en tiempos del Rey Don Fernando IV [Rey de Castilla, 1285-1312] y Caballero de la Banda" (García Carraffa, *Diccionario heráldico,* V, 74).

distance, at present, varies according to the road used.[87] However, in Lope's *comedia,* Mendo's squire, who is returning with his master from León to Benavides, asks "¿mi señor, que tienes? /¿én tres leguas mil suspiros?" (465-466). The three leagues are equivalent to only 16 1/2 kilometers. Of course, the number three is just a round, indefinite number.

The rural beauty of Benavides at present is fully described by Don Nemesio Sabugo in his article *Pórtico a la presencia de Benavides de Órbigo.*[88] "La Puente de Orvego" mentioned above still exists; it was built in the High Middle Ages. Since this bridge, and not the *fortaleza,* is usually mentioned in historical documents for the purpose of identifying the *villa* of Benavides, the description given by D. Nemesio Sabugo is of importance for this study: "El puente de Piedra de Benavides se apoya en cuatro sólidos y bien estructurados arcos de medio punto casi exacto. El más alto, que desde cierta perspectiva tiende a apuntarse, corresponde al extremo algo alomado del puente que da entrada inmediata a la antigua villa."[89]

The castle [fortaleza] of the Señores of Benavides no longer exists. There are some remnants of the walls that prove its existence and location. According to Sr. Sabugo, "el palacio subsiste en el topónimo Prado de Palacio," which is the term applied to the entire area where the "palace" (really the castle) and other structures stood originally, at the banks of the river Orbigo.[90]

H. The Benavides Family in Tirso de Molina's "La Prudencia en la mujer"

Don Juan de Benavides, of Tirso's *La prudencia en la mujer,* according to the editors Bushee and Stafford, is the great-great-grandson of King Alfonso IX and Doña Aldonza Martínez de Silva.[91] There are several references in this *comedia* to the royal lineage of the Benavides, the most significant being Don Juan's reaction to his sister's marriage to Carvajal:

[87] For details see note to verse 249.

[88] León. D. Nemesio Sabugo also has interesting information.
on the historic river Orbigo in "A orillas del Orbigo," *León,* III (April, 1957), 19-21.

[89] Sabugo, *Pórtico a la presencia de Benavides,* p. 63.

[90] Ibid.

[91] Eds. A. Huntington Bushee and L. Lavery Stafford, *La prudencia en la mujer* (Mexico, 1948), p. xxxi and Table II.

"antes que la sangre real / que illustra a los Venauides / con sangre de Caruajal / se mezcle" (512-515) and Carvajal's reminder to D. Juan "porque de un rey decendéys / el mismo rey de León" (658-659).

Don Juan de Benavides plays a very important role as the faithful follower and defender of Doña Maria de Molina, regent for her son Fernando IV.[92]

Conclusion

At the end of Act III Sancho (the illegitimate son of Bermudo II of León) and Doña Clara (Mendo's daughter) are awarded the status of nobility and ten *villas* for having saved the boy-king, Alfonso V of León, from hostile Moors. This event, according to the *comedia,* took place in the year 979, a date which does not coincide with the accounts found in genealogies and histories.

The earliest period during which the Benavides family *may* have originated would be at the time of Alfonso VII, Emperor of Castile and León (1105-1157). Unless new material is discovered, this is the earliest period acceptable now. According to records, the first of the lineage was Juan [Fernando] who used the patronymic Alonso to perpetuate the name of his royal father; he was given the *villa* of Benavides and other possessions.

The only parallels that may therefore be drawn between Lope's Sancho and history's Juan [Fernando] Alonso de Benavides are: both were illegitimate, both were sons of a king, and both were given landed estates by their royal parent.

There is no proof as to the specific king who was the father of the first Benavides. The generally accepted possibilities are Alfonso VII, VIII, and IX. However, the case for Alfonso VII is the strongest. There are documents proving the existence of a Pedro Fernández de Benavides, el Castellano, who was the *mayordomo mayor* of Alfonso IX between 1190 and 1204. He was known as the Segundo Señor de Benavides. Historically and chronologically it seems very possible that his father Juan [Fernando] Alonso, first Señor de Benavides, was an illegitimate son of Alfonso VII, Emperor of Castile and León.

The house of Fines which was united to that of Biedma and later to Benavides, traces its origin back to the Infante Don Sancho (d. 1217), illegitimate son of Fernando II of León. It is possible that he served as

[92] *La prudencia,* I, 787-794, 1055; III, 2517-2547, 3637-3639.

the inspiration for the Sancho of Lope's *comedia.* The parallels are: illegitimacy, a royal parent and the fact that the Infante Sancho was killed by a bear, whereas Lope's Sancho pretends to wrestle with a bear in order to win the gratitude and love of Doña Elena (2465-2470; 2940-2945).

Lope's only known direct contact with a member of the Benavides family was Don Alvaro de Bazán y Benavides whom he approached on behalf of his friend Barrionuevo.

A source of inspiration for the Mendo de Benavides of the *comedia* may have been found by Lope in reading about the famous Don Mendo de Benavides and his victories against the Moors during the reign of Ferdinand and Isabel. The connection is hypothetical but the possibility of Lope's knowledge of this historical character should not be discarded.

Finally, the *aldea* of Benavides in the *comedia* is the estate given to the first Benavides by his father and at present known as Benavides de Orbigo.

It is evident that Lope was very well acquainted with the genealogy of the Benavides family but intentionally changed the time and certain circumstances of its origin to avail himself of material with more dramatic possibilities. The childhood of Alfonso V, in the late tenth century, especially the historical litigation between the appointed guardian Count Menendo and the boy-king's maternal uncle, Sancho García, offered Lope the basis for an interesting and forceful plot.

V. OBSERVATIONS ABOUT PLAYS OF RELATED THEME

Menéndez Pelayo, in his Introduction to our play, observes: "*Los Benavides* pertenece al número de las leyendas genealógicas que dramatizó Lope de Vega." "Hay, pues, en esta pieza muchos lugares comunes que hemos visto ya y volveremos a ver en otras de su género; pero mirada aisladamente, tiene interés novelesco y notables bellezas, así en las escenas rústicas como en las heroicas." [1]

The genealogical plays as a subgenre of the *Comedia* have never been systematically investigated. It is, however, by no means certain that they have enough similarities among themselves that a subgenre can be established beyond the fact of the dramatization of the specific legend,

[1] *Estudios sobre el teatro de Lope de Vega* (Santander, 1949), III, 330-331.

either traditional or invented by the dramatist, associated with the origin of a noble family. *El primer Fajardo,* dated by Morley-Bruerton, 1600-1612 (probably 1610-1612), and *Los Ramírez de Arellano,* 1597-1608 (probably 1604-1608), for example, do not yield significant results when compared with *Los Benavides.* The historical background of each of these two plays is too different from that of the *Benavides.*

More rewarding is a brief study of *Los Prados de León,* 1597-1608 (probably 1604-1606), of the same decade as our play, and *Los Tellos de Meneses,* 1620-1628, more than twenty years later. *Los Prados de León* and *Los Benavides* dramatize the legend of the founding of two noble families through royal power, the first by explaining the origin of the name, the second by explaining the origin of the *escudo.* Name and coat of arms were bestowed upon the protagonists by the king. Yet, there are many more similarities with the *Benavides.* Both Nuño, the leading character of *Los Prados,* and Sancho, are of unknown origin, brought up in an *aldea* by a person called Mendo. In *Los Benavides* he is an *hidalgo,* in *Los Prados* a *labrador.* In both plays they are in love with an *aldeana,* and the club (*bastón*) is the symbolic weapon for a person of low birth, as opposed to the sword (*espada*), the *hidalgo*'s weapon (*Los Prados,* Aguilar. Ed. I, 376a, 378b, 379a, 400b).

Sancho and Nuño are in reality illegitimate sons of kings of León, half-brothers of the reigning king, and their mothers are noble ("Ramira hidalga," *Los Prados,* 403b). Before being admitted to nobility both have to show their inborn *valor* by passing a test. We remember Sancho's test at the end of Act I. Nuño proves his worth in the battle against the Moors.

Then, there is, of course, the general mood and atmosphere created in both plays: The heroic rusticity and atmosphere of early Spanish history together with a strong lyrical element permeating both plays, although stronger in *Los Prados,* particularly in Act I where the *Beatus ille* theme is developed, not in a bookish imitative way, but organically worked out in harmony with time and place.

Yet, thematically the plays are quite different. *Los Benavides* is the story of a *venganza. Los Prados de León* celebrates steadfast love and the hero's final triumph over envy and court intrigue. It dramatizes the theme of *menosprecio de la corte y alabanza de la aldea,* combining it with that of *la rueda de la fortuna.* When Nuño in Act I is suddenly elevated to the nobility, his love Nise feels abandoned. When in Act II

Nuño is deprived again of his nobility and turned back to his erstwhile *villanía,* Nise is discovered to be the king's cousin, so Nuño's love is thwarted (Act III). Finally, the wickedness of the two intriguers is discovered and the lovers are united. In *Los Benavides* the close blood relationship of Sancho and Sol destroys their love, but finally both are to be suitably married according to their new station.

Los Tellos de Meneses, Primera Parte, can be called a genealogical play because it tells the story of the rise of the family of the *rico labrador Tello el viejo* to nobility through the marriage of his son of the same name to the daughter of Ordoño I, king of León. The Infanta, here called Elvira, had defied her father's command to marry Tarfe, the Moorish king of Valencia. Fleeing through the woods with Don Nuño, her respectful suitor, she is finally abandoned by him in the wilderness. Eventually she finds refuge in the house of Tello where she is accepted as a servant under the name of Juana. She and Tello the younger fall in love, but, of course, the apparent difference in social rank is a serious obstacle to their happiness. In the true fashion of Lope's dramatic technique, the solution comes at the very end. The king pays a visit to Tello who refuses to appear at court. The king's favorite dish, *tortilla de huevos,* with a ring hidden in it is prepared by "Juana." The anagnorisis follows and the king gives his daughter in marriage to Tello the younger, whose royal blood had been discovered in the meantime. [2]

There are points of contact with *Los Benavides,* but they are more or less surface similarities. There is first of all the setting in time and space: the reign of Ordoño I (850-866), king of Asturias (comprising León), and the rustic country around León. In the plot there is a structural parallel in the love story, again on the surface only but not thematically. The peasant girl with whom the young man is in love at the beginning of the play, Sol in *Benavides,* Laura in *Los Tellos,* is abandoned at the end in favor of a highborn lady. Marriage of two people of recognized nobility, approved by the king, establishes the newly acquired social status

[2] Doña Bernarda Ferreira de Lacerda relates the Infanta's story in Canto IV of her epic poem *España libertada,* published 1618 (Menéndez Pelayo, *Estudios,* III, 215-242). José F. Montesinos, "Contribución al estudio del teatro de Lope de Vega," *Revista de Filología Española,* VIII (1921), 131-140, believes some material from genealogical manuscripts also entered Lope's play. Finally, in the play there is an allusion to a *romance* source: "Con el moro se trataba / darle a Elvira, y como Elvira, / la desesperada infanta / (que ansí la llaman los versos / que hasta los muchachos cantan/), se mató, como se dice ..." / (p. 428b).

of the groom for all descendants. As Sancho is the son (albeit illegitimate) of a king and a noble lady, so the younger Tello has a mother of noble ancestry (Aguilar Ed., I, 410a). Within the general framework, however, the differences are more marked than the similarities. *Los Benavides* is an *honor* and *venganza* play with a definitely established protagonist. *Los Tellos de Meneses* has more the character of a lyric-dramatic presentation of the honest simplicity and moral rectitude of the *labradores* of early Spanish history. The core plot deals with the tribulations of the defiant daughter of King Ordoño and the happy reunion and reconciliation with her father. Around this center develops the love story of Tello the younger and the Infanta, with the ensuing scenes of jealousy on the part of Laura, Tello's cousin, whom he is supposed to marry at the beginning of the play. There is no single protagonist in *Los Tellos*. Emphasis is equally distributed among the two Tellos, father and son, and the Infanta. The generation contrast in outlook on life strongly reminds us of *El villano en su rincón* (1611). The father refuses to go to court and is constantly upraiding his son who is not content to spend his days as a *labrador* in a remote corner of the realm, no matter how well-to-do and respected by his equals he may be. Yet, Tello el viejo is the king's most loyal subject. When asked by the king for 20,000 ducats, he sends 40,000. (The parallel to the generosity of García del Castañar, protagonist of Rojas Zorrilla's play *Del rey abajo ninguno,* is obvious.) While generous in areas which really matter, King and Church, he is stingy with his family and his servants. Finally, *Los Tellos de Meneses* is not as somber a play as *Los Benavides.* Humor is provided by Mendo, "la gracia de todo el monte" (p. 439b), throughout the play. In tone and style *Los Tellos* is distinguished by wit, richness of vocabulary, and poetic elegance combined with an aroma of rustic freshness. It is entirely free of *conceptos.* Menéndez Pelayo (*Estudios,* III, p. 227) calls the play "idilio levantado hasta las proporciones de la epopeya, idilio realista en que siempre triunfaba Lope."

The original stimulus for Lope de Vega's plot could very well have been the actual coat of arms of the Benavides family. As we have seen, the play ends when the king bestows upon Sancho as escutcheon "un león / que esté arrimado a / un bastón" (3595-3596).[3] Similarly, in *Los Ramírez de Arellano,* 392-411, we find a *relación* of the fight between Juan

[3] See Warren T. McCready, *La heráldica en las obras de Lope de Vega y sus contemporáneos* (Toronto, 1962), pp. 97, 101.

de Arellano and the Moorish King Alid, which provides the explanation for the coat of arms of the Ramírez de Arellano family. The *escudo* is then actually bestowed by the king of Navarra:

> Blanco el escudo traeys,
> por lo que Nauarra os toca
> partidle con esa toca,
> y el medio rojo pondreys.
> Assi que de oy mas don Iuan,
> esse escudo, o paues franco
> sera colorado, y blanco. (523-529)

The functional position of this royal action is, of course, different from that of *Los Benavides.* At any rate, Lope's abiding interest in and wealth of heraldic information is amply documented in Professor McCready's book.

Supposing on a purely hypothetical basis that the Benavides *blasón* set Lope's imagination in motion, it was the *bofetón* motif that he used effectively to build his plot. The classic example for the slap in the face of an old nobleman administered by a young man of the same rank is, of course, the insult which the Cid's father suffered from the Conde Lozano and the ensuing revenge carried by Don Diego's young son Rodrigo, as dramatized in Guillén de Castro's *Las mocedades del Cid.* Lope, furthermore, takes over from the Cid story the test to which Diego Laínez submits his sons until finally the last, his illegitimate son Rodrigo, passes it. Although the test itself is quite different from that of the Cid story, Lope's plot has in common with the *romance* version (but not with *Las mocedades*) that both Sancho and Rodrigo are illegitimate sons. The test motif is the theme of *Romance* No. 725, the bastard motif appears in No. 726, and the *bofetón* motif in No. 728 of the Durán *Romancero* (Biblioteca de Autores Españoles, X). The motif of the *bofetón* plus the vengeance occurs also in *La moza de cántaro.* Professor Joaquín de Entrambasaguas in a lecture entitled "Madrigal al bofetón," delivered in 1962, spoke about a slap Lope gave Elena Osorio in public and its poetic reflection in *La prueba de los amigos,* the novel *La prudente venganza, La Dorotea,* and in the *Rimas* one year before his death. [4]

The Austrian dramatist Franz Grillparzer (1791-1872) also noted the frequency of the *bofetón* motif: "Lope de Vega ist ein grosser Freund der

[4] *Índice Cultural Español,* 1962, pp. 708-709.

Ohrfeigen. In vielen seiner Stücke sind sie der Hebel der Intrigue. Im *Duque de Viseo* gibt der als musterhaft geschilderte Herzog von Guimarains sogar einem Frauenzimmer einen Backenstreich."[5]

Was it *Las mocedades del Cid* or the *Romancero* from which Lope took the *bofetón* and the test motif? Lope and Guillén de Castro had a close relationship and Lope was in Castro's home town of Valencia in 1599, not long before the composition of *Los Benavides.* As a matter of fact, Rennert "ventured the hypothesis that the *Mocedades* were written and acted upon the stage before 1599."[6] Yet, Bruerton, in the article quoted in note 6, finds this early date unacceptable in view of the ample use of *redondillas* (53.1 %) and *romance* (31.4 %) which agrees better with the plays of 1615-1624. So he dates the play "1612?-1618 (probably 1612-1615)."

There is evidence which makes it almost certain that Lope was familiar with the *romances* concerning the deeds of the youthful Cid. There is a close textual relationship between the *romance* No. 725 "Cuidando Diego Lainez" of Durán's *Romancero general* and lines 466-472 of *Los Benavides,* as pointed out in the Notes to the *Benavides* lines. This ballad was available in print before June 15, 1600, the date of our play. The oldest known text is that of the *Sexto quaderno de varios romances* (Valencia, 1595).[7] The next appearance is in *Flor de varios romances, novena parte* (Madrid, 1597).[8] Finally, we find the ballad in the *Romancero general* (Madrid, 1600), por Luis Sánchez, a costa de Miguel Martínez, Novena parte, f. 362. The *Licencia* is dated September 4, 1599, and the *Tassa* December, 16, 1599. Therefore, the book must have been available early in 1600.

Durán's No. 726 "Ese buen Diego Lainez" states that Rodrigo was Lainez's bastard son (lines 6 and 36) and offers a reason for the feud

[5] *Grillparzers Sämtliche Werke* in sechzehn Bänden, Ed. Alfred Klaar. Bd. XIV, *Studien zum spanischen Theater* (Berlin-Leipzig, Th. Knaur Nachf. n.d.), p. 41. The date of the remark is 1824.

[6] Reported by Courtney Bruerton, "The *Comedias* of Guillén de Castro," *Hispanic Review,* XII (1944), 126.

[7] See R. Foulché-Delbosc, "Los Romancerillos de Pise," *Revue Hispanique,* LXV (1925), 160-263. The title page is reproduced on p. 165, the ballad on pp. 245-246. The *Sexto quaderno* ... is also one of *Los pliegos poéticos de la colección del Marqués de Merbecq* (*siglo XVI*), Ed. A. Rodríguez-Moñino, Madrid, Estudios Bibliográficos, p. 97; reproduced in facsimile pp. 319-320.

[8] See *Las fuentes del Romancero general,* Ed. A. Rodríguez-Moñino (Madrid, 1957) XI, 133v-135r.

between the two noblemen: "porque les quité una liebre / a unos galgos que cazando / hallé del Conde famoso." This ballad was published for the first time considerably before No. 725, in *Cancionero llamado Flor de enamorados* (Barcelona, 1562), 57r-58r.[9] Until 1954 the oldest known publication was in *Rosa española, Parte II* of Juan de Timoneda's *Rosa de romances* (Valencia, 1573), xxxiiijr-xxxvv.[10] Both *romances,* No. 725 and 726, have the test (*prueba*) of Lainez's sons as the topic.[11] It may be significant that two of the collections in which the two ballads appeared were published in Valencia where Lope could have become acquainted with them during his stay in that city in 1599.

As for the reason for the *bofetón,* the quarrel about the guardianship for the boy king Alfonso V, we have found that there was actually such a dispute, but it is reported, to the best of our knowledge, only in an Arabic source, certainly not known to Lope directly.[12]

No ballad on the subject of the *bofetón* has come to light since Victor Said Armesto stated: "Ningún romance —de los conocidos, claro es— registra la causa de esta afrenta ... nada dicen tampoco las Crónicas en prosa."[13] It is open to speculation whether the fact of the feud about the guardianship came to Lope's knowledge in some undetermined way[14] or whether he changed the rather undignified and inconsequential reason about the hare into something more weighty and serious, in the Aristotelian manner and better suited to the more refined audience of his time. The slap in the *Storie narbonnesi* (see note 11) is also caused by a dispute about preference at court; however, it is not a question of tutorship but of the right to sit next to the king.

9 Eds. Antonio Rodríguez-Moñino y Daniel Devoto. *Floresta. Joyas Poéticas Españolas,* II (Valencia, Castalia, 1954).

10 Eds. Antonio Rodríguez-Moñino y Daniel Devoto. *Floresta. Joyas Poéticas Españolas,* VIII (Valencia, Castalia, 1963).

11 Professor Joseph G. Fucilla, "The Test of Courage in the Cid Legend: A Foreign Importation," *Philological Quarterly,* XXX (1951), 86-89, believes that the ultimate source for the test motif may be *Les Narbonnais,* of which *Le storie narbonnesi,* by Andrea da Barberini is a *remaniement.* The story is told in Book I, ch. xvi.

12 See above, p. 33f., with the Notes.

13 In his edition of Guillén de Castro's *Las mocedades del Cid,* 4a ed. (Madrid, 1945), p. 13. We are indebted to Professor Samuel G. Armistead for bibliographical and other information he generously supplied about the *romances.*

14 Cf. line 592: "el que Abuntafin se llama" and our Note.

Our conclusion, then, is that Lope found his motifs in the *Romancero* and not in Castro's play, which was composed many years after *Los Benavides.*

VI. THE SURVIVAL OF THE PLAY

There are only three public performance permits on record according to the *aprobaciones* copied by Gálvez.[15] They are for Madrid, January 23-24, 1601; for Antequera, March 23, 1603, and for an unspecified town, January 26, 1606.

Some twenty years later we find reference to a private performance to celebrate the birthday of Cardinal Doria, archbishop of Palermo, in his palace. The story is told in *La vida y hechos de Estebanillo González,* who played or was supposed to play the boy king but took advantage of the occasion to run off.[16] The time must be 1622-1624.[17] After Estebanillo had escaped, the cardinal decided that Alfonso's role should be read and the play finished, "lo cual se hizo con mucho gusto de todos los oyentes." A careful examination of Ada M. Coe's *Catálogo bibliográfico y crítico de las comedias anunciadas en los periódicos de Madrid,* 1661-1819 (Baltimore, 1935) and of the same author's *Carteleras madrileñas* (*1677-1792, 1819*) (México, 1952), yielded no results.

The title *Benavides* appears in the Faxardo catalog of 1717, p. 11,[18] and that of the bookseller Medel del Castillo in 1735, p. 159.[19] The former gives the *Parte II* as location and indicates no *suelta* edition.

15 See above p. 7.

16 See the edition of Juan Millé y Giménez, *Clásicos Castellanos* (Madrid, 1934), I, 118-123; also in Menéndez Pelayo, *Estudios,* III, 327-329. Estebanillo quotes lines 3169-3170 in his story. The episode has been incorporated in Alain-René Lesage, *Histoire de Gil Blas de Santillane,* Livre X, ch. x, ed. Auguste Dupony (Paris, 1935), II, 301-303, 306. However, it is not Gil Blas, but Cipion, his servant, who tells the story about himself. We are indebted to Professor Ciriaco Morón Arroyo for this information. The same episode appears also in Lesage's *Estebanillo González,* ch. 1, *Œuvres choisies* (Paris: Leblanc, 1810), 460-471. But the play is different, namely *El embaxador de si mismo* by "Lope de Vega" (p. 465). It is performed by the *criados* of the Duke of Osuna (Ossone) in ridiculous outfits to give relief to the Duke's melancholy, who is a prisoner in his own palace.

17 See Millé's note, p. 119.

18 See Bibliography, s.v. Faxardo.

19 See Bibliography, s.v. Medel del Castillo.

The latter says only "Benavides—de Lope." The existence of the Gálvez manuscript of 1762 must be mentioned here as part of the history of the play's *Nachleben.*

After these rather meager results of the play's theatrical and bibliographical history, we come now to the literary criticism the play elicited from the historians of the Spanish theater.

The year 1769 saw the publication of *Variétés Littéraires* in four volumes. This is a miscellany of poetry and essays. Although these essays appeared without the name of an editor, they were known to have been collected by the Abbé François Arnaud (1728-1784) and by Jean Baptiste Antoine Suard (1733-1817), both members of the Académie Française, Abbé Arnaud also being a member of the Académie des Inscriptions et Belles Lettres.[20] According to the Avertissement of the first edition,

[20] *Variétés Littéraires, ou Recueil de Pièces, tant originales que traduites, concernant la Philosophie, la Littérature et les Arts.* Nouvelle Édition, corrigée et augmentée. 4 vols. Paris: De l'imprimerie de Xhrouet, 1804. We used the copy in the Library Company of Philadelphia (call number Om 3/6727) O). In the Avertissement de l'Éditeur of this edition the date of the publication of the first edition of *Variétés Littéraires* is erroneously given as 1778. The correct years are 1768-1769 as reported by the Catalog of the Bibliothèque Nationale, vol. 4, s.v. Arnaud (Abbé François), col. 252, and vol. 179, col. 1031, s.v. Suard. In the *Gazette Littéraire,* Vol. 31, June 1769 (Amsterdam, van Harrevelt, 1769), pp. 243-264, there is a lengthy review article about the *Variétés Littéraires,* but there is no reference to the article on the Spanish theater. The publication date given there is 1769.

The first half of the essay is a reprint of the article "El valiente justiciero y el Rico-Hombre de Alcala, etc.," "Le Vaillant justicier et le Riche-homme d'Alcala. Comédie de Don Augustin Moreto." *Gazette Littéraire de l'Europe.* Tome Troisième. Comprenant les mois de Septembre, Octobre et Novembre 1764. A Paris, de l'imprimerie de la Gazette de France ... MDCCLXIV. *Supplément à la Gazette Littéraire de l'Europe,* III (1764), 112-128, Dimanche 30 Septembre 1764. (Also in the Dutch edition of the *Gazette Littéraire,* IV, No. 7 [November 1764], pp. 68-91.) The last ten lines containing a hint about the anonymous author were not reproduced in the *Variétés Littéraires.* A rather diligent search of the two periodicals in the Library Company of Philadelphia, Princeton University Library, and finally, through the courtesy of Professor Frank Paul Bowman, in the Bibliothèque Nationale, did not produce any evidence that the second part of the article concerning *Los Benavides* had ever appeared before. The conclusion is, therefore, that it must be one of the "pièces nouvelles, qui n'ont pas encore été imprimées," mentioned in the "Avertissement du librairie pour la première édition" (third ed., p. viii). It appeared in Vol. IV of the first edition (1769) on pp. 523-546. The article begins on p. 502.

The *Journal Étranger* started in 1754, but was edited by Arnaud and Suard only from 1760-1762 when it ceased publication. The full title of the second periodical is *Gazette Littéraire de l'Europe.* The two friends were the editors from 1764-1766.

reprinted in the third, the articles chosen had appeared first "épars et confondus dans le Journal Étranger et dans la Gazette Littéraire," two periodicals edited by the two friends. What concerns us here is an anonymous "Lettre sur le théâtre espagnol." The French critic chose to exemplify the spirit of the Spanish theater through a detailed account of two plays, *El valiente justiciero* by Moreto (pp. 235-251) and *Los Benavides* by "Lopez de Vega" (pp. 252-273). The author tells the plots of both plays supported by ample quotations in French prose translation. The story of *Los Benavides* is reproduced with careful accuracy. The translator occasionally omits some imagery or expressions which probably were not quite clear to him (e.g. lines 898-900). He also condenses a brief exchange of questions and answers (lines 891-894) and a longer passage towards the end of the play (lines 3381-3427, on his pp. 271-272). Otherwise the translations are quite correct.

What motivated the distinguished academicians to include this essay in their collection? In the first place, as the titles of their journals show, they are generally interested in foreign literatures. More specifically, a presentation of the Spanish theater to the French public "offriroit des détails curieux et piquans sur l'histoire du goût et même des mœurs" (p. 232; similarly on pp. 251-252). Thus, the Spanish theater is for the author the object of a sort of curiosity, or even a freak. We are not surprised, therefore, that he criticizes it from the viewpoint of the French Enlightenment. The action may cover forty to fifty years, there is no careful build-up of the plot ("nul plan; nulle préparation," p. 233) and, worst of all, no verisimilitude and decorum ("decence"). The intermingling of seriousness and buffoonery shocks him, particularly when "les choses les plus graves," including the Inquisition, are ridiculed (pp. 234-235). He wonders how the Spaniards, "une nation aussi superstitieuse," could have tolerated such irreverence.

On the other hand, the essayist chose the two plays because of their outstanding intrinsic quality. The Moreto play is "d'un genre supérieure aux pièces ordinaires" and Moreto plays have been imitated by French dramatists such as Molière, Corneille and Scarron. *Los Benavides* he considers "une des meilleures comédies du célèbre Lopès [*sic*] de Vega. Le sujet du drame est noble et intéressant" (p. 252). Otherwise, very little literary criticism is interspersed through the rather detailed plot summary. On the affirmative side we have of course to point first of all to the very fact that the Editors Arnaud and Suard agreed with his judgment.

Beyond that, he praises "beaucoup de noblesse dans ses [Mendo's] plaintes [lines 27-90]" (p. 252). He also singles out the "regrets fort tendres" of Sancho and Sol at their separation at the end of Act II (p. 268). On the negative side, he criticizes with only partial justification, two cases of faulty structure, when Mendo (lines 610-669) and Sancho (lines 1888-1959) respectively tell about events the audience has already witnessed on the stage (pp. 255; 267). The other objections are concerned with violations of verisimilitude, structural as well as psychological. Clara should have told the young lovers long ago that they are brother and sister and not raised their hopes by promising to write a letter to Mendo in support of their marriage (p. 268).

The critic disapproves of the unscrupled ease with which Sancho and Sol forget their love (p. 270). In Act III Payo does not recognize Sancho with whom he had an acrimonious debate in Act I (p. 269). Occasionally the critic allows himself a grain of sarcasm. Sancho saves the king from the Moors but no one knows "où il mène; sans doute que pour réparer son sommeil, si brusquement interrompu, il le porte quelque part où il peut dormir même assez long-temps; car voici tout ce qui se passe jusqu'à ce qu'il reparoisse" (p. 270). At the end, Sancho "disparoît un moment, et revient avec le jeune roi qu'il apporte encore entre ses bras, et qui doit être bien las de cette voiture" (p. 273).

More than twenty years later the essay found its way into Russia. The Moscow journal *Chtenie dlia vkusa, razuma i chustvovanii,* "Reading for Taste, Wit, and Feeling" (v [1792], 126-185), published a Russian translation.[21] At that time Spanish customs and traditions were of little interest to the Russians. The Russian editors, nevertheless, expressed the hope, "especially for the friends of the theater, that our short work will not have been a waste of time."

About half a century later our play enjoyed the appreciation of two German-speaking critics around 1850. The Graf von Schack[22] mentions our play together with *Los Prados de León* and *Los Tellos de Meneses*

[21] See Jack Weiner, "The Introduction of Spain's Golden Age Theater into Russia (1672-1800)." *Annali. Sezione Romanza,* XI, v. Istituto Universitario Orientale, Napoli, 1969, pp. 193-223. The article in question is discussed on pp. 202-204.

[22] A. F. Schack, *Historia de la literatura y del arte dramático en España,* tr. Eduardo de Mier (Madrid, 1887), III, 13. The first German edition appeared 1845-1846, the second with important *Addenda* (*Nachträge*) in 1854. Our passage is in the second edition, II, 268.

as "lozanos y enérgicos." "La verdadera gracia, el encanto mágico de la pura poesía pastoral, se confunde en ellos con la más grave solemnidad de la heroica."[23] Later Schack tells the plot of our play, not without minor inaccuracies in summarizing Act III. The author does not offer any special criticism of the play since he has characterized comprehensively and enthusiastically the beauties of the plays of this type on the preceding pages.

Franz Grillparzer (1791-1872), the greatest Austrian playwright, was Director of Imperial Archives in Vienna and had easy access to the Spanish holdings of the Imperial Library. Altogether he read the plays of thirteen *partes* of Lope's *comedias,* 1-10, and 23-25 and *partes* 2-9 of the *Escogidas* collection and commented more or less extensively on many of the plays. His remarks have the fresh spontaneity of the creative practical playwright (although in his own work he is much more than that) who looks at the plays with the viewpoint of a mid-nineteenth-century non-Spanish observer, sometimes with astonishment about the lack of verisimilitude of the plots, but more often with sincere appreciation for the poetic strain in the *comedias.*[24] Grillparzer from the outset praises "jene altertümliche Grösse" which *Los Benavides* shares with the other chronicle plays. He finds Mendo's joy at being told his daughter had two illegitimate children "höchst wunderlich" but conjectures correctly that the royal dignity of the seducer combined with the promise of marriage, even if not kept, wipes out the blot of illegitimacy. The way Mendo himself executes the revenge on Payo he finds "für uns abscheulich." The critic stresses the fact that Payo de Vivar is not a "bête noire" with nothing but faults and cruelty, but he is "zwar gewaltthätig und eigennützig, aber tapfer, gerade und in seiner Art ehrenhaftig." In the last paragraph he is

[23] Pp. 26-29 of the Spanish translation, pp. 278-281 in the German original.

[24] Here is an example of his criticism, chosen at random. It occurs at the end of the discussion of *El gallardo catalán* (Grillparzer, *Sämtliche Werke* (Leipzig, n.d.), XIV, 56) "Die Grundlage von Lopes Poesie ist das Märchen und das Vehikel der Glaube. Wo die Handlung Sprünge macht, springt notwendig die Empfindung mit. Aber von einem Haltpunkt bis zum andern entfaltet sich sein grosser Natursinn; das Einzelne ist von der grössten Wahrheit, das Ganze mag so bunt sein, als es will. Sein Reichtum zeigt sich auch darin, dass er seine Nebenpersonen nicht gerade individualisiert, ihnen aber besondere Interessen und Zwecke gibt, wodurch selbst die Ausfüllscenen Leben und Bewegung bekommen. Lebendigkeit und Fülle ist der Charakter seiner Poesie." Criticism of *Los Benavides* is found on pp. 57-58.

pleased to find that Lope presented Alfonso as a real child, naive in his remarks and observations.

Schaeffer (*Geschichte* I, 188) gives the play only three lines. It is for him a "schönes Stück historischer Poesie," that on the other hand suffers from glaring defects.

Menéndez Pelayo notes the traditional motives of the plot ("lugares comunes"), but praises the "interés novelesco y notables bellezas" in the heroic as well as in the rustic scenes. On the one hand he criticizes the "excesiva complicación de lances," a defect of Lope's early plays, but admires on the other, the great dramatic effect brought about by the revelation of Doña Clara's love and its offspring at the critical moment; the conflict between duty and love in Sancho, who has to kill his beloved Doña Elena's brother; and the terrible scene in which the old Mendo has to kill his enemy by his own hand.[25]

Unamuno, in *El espíritu castellano,* first published in April, 1895, refers to the *Benavides* play together with the *Mocedades del Cid* to show the importance of male offspring to keep the family honor unblemished if the aged father is unable to do so himself. "Son los hijos guardadores del nombre de sus padres y vengadores de su honra.... El anciano don Mendo de Benavides, afrentado por Payo de Bivar, perdona a su hija Clara sus ilícitos amores con el rey Bermudo, puesto que a ellos debe el tener en Sancho un nieto vengador de su honra."[26]

Sáinz de Robles[27] repeats Menéndez Pelayo and singles out for praise Mendo's sonnet to honor and Sol's to love. The tercets of Mendo's sonnet to honor of Act II he finds "de una belleza y de una naturalidad incomparable," and he quotes these.

Ángel Valbuena Prat does not mention the play in his *Historia del teatro español* (Barcelona, 1956). In his *Historia de la literatura española,* 4a ed. (Barcelona, 1953), II, 353n, we find *Los Benavides* listed among other titles of Lope plays concerned with early Spanish history. Ricardo

[25] There is a slip in Menéndez Pelayo's Introduction. Elena's brother is, of course, Payo de Vivar, and not Mendo de Benavides, as he says (p. 331). Also, Iñigo de Arista is supposed to sustain the duel with Payo de Vivar at the moment Mendo kills his enemy with a treacherous *puñalada.* They were not waiting for the return of Sancho.

[26] Miguel de Unamuno, *Obras completas,* Ed. Manuel García Blanco (Barcelona, 1958), III, 243.

[27] In the short introductory note in the Aguilar edition, p. 697.

del Arco, "Lope de Vega," *Historia de las literaturas hispánicas,* ed. Guillermo Díaz-Plaja (Barcelona, 1953), III, 217-259, is likewise silent on our play. It is also not discussed in Charles V. Aubrun's *La Comédie espagnole: 1600-1680* (Paris, 1966).

EL PRIMERO BENAVIDES

LOS QUE HABLAN EN ESTE ACTO PRIM[ER]O

Payo de Bibar	*Barrios*	*Auendaño*
Laýn Téllez		*falta* [a]
Fernán Ximénez		*Mudarra* [b]
Yñigo de Lara	*Guebara*	*Alo[nso] de Uillalba*
Mendo de Benauides	*Bazq[ue]z*	*Miguel Ruiz*
Sancho villano	*Sr. Pinedo*	*Pinedo*
Sol labradora	*S. Juana*	*Juana*
D. Clara, hija de Mendo		*S[eñor]a Gerónima*
Melén González, conde		*Ballejo* [c]
D. Mayor, su muger		*Salcedo* [d]
Alfonso Quinto, rey niño		*Geró[ni]ma* [e]
Vn alabardero		*Gá[l]vez*
Eliçio y Leonido, vaqueros		

[*Rúbrica*]

Cast of characters.

Cross in the center at top of page
Eliçio y / Leonido, vaqueros

Description of Autograph. In these notes we transcribe the autograph exactly as it is, without modern capitalization, accent marks, and punctuation. Suspension points not separated by a space from the last preceding and the first subsequent letter, represent illegible letters or words. The number of suspension points reflects the editors' estimate of the number of illegible letters.

Title page. Title page missing. We have supplied the title *El primero Benauides* on the basis of the page preceding the cast of characters of Act II which reads *Del Prim° Benauides / Acto 2°* and of the last two lines of the play *Aqui acaba le Comedia / del primero Benauides.*

JMC. These initial letters of the religious invocation *Jesús María Angel Custodio* appear on top of each page in the center. They end in a rubric. One can read the sign of the cross into it if one combines a horizontal stroke with the middle downward stroke of the M. See Introduction p. 5.

Cast of characters.

a) *falta* written to the right of the deleted name, *Aguado. Aguado,* in turn, is placed on top of a name of which possibly *ll* or *lc* may be made out.

b) *Mudarra* written on top of a deleted name, the first letter of which was perhaps an *S.*

c) *Ballejo* written to the right of a deleted name, perhaps *Melcho*[*r*].

d) *Salcedo* written to the right of deleted *Ana.*

e) *Geró*[*ni*]*ma* written on top of deleted *Xpoualico.*

pa

JMC

Acto Primero

Payo de Viuar y Mendo de Benauides hablen dentro.

PAYO. Yo le tengo de llebar.
MENDO. Nazen mil ynconuinientes
de pretenderle ausentar.
PAYO. Suelta el rey, villano.
MENDO. ¡Mientes!
PAYO. ¡Toma!
MENDO. ¿A mí?
PAYO. ¡Aquí de Vibar!

The first two letters of *Xroualico* resemble capital *X* and lower case *p*, but they represent Greek *X* (Chi) and ρ (*rho*), the standard abbreviation for *Cristo* (χριστός). Both stage directions are written on the left margin. The second is placed more to the right than the first, so that lines 5-25 had in turn to be moved to the right.

5 + After *tellez* Lope deleted the *n* in *salgan*.

The cast of characters of the printed editions covers the whole play. Major variants from the cast of Act I in autograph: *Iñigo Arista, Doña Sol.* Addition: *Ramiro escudero.*

Before line 1 Jornada.
2 inconueniẽtes.
4 al rey.

Laín Téllez salga. Mendo salga. Payo salga.
Fernán Ximénez y Yñigo de Lara.

LARA. ¡Deténganse, caballeros!
MENDO. ¡A mis canas, vil cobarde!
PAYO. ¡A tus canas y a tus fieros!
MENDO. Dexadme, nadie le guarde;
pruebe mis blancos azeros.
PAYO. Los azeros y las canas
y aun las esperanzas vanas
en blanco se quedarán.
MENDO. Todos de tu parte están
por tus hermossas hermanas.
PAYO. ¿Esto sufro?
FERNÁN. ¿Qué le quieres?
PAYO. Materle.
YÑIGO. Déxale estar,
que en riñas y en parezeres
tienen lizenzia de hablar
los uiejos y las mugeres.
PAYO. ¿Por mis hermanas a mí?
MENDO. Pues el defenderte a ti
que me has quitado el honor,
¿en qué consiste, traydor?
PAYO. En ser quien soy y quien [fui].
MENDO. ¡Yo soy mejor que tú, ynfame! [*1v*]
PAYO. ¡Tú mientes!
MENDO. ¿Qué, no queréys
que aquella sangre derrame?
¡Cosa que a hablar me forzéys,
cosa que a todos lo llame!
A/un mozo dexáys la mano
para afrentar vn anziano,
¿y a un viejo el justo furor
con que va a cobrar su honor
queréis detener en vano?

---

25 Two or three letters deleted before *quien soy*.

No tengo pariente aquí
y todos los que aquí estáys
a entender me days ansí
que con el rey os alçáys,
pues os alçáys contra mí.
Payo de Viuar pretende
llebarse al rey de seys años
adonde matarle entiende,
si no es que a moros estraños
como otro Joseph le vende.
Yo que el llebarle defiendo
y temo, al Jacob que entiendo
que como a padre adorastes,
de la fee que le jurastes
la lealtad os encomiendo.
Que éste, con traher después
al reyno el blanco vestido
con sangre de alguna res,
será por rey elegido
y pondrá en todos los pies.
Yo, pues, por querer tanbién
deziros como Rubén
que dexéys a Joseph uiuo,
estas afrentas reçiuo *2*[*r*]
y que vn boffetón me den.

46-60 Marked for omission by horizontal lines above line 46 and below line 60. Lines 46-58 are crossed by one diagonal line, slanted left to right and two right to left; lines 59-60 by three lines slanted left to right. A thin vertical line on the margin along lines 46-49.

55 Lope crossed out the first part of the line, equivalent of five metric syllables: *ser...cabeza*. He stopped after *cabeza* and wrote the new beginning of the line to the left of the crossed-out portion. He followed the new margin for the rest of the page.

---

45 como a otro.
46 Omit *el*.
47 imito a Jacob.
50 que os encomiendo.
55 Ac: en todo.

Cónplizes soys, esto es çierto;
en la trayçión soys hermanos;
mas mirad que, aun siendo ynçierto,
os dirán los castellanos
que habéis al rey niño muerto.

Que lo que es el boffetón,
no es afrenta en ocassión
que tanto mi honor declara,
sino que escriuió en mi cara
mi lealtad y su trayzión.

Los dedos que en ella pones
dizen, si al honor los mides,
en estos çinco ringlones
que Mendo de Benauides
libró al rey de dos trayziones.

Y como p[ar]a saber
el dueño quál es su esclabo
le suele yerros poner,
los que de ynprimir acabo
del rey me fuerzan a ser.

Pero aduertid que el que escriue
guarda el papel y escritura
de que el tiempo la derriue,
y que la pluma no dura,
pues hasta cortarla uiue.

Mi cara será el papel
y así viuirá la suma

---

72 *veras* deleted, replaced by *dizen,* written to the left of the deleted word. New margin established for the rest of the page. *Verás* would have made good sense with the following three lines, but would have left *los dedos que en ella pones* dangling without syntactical connection.

76-80 Marked for omission by two horizontal lines above 76 and below 80 and three almost vertical lines from 76 to 80.

---

67 Ag: de ocasión.
71 M 9: ellas.
73 renglones.
87 Ac: durará.

de afrentas que as puesto en él.
Mas ¡ay de la ynfame pluma
que espera el corte cruel!
Váyass[*e*].

PAYO. ¿Assí le dexáys partir [2*v*]
de mi presençia ofendida?

LAÝN. Sí, que es menos mal morir;
que la afrenta reçiuida
viue, dexando viuir.

FERNÁN. A mí no me han parezido
las razones tan ligeras
como las abréys sentido,
que sienpre p[ar]a las veras
sin passión guardo el oýdo.
No disputo de la afrenta;
que no tiene hijos Mendo
que la tomen a su cuenta,
aunque de su hija entiendo
que, como es razón, la sienta.
Pero si al rey Payo lleba
y allá en su tierra muriesse,
aunque él haga lo que deba
—porque, en fin, aunque le pesse,
la muerte todo lo prueba—
¿qué dirán los castellanos
y aun n[uest]ro reyno leonés,
sus propios deudos y hermanos,
si no que por tu ynterés
le dieron muerte tus manos?

106-130 Marked for omission by framing lines 106-122 on fol. 2v and 123-130 on fol. 3r. In addition, there is one thin line extending almost vertically from 106 to 122.

---

98 aueys.
108 Omit *él*.
110 Ag: aprueba.

Aora bien, miraldo bien,
que aquí se podrá tanbién
criar Alfonso seguro,
que antes de ver este muro
verá los tuyos Hazén.
Daréys en esta ocasión
a León que rey espera
notable satisfazión *3*[*r*]
de saber que su leonera
cria este nuebo león.
Y sin esto hazerlo debes,
porque después que le llebes,
Mendo, con esta manzilla,
querrá passarse a Castilla
y nos retará de alebes.

YÑIGO. Payo de Bibar, no ay cosa
más fácil al mozo o viejo
que el consejo.

PAYO. Es ley forzosa.

YÑIGO. Ni otra más dificultosa
que saber tomar consejo.
Por lo propuesto he caýdo
en que, si al niño te llebas,
no sólo culpado has sido
quando hagas lo que debas
a hidalgo tan bien naçido,
sino que por n[uest]ra cuenta
corre tanbién esta afrenta.
Mira lo que ynporta más.

LAÝN. En el golfo donde estás
corre la lealtad tormenta.

---

124 Two letters completely blotted out by Lope.

---

117 Omit *que*.
118 M 9: cifrar.
121-122 No quieras dar ocasión / à Leon, que el Reyno espera.
129 pasar.
145 M 9: tormento.

De mi acuerdo el niño deja
o dentro en León le cría,
como Fernán te aconseja;
por que a vezes la hidalguía
con el ynterés forzeja,
sin esto que fama alguna
de la enbidia se escapó
y más quando la fortuna
al dueño della subió
qual dizen sobre la luna.
Pues no estás de hazienda falto [*3v*]
y tal sangre te dió el çielo,
no quieras estar tan alto
que no miraras al suelo
sin notable sobresalto.

PAYO. Caballeros, yo pensaua
que al reyno gran bien hazía
en que a su rey le guardaua
y que el viejo Mendo hablaua
con enuidia que tenía.
Ya que de v[uest]ra yntenzión
estoy más desengañado,
digo que en esta ocasión
estará más bien guardado

---

151 Three or four letters after *sin* crossed out by Lope.
152 *s....* blotted out at beginning of line, covering 5 to 7 spaces.
155 A word beginning with *q* blotted out at beginnning of the line.
166-168 Lope wrote first *ya q estoy desengañado / devra buena yntencion,* continued with the *di* of *digo* (168), then stopped. He wrote *devra yntenzion* on the right hand margin of line 166, crossed out the old line 167 and *di* and replaced it by the present line 167. The change was made to preserve the rhyme scheme of the *quintillas.*

---

147 Ac: y dentro.
151-155 Omitted.
159 miraràs.
165 con la inuidia.

vn león de otro león,
  y con v[uest]ro parezer
quiero a Galiçia enbiar
por el conde y su muger;
que éstos le sabrán criar
y está bien en su poder;
  que Melén Gonzáles es
vn espejo del balor
de aquel godo montañés
y la gran doña Mayor
tiene la enbidia a sus pies.
  En tanto le juraremos
o, si más justo os pareze,
los condes aguardaremos.

FERNÁN. Payo de Bibar mereze
que mil abrazos le demos.
  Bamos, hidalgos, a dar
traza en estas amistades.

LAÝN. Mal se podrán acabar,
si a Mendo no persuades
que passe bolando el mar. *4*[*r*]

FERNÁN. ¿Es mui terco?

LAÝN. Es mui honrrado.

FERNÁN. ¿No es vn honbre?

LAÝN. Está agrauiado.

PAYO. Ea, parientes, dexalde;
que yo soy agora alcalde
y él es vn ombre afrentado.

---

195 + Broken line underneath the text ending in a rubric indicates change of scene. Stage directions on the left margin. Lines 196-221 are consequently moved to the right with new margin established.

---

170 en Leon otro Leon.
177 de valor.
180 inuidia.

✠ *Entrense y salga en vna aldea do*[ñ]*a Clara, hija de Mendo de Benauides y una villana llamada Sol.*

CLARA. Dexa ese vil pensami[ento],
Sol amiga, y no te asombre
oýr palabras de vn hombre
de quien haze burla el uiento;
que aún es agora tenprano
para quererte cassar.

SOL. ¿Cómo me podré librar,
si ya le he dado la mano?

CLARA. Como esas manos dan ellos
y como essos lazos rompen.

SOL. Eso es quando ynterronpen
su estilo y se burlan dellos.
Aquí no ay cosa en contrario
desta senzilla amistad,
que en vna simple verdad
no ay crédito neçesario.
Vos soys mi ama y me habéys
criado, yo os he seruido
y por esto he merezido
que descansar me mandéys.
Yo os he tenido por madre
ni otro padre conozí,
después que estos çielos vi,
sino a Mendo, v[uest]ro padre.
Según eso, a nadie debo
pedir merçed sino a vos.

---

195 + *dona.*
196 Lope abbreviated *pensaij.*
216 A word or letters beginning with *M* completely blotted out by Lope after *por, Madre* written partially through the blotted out letters between lines 216 and 217.

---

202 Ac: podéis.
213 y os he seruido.

CLARA. Juntarémonos los dos, [*4v*]
que yo sola no me atrebo.
Mi padre estará en la corte
por muerte del rey Bermudo
algún t[ien]po; que no dudo
que allá su persona ymporte.
Que aunque estaua retirado
en Benauides, su aldea,
pareçiera cosa fea
y yndigna de hidalgo onrrado
faltar en esta ocasión;
que como tan niño queda
Alfonso, no abrá quien pueda
tener la furia a León.
Lo que puedo hazer por ti
es escriuirle vna carta,
y que con ella se parta
Sancho, si él lo quiere ansí.
SOL. ¿Cómo si él lo quiere? Está
perdiendo el seso por ver
quándo llamarme muger
a voca llena podrá.
Entra a escriuir y diréle
que se ponga de camino.
CLARA. Pues aperciba el pollino
y las alforjas que suele;
que a escriuir boy, pues te agrada.
SOL. ¿Pollino para tres leguas?
CLARA. Si no, alguna de esas yeguas
puede ensillar.

---

248 A sequence of 9-10 letters deleted by Lope after *q, pues te agrada* written on the right margin.

---

222 Ac: las dos.
231 Omit *y*.
241 perdido.

SOL. Mas no, nada.
A pie le vendrá mui ancho.

Entrese doña Clara.

¡Esto es echo! ¡Qué plazer!
¡Pardiós, no abrá más que ver 5[r]
que verme muger de Sancho!

Sancho entre mui rústico con abarcas.

En mentando al ruin de Roma...
SANCHO. ¿Querrás tú agora dezir
que aunque no piense venir
luego en nonbrándole asoma?
Sol mía, yo juro al sol—
que a los dos juro al ygual;
pues si él es el çelestial,
eres tú el sol español—
que allá donde agora estaua
y unas encinas rompía,
el corazón me dezía
que tu boca me nombraua.
Solté la segur, pardiós,
con el plazer que sentí;
si tú no hablas de mí,
alguien habla de los dos.

---

252 +, 255 + Both stage directions written on the left margin. The place of the second stage direction requires establishing a new margin, lines 257-285.
261 One line deleted by Lope: *porq ansi...suelo.*

---

254 Ac: Por Dios.
256 M 9: en Roma. This line assigned to Sancho.
258 piensa.
262 Omit *el* before *çelestial.*
268-271 Omitted.

Corrí, y en esta ocasión
mi nonbre en tus labios hallo,
siruiéndome de caballo
mi propia ymaginaçión.
En la soledad que moro,
donde apenas passa un hombre,
miro al sol, porque es tu nombre,
y como vn indio le adoro.
Y por tus ojos, Sol mía,
juré (perdona, es costumbre)
que no me da tanta lunbre,
aunque llegue al mediodía.
Que desos ojos serenos
y de sus rayos sabrás
que, si él me alumbra no más, [*5v*]
tú me abrassas por lo menos.
Él que me tiene por necio
de verme en tu sol arder
párame negro por ver
que le miro con desprezio.
Mas dexando estas razones,
¿el señor viejo ha venido?
SOL. No, porque anda diuidido
León entre mil leones.
En este punto he hablado
a doña Clara.
SANCHO. ¿A qué effeto?
SOL. Al de casarme.
SANCHO. Es conçeto

---

272 *Y devn salto* crossed out at beginning of line.
276 Lope had first written *En aquella soledad,* then deleted *quella* and squeezed in an *l* before the *a* of *aquella*. Possibly the rhyme *moro—adoro* occurred to him after he had written the word *soledad.*

---

278 el sol.
288-291 Omitted.
298 casarnos. Omit *Es.*

de mi pensamiento hurtado.
  Sol mía, ¿qué respondió?
SOL. Como ella machorra ha sido
y casarse no ha querido,
pardiéz, Sancho, dixo no.
  Que éstas que no se casaron
y sin varonil calor
aquella sabrosa flor
de la mozedad passaron,
  aborrezen en estremo
quanto es marido y muger.
SANCHO. ¡O, nunca çesse de arder
en el fuego en que me quemo!
  No, la respondan a todo
quanto pida en mil recados.
No, la digan sus criados
y Mendo del mismo modo.
  No, la digan quando pida
si ay que comer, aunque rabie.
No, quando alguno la agrabie,
halle quien su agrauio ympida.
  No, la diga, aunque es mui dama, *6*[*r*]
con quien se fuere a casar.
No, si se quiere acostar,
halle sin pulgas la cama.

---

320 Lope ended the line originally with *su marido* (?). He wrote the new version to the right of the discarded one.

321 Deleted by Lope above the present line 321 *desg*[*?*]..*d*.. *del alt*[*ar?*]. It seems that Lope changed his mind about lines 320-321 after having completed the now discarded version.

---

312 M 9: le. Ac: la.

314 No respondan sus criados.

316 M 9: lo digan: Ac: la digan.

319 su daño.

320-321 No la digan que es muy dama / quando se fuere a casar. Ac: fuese.

322 M 9: no, si se fuere àcostar. Ac: No, si se fuese à acostar.

No halle el campo florido
quando quisiere salir.
No, si se quiere uestir,
le trayga el sastre el uestido.
No tenga vn manto ni saya,
¿cómo saya? ni vn sayuelo
ni le abra San P[edr]o el çielo
quando desta bida baya.

SOL. ¡Qué atufado y desabrido
te pones de qualquier cosa!
Oy es Sol tu amada esposa
y serás de Sol marido.

SANCHO. ¿Dixo que sí?

SOL. Sí.

SANCHO. Pues no arda
adonde yo suelo arder.
Si pidiere de comer
halle vna messa gallarda.
Sí, respondan sus criados
a quanto pedirles quiera,
y de la misma manera
Mendo y los demás llamados.
Si alguno la agrabia, halle
quien le mate; y si se cassa,

330-331 Line 330 crossed out and replaced by *ni halle ningun consuelo* by a different hand. Lope himself deleted the first word or letters of his line. There is a heavy ink blot over *quan* of *quando* of line 331. There is a sort of a rubric on the left margin opposite lines 328-332. It is impossible to say whether it is by Lope or somebody else or whether this is the mark of the ecclesiastical censor or a timid *autor* who wanted the passage containing San Pedro changed. Note that the printed editions keep Lope's original text.

334 Lope changed the original version *oy seras de Sol esposo* to the present one, obviously to rhyme with *cosa.*

---

325 Ac: quisiese.
328 Omit *vn.*
329 Omit *vn.*
336 San. de veras?

diga sí su esposo en cassa,
en la yglesia y en la calle.
Halle la cama mullida,
quando quisiere acostarse.
Si al campo fuere [a] alegrarse, [*6v*]
halle su al[f]onbra florida.
Para vestir y calçar
sobre tela y terçiopelo
y halle, quando baya al çielo,
las puertas de par en par.

SOL. Todas esas bendiziones
que le caygan podrá ser,
debaxo de merezer
otras mil por mil razones.
Pero en su gusto, ynposible
la de casarse pareze,
porque es cosa que aborreze
con el estremo posible.
Ha estado toda su uida
en este error, aunque ha sido
de algún honrrado marido

---

349 Lope deleted *quando se baya* and wrote the new version to the left. Perhaps he wished to avoid repetition of forms of the verb *ir*, although often he is not so meticulous (see e.g. lines 318-319, *agrabie, agrauio*, the latter word replaced in M 9 by *daño*).

350-351 Lope, possibly, wrote first *Si al campo se va alegrarse / vea la*, then stopped. He wrote *fuere* on top of the deleted *se va* and *halle* to the left of *vea la*. However, only the *s* of *se va* is clearly discernible; the rest of the assumed wording is based on the interpretation of dimly visible strokes and the space occupied by the deletion. The change could possibly have been motivated by reasons of euphony: "se *va* alegrarse / *vea*."—Lope wrote *alonbra*.

364-366 *toda su vida se* deleted at beginning of line 364 and replaced by *toda su uida* at end. *Mas* [?] *persuadida* deleted at beginning of line 366.

---

350 a holgarse.
353 M 9: seda, oro, y terciopelo. Ac: sedas.
356 condiciones.
365 Ac: porque ha sido.

en estremo persuadida
y de su padre, qual sabes.

SANCHO. ¿Qué dixo, en fin?

SOL. Que sería
tuya, si Mendo quería,
y esto con palabras grabes;
y que, porque [é]l se tardaba
en la muerte de Bermudo,
le escriuiría.

SANCHO. No dudo
que oy mi esperanza se acaba.
Oy llega la posesión
de aquel mi esperado bien.
Oy le dan el parabién
mis penas al corazón.
Oy que con tal gloria y palma
hallan sus bienes perdidos,
juegan cañas los sentidos
y corre toros el alma.
Bien sé que digo locuras; *7[r]*
pero bien que dexa el seso,
ni espera firme el suçeso
ni tiene prendas seguras.

To judge from the new margin established with line 367, Lope made the changes after having written *algún*. He might have thought of the rhyme scheme *estado / honrado*, which, however, did not work out.

372 Lope wrote *por quel*.

385 Lope wrote *pero* to the left of deleted *mas*. New margin established 385-388.

386-388 There is a feeble question mark on the right hand margin, by a different hand.

387 A letter deleted after *tiene*, probably *s*.

---

376 Y llega.

378 M 9: Omits *le*, which makes the line one syllable short.

385-388 pero hablando estoy en seso / ni espero firme el sucesso / ni tengo prendas seguras. / Quien ha de lleuar la carta?

¿Quién ha de llebar la carta?
SOL. Yo le he dicho que tú yrás.
SANCHO. Pues ¿cómo no me la das
para que luego me parta?
SOL. No ha escrito.
SANCHO. ¡O, gran dilazión!
Di que en paz de mis enojos
agua daré de mis ojos
y papel del corazón.
SOL. Ya estará escriuiendo y creo
que por ventura çerrando.
SANCHO. Lo que çierra estoy pensando
que abre puerta a mi desseo;
y no puerta como quiera,
sino de prisión adonde
ha seys años que le esconde
esperanza tan ligera.
¡Bálame Dios! ¡Que vna nema
en tan peq[ue]ño lugar
ha de poder ençerrar
todo el fuego que me quema!
¡O, quién la pudiera abrir!
Pero grande yerro haré,
que en la respuesta sabré
lo que le enbía a dezir.
SOL. ¿En qué yrás?
SANCHO. En estos pies.

---

388 The bold flourish of the downstroke of the *q* of *quien* reaches down into the next line and compels establishing a new margin 389-417. A different hand put a question mark on the right-hand margin.

392 Three or four letters blotted out at beginning of line, perhaps *mas*. After *no* Lope deleted *esta escrita* and continued with the new text.

---

393 en vez de mis enojos.
396 Ac: estaba.
402 se esconde.
404 M 9: trema.
412 en que pies?

SOL. Vna yegua me mandó
que tomasses.
SANCHO. ¿Yegua yo?
SOL. ¿Quántas son las leguas?
SANCHO. Tres.
SOL. Y tres de buelta.
SANCHO. No quiero
pensar que me has estimado
o por marido pesado [7*v*]
o por amante ligero.
Mira, haz quenta que la mar
pueden caminar los pies
y asta los çielos que ves
vn hombre mortal bolar;
o que pasa quanto ençierra,
qual pensamiento profundo,
a la otra margen del mundo
por el çentro de la tierra;
o, para que más te asonbres,
que se puede caminar
quanto pudieren andar
pensamientos de mil hombres;
que haziendo vn eterno ofiçio
como el sol, de no pararme,
¿pudiesse de andar cansarme,
como fuesse en tu seruizio?
Cansaránse los planetas
antes que mi pensamiento,
que, qual primer mouimiento,
lleba mis penas sujetas.

---

424 Lope deleted *haz quenta o q pasa aun q laçierra,* a ten-syllable line.
438-439 Three letters, the first of which is *p,* deleted at beginning of line; two letters deleted after *q*. Line 439 is indented.

---

420 en la mar.
426 al otro margen.
430 Ac: cuando.
434 podria andar sin cansarme.

SOL. Ya çierra.
SANCHO. ¿Cómo?
SOL. Aquí escucho
los golpes del sello.
SANCHO. Son
los que te da el corazón,
que esperando salta mucho.
SOL. Yo sé que puedes entrar;
pero ¿qué me has de traher?
SANCHO. Las albrizias del plazer
y el destierro del pessar.
SOL. Haz que en brebe te despache,
que es el bien solo que espero.
SANCHO. Con todo, traherte quiero *8*[*r*]
dos sortijas de a[ç]abache.
SOL. Esas ya las tengo yo,
con letras a marabilla.
SANCHO. ¿Qué traheré?
SOL. Vna gargantilla
de leones.
SANCHO. Eso no;
que me la defenderán
como esas manos yngratas.
Mas si a tal cuello los atas
yo sé que se amansarán.

---

440 Two letters deleted after *çierra.*
448-449 Deleted at beginning of line *y no quiera q,* followed by the present text. New margin established for lines 449-450.
451 Lope wrote *acabache.*
459 Unbroken line ending in a rubric indicates change of characters and scene. Stage direction on left margin, opposite lines 460-463. New margin established 460-483.

---

443 tarda.
454 M 9: Que te trayre?
458 Ag: las.
459 Ac only: le amansarán.

✠ *Entrense y salgan Mendo de Benauides y Ramiro, escudero.*

RAMIRO. Parézeme que uienes con enojo,
pues que desde León a Benauides
vna palabra sola no has hablado.
¿Son negoçios del rey los que suspenden
tu alegre rostro y condizión afable?
¿Qué tienes, Mendo, mi s[eñ]or, qué tienes?
¿En tres leguas, s[eñ]or, tres mil su[s]piros
y no deçir vna palabra sola?
¿Qué es esto de uenir mirando al çielo?
¿Qué es esto de tirarte de las barbas?
¿Esas honrradas canas vas senbrando
por camino tan solo y tan desierto?
¿Qué fruto esperas de senbrar tus canas?

MENDO. Ramiro, quando vn hombre, quando vn viejo,
quando vn hidalgo, como has uisto, siembra
sus canas por el suelo desta suerte,
regándole primero con sus lágrimas,
bien es de sospechar que espera fruto.
Yo lloro al rey; no me preguntes nada.

RAMIRO. Pues ¿por el rey tan graue sentimiento?

MENDO. Sí, que fue vn justo príncipe Bermudo
y dexa vn hijo, niño de seys años.

RAMIRO. Alégrate, señor, que ya no es t[ien]po
de çelebrar su muerte con suspiros.
El niño viuirá, guárdele el çielo; [*8v*]
y quando falte, herm[an]a tiene grande,
y mucho más en el entendimiento.
Yo me adelanto con lizenzia tuya,

---

465 A mark resembling an x or a cross preceding *q* on left margin.

---

479 grande.
481 hijo de seys años solo.
484 Ac: y guárdele.

para que doña Clara, mi señora,
me dé, qual suele, albrizias.

MENDO. No le digas
mi sentimiento, mas que bueno vengo.

RAMIRO. Pues disimula, si deçirlo tengo.

Váyase éste.

MENDO. Honrra, quien sabe lo que soys, bien sabe
que no uiue, aunque uiua, quien no os tiene.
Afrenta, quien os tiene, bien le uiene
que en la satisfazión la uida acabe.
Aunque es hermoso el sol, ya vemos abe
que huyendo dél de noche se mantiene.
La vida es dulçe, pero no conbiene
al pecho noble donde afrenta cabe.
Honrra, pues ya perdí prenda tan cara,
ya no soy noble hidalgo, soy villano.
Con los que nobles son no me consientas.
Relox han echo ya mi triste cara,
que como en ella me pusieron mano
por oras me señala mis afrentas.

---

491 + Stage direction on right margin. Short line extending from the *s* of *pues* to the end of *disimula* indicates exit of one character.

496 Lope began the line with *o q hermoso es*. He deleted *o q* and *es* and wrote *aunqes* to the left of the deleted *o q*. New margin established 496-505.

497 Lope deleted *se* and three letters of a new word, perhaps *esc*[*onde*]. He realized that the line would be one syllable short and stopped.

499 It looks as if Lope made two attempts to write this line. He first started with *aquien deh,* but deleted the words. Then he started anew with *al hombre noble,* deleted these words also and began a new line with the present text. The Ms clearly shows a break between the two deletions.

505 +, 509 + The first stage direction on left, the second on right margin.

---

494 à quien os tiene.

495 Ac: Omit *en*.

Doña Clara y Ramiro.

CLARA. ¡Señor mío!
MENDO. Salte allá,
Ramiro, y la puerta çierra.
RAMIRO. Esto algún secreto enzierra.
¡Bálame Dios! ¿Qué será?

Váyase éste.

CLARA. Dadme, mi señor, la mano.
¿Qué es esto? ¿Cómo no hazéys
lo que otras uezes soléys,
quando os gano por la mano?
¿De mí la escondéys? ¿Qué es esto?
¿Cómo no habláys, mi señor? *9*[*r*]
En v[uest]ra vida a mayor
confussión me habéys dispuesto.
¡Jesús! ¿vos lienzo en los ojos?
Padre mío, señor mío,
¿soys vos aquel cuyo brío
oy muestran tantos despojos?
Porque, como en otras puertas
de mil hidalgos honrrados,
de cabezas de benados
se ven las piedras cubiertas,

---

513 Lope started this line with *me la esc*[*ondeys*].
514 This line is moved far to the right to avoid interference with the flourish of the downstroke of the *q* of *quando*.
522 Lope started the line with *q*, then wrote *porq como* to the left, writing the *mo* of *como* across *q*. New margin established 522-549.
525 One or two letters covered by a heavy blot at beginning of line.

---

509 Ac: Válgame.
515 como no me hablays señor?
516-517 en vuestra vida en mayor / cõfusion no me aueys puesto.
521 muestra.

adonde el osso peludo,
el águila y el milano,
el pardo lobo asturiano
y el jabalí colmilludo
hazen labor a los arcos,
tenéys vos moros pendones,
hasta bessar los balcones
destas ventanas y marcos.
Que si sus cabezas feas
hubiérays dado en claballas,
no había puertas ni murallas
en esta ni en beynte aldeas.
Hasta en moras barbacanas
llebáis de sangre despojos,
y aquí en agua de esos ojos
venís a labar las canas.
Estraño mal me descubre. [*Aparte.*]
No habláis, sino habláys con ellos,
pues queréys que entienda dellos
lo que la boca me encubre.
¿Qué os puede haber suçedido?
¿No habláis? ¡Qué gran desconsuelo!

---

526 Lope deleted *colmilludo* and wrote *peludo* to the right. He then added *a* in front of *donde* to obtain the necessary eight syllable line.

528 Lope deleted *lobo* after *el* and went on with the present text, probably because he preferred the adjective *pardo* to precede the noun.

530 Heavy ink blots delete one or two letters, the first of which was possibly a *c*, before *jabali* and cover the space of about eight letters after *hazen* in line 530. Parts of an *l* and a *b* are visible above the blot in this line. *Arcos* extends line 530 into the margin.

534 Lope first wrote *las*, then wrote in the *s* of *sus* and completely covered the *a* with the *u*. One or two letters blotted out before *feas*.

542 A letter deleted before *me*.

---

535 huuieran.

539 llenays de sangre, y despojos.

542-545 Omitted.

Pues ¡echaréme en el suelo
a padre, a hijo, a marido!

MENDO. ¡Ay, con qué fuerza me pides! [9v]

CLARA. No ay aquí nombre que os quadre.
Pues, no seáys hijo ni padre,
¡sed Mendo de Benauides!

MENDO. Hija, tú tienes la culpa
de aquesta mi pena fiera.

CLARA. ¿Yo, señor? ¿De qué manera?,
para que os dé mi disculpa.

MENDO. Si tú te hubieras cassado,
por dicha tubiera vn nieto
por quien tubieran respecto
al rostro que han desonrrado.
Demás de que no pudiera
ser mi yerno tan villano
que offenderle agena mano
más que a su padre sufriera.
No te has querido casar,
déxasme sin suçessión
y en edad que vn infanzón
pudo mi rostro afrentar.

CLARA. ¿Qué es afrentar, padre mío?
¿O queréys que pierda el seso?
Deçidme presto el suçesso,
que me cubre vn yelo frío.

MENDO. El famoso rey Bermudo,
venzido el alarbe monstro

---

569 An ink spot between the *u* and the *d* of *pudo.*

---

552 sois.
557 Ac: ¿Para qué os di mi disculpa?
562-565 Omitted.
575 monstruo.

que Algagib los moros llaman
y el rey Almanzor nosotros;
el cruel que a sangre y fuego
entró en el templo famosso
del que fue patrón de España
y de Dios primo y apóstol;
el que llebó sus campanas
por afrenta o por despojos *10*[*r*]
y las pusso en la mezquita
de su proffeta engañoso
y entre mármoles que ygualan
del año los días todos
las puso sobre vn andamio
con la cubierta de plomo;
y habiendo puesto a Almelique
su hijo, notable assombro,
el que Abuntafin se llama
y reyna en Córdoba solo,
habiendo reedificado
la yglesia como deboto

---

576 Lope deleted *llam* after *q* and wrote *llaman* to the right of *Moros*. He wished to avoid the assonance *o-o* in the alternate line of the *romance*.

578-593 Marked for omission by a different hand.

579 *dichoso* (?) replaced by *famosso* written to the right of the deletion. *Dichoso* would not have been a fitting epithet for the national shrine at Santiago de Compostela, since Mendo is talking here of its conquest by the Arabs.

586 Two or three short words, the last of which is *los*, deleted at beginning of line and replaced by *y entre* written to the left.

593 *sola* corrected to *solo* by Lope.

595 *su* deleted at beginning of verse, replaced by *la* written to the left of the deletion.

---

576 M 9: Argauil. Ac: Argabil.

589 las cubiertas.

590-593 Omitted.

595 su Iglesia.

del sancto patrón gallego,
terror de alarbes y moros;
habiendo los nobles cuerpos
de sus padres generosos
a las Asturias de Ouiedo
llebado en hidalgos hombros
y el cuerpo de San Pelayo
puesto en el altar glorioso
del que dixo *Ecce agnus dei*
antes que el otro *Ecce homo,*
murió dexando su reyno
entre dos opuestos polos,
vn niño y una muger,
que son Teressa y Alfonsso.
Payo de Biuar, vn hombre
hidalgo y sangre de godos,
ya por solar conozido
y ya por echo notorio —
que aunque nonbro a mi enemigo,
con su calidad le nombro;
que se haze el agrabio mucho, [*10v*]
si se tiene al dueño en poco —
dixo, Clara, que quería
llebarse el niño y tomólo
por la mano, aunque él lloraua,
que tiene seys años solos,

---

605 *el* (?) deleted at beginning of line.
611 *de* deleted after *hidalgo*. By replacing *de* with *y* Lope avoided a nine-syllable line.
619 *f[ermo?]sso* deleted and present text written to the right.

---

609 Ac: Alonso.
613 Ac: hechos.
617 el dueño.
619 lleuar al niño.
620 *él* omitted. Ac: de la mano.

para crialle en su tierra
como algún villano tosco;
que no sé si tiene villas,
sé que tiene monte y sotos.
Yo entonces assí el muchacho
que, como suelen del coco,
huhía de aquel hidalgo
y fixaua en mí los ojos.
Besséle y dixe: "Rey mío,
ya sabéys que yo os conozco;
no lloréys, que aquí estaréys,
porque vn león viua en otro."
"Suelta el rey," dixo Vibar,
"villano." Yo entonzes, loco
de furia, soltando el niño
"¡Mientes!" al honbre respondo.
Pero apenas de mi boca
la voz afrentosa arrojo,
quando ya del agrauiado
la mano siento en el rostro.
Allí, con el desatino
de casso tan afrentoso,
fuera de mí y en mi agrauio
la mano a la espada pongo.
Y con estar enseñada
a las cabezas que corto
tantas que de sus turbantes

---

628 *huiy* deleted at beginning of line. New margin established 629-649, but with a slight slant to the left.
630 Two letters deleted before *Rey,* possibly *mi.*
634 Two letters blotted out after *Suelta.* The first seems to have been an *R.*

---

625 montes, sotos.
633 porque estè vn Leon en otro.
636 al niño.
641 en mi rostro.

carros henchí quando mozo,
la mano turbada, apenas, *11*[*r*]
tenblando qual ojas de olmo
al viento, topar podía
de la guarnizión el pomo.
Saqué la teñida espada
cubierta de orín mohosso,
y como no reluzía,
pienso que la tubo en poco.
Pusiéronse de por medio
Laýn Téllez, Blasco Osorio,
Yñigo de Lara Arista,
Fernando y su primo Antonio.
No vengo desagrauiado
por el referido estorbo
ni espero que pueda estarlo,
viejo, sin hijos y solo.
¡Ay, hija! que no has querido
casarte, pues de tu esposo
quizá saliera vn Mudarra
que los abrassara a todos.

---

654 *manchada* crossed out before *teñida.*

659 Lope deleted a name ending in *io* and replaced it by *Blasco osorio* written to the right on the margin.

662 Lope blotted out two letters before *vengo,* the first probably an *m.*

663 *puesel* deleted at beginning of line.

669 + A line drawn underneath this verse from below the *l* of *los* to the first *o* of *todos.* The line indicates only end of speech and change of assonance, but not, as is the usual case, change of place or persons or both. However, a revelation decisive for the plot development follows in Clara's speech.

---

652 M 9: à tiento topar podra. Ac: podía.

654 atreuida.

659-660 Blasco, Tellez, Lara, Osorio / y el valiento [sic] Iñigo Arista. Ac: valiente.

668 Ac: quizás.

CLARA. Atenta, padre, a tu historia
y llorando con el alma,
para no romper el hilo
de tu afrenta y mi desgra[cia],
hasta su fin no he querido
sacar tu desconfianza
del çentro donde la tienes,
en brazos de mis palabras.
Viuar te afrentó, mi padre,
y perdiste la esperanza
de vengarte, porque, en fin,
hijos y nietos te faltan.
Pues, tenla; que, aunque no son
legítimos en tu cassa,
buen padre tienen tus nietos, [*11v*]
hijos de tu hija Clara.
Bermudo, rey de León,
andando vna vez a caza,
ése de quien cuentas, muerto,
tan diuinas alabanzas,
me vió vna noche en el bosque
en vna humilde cabaña,
donde vino a rrecojerse
sin gente, huyendo del agua.
Conozíle y conozióme;
él dixo que por tu cara
y yo, porque ay en los reyes
de Dios çierta semejanza.
Acariziéle y seruíle;
çenó sin messa y toallas
leche fresca y seca fruta
y durmió entre pieles blancas.

---

673 Lope abbreviated the word *desgra* with an arclike flourish over *gra*.
701, 714 A check mark (x) in front of these lines, perhaps the mark of a censor?

---

684 buen padre tienes dos nietos.
695 El dixo que le agradaua.

Verdad sea que me dixo,
al reyr de la mañana,
que en su vida había tenido
mejor cena y mejor cama.
Parecíle bien al rey
tanto que a tu cassa honrrada,
aunque ay de León tres leguas,
vino en ocassiones varias.
No le supe resistir,
que fui mal aconsejada
de su poder y mis años;
que vno fuerza y otro engaña.
Parí dos hijos que tengo
y que oy el çielo los guarda,
hermanos del rey que uiue,
quizá para tu venganza.
Diome el rey de ser mi esposo *12*[*r*]
su fee y palabra jurada,
como verás por sus firmas
en vn legajo de cartas;
pero no lo cunplió el rey.
Yo, señor, por esta causa
tube secreto el suçesso,
aún no descubierto al ama.
Los dos muchachos que vn día
te truxo aquella serrana

714-715 Lope deleted *uiuen* at end of 714 and *quiza* at beginning of 715. He replaced *uiuen* by *tengo*, written to the right, after having deleted *quiza* and continued with the present version. New margin established for the last three lines of the page.

718 *casamiento* replaced by *ser mi esposo*, written to the right.

723, 724 Ink blots cover the *y* of *yo* and the *s* of *secreto*, when Lope tried to write these words. He then started anew.

---

719 la fe.

720 en sus firmas.

724 cubierto.

725 alma.

727 M 9: traxo.

y que has criado a tu messa
y oy sirben a tu labranza
son tus nietos, padre mío,
hijos del León de España.
Sancho es tu nieto, señor,
otro rey don Sancho Abarca.
Sol es muger; ésta dexo
por ser su lengua sus armas.
Pero Sancho Benauides
es honbre y podrá tomallas.
Seys años ha que se quieren,
porque sin saber se aman
que son hermanos; y es mucho
que no se lo diga el alma.
No está Sancho en Benauides,
que fue a llebarte vna carta;
pero como no te halle,
traheràle el Sol de su hermana.
A éste descubrir puedes
tu afrenta, si afrenta llamas
haber vn mozo, entre tantos,
puesto la mano en tus canas;
que yo te juro que sea
más vengador que Mudarra
de la afrenta de su padre
y los Infantes de Lara.

MENDO. Hija, ¿es posible? [*12v*]

CLARA. Esto es cierto.

MENDO. ¿Ay honbre más venturoso?
Que en lo que me has descubierto
de vn mar tan ynpetuoso
vengo a tomar dulçe puerto.
¿Sancho es mi nieto?

---

738 Lope wrote *años* twice. He or another hand deleted the first *años*.

---

729 en tu labrança.
756 Omit first *que*.

CLARA. Es sin duda.
MENDO. ¿Y Sol tanbién?
CLARA. Sí, señor.
MENDO. Oy mi llanto en gloria muda;
que de prendas de mi honor
no está mi sangre desnuda.
Cuando pensé que en el suelo
vn tronco de tantas famas
conuertido estaua en yelo,
veo propagar dos ramas
a conpetir con el çielo.
¡O Clara, quiero abrazarte!
CLARA. ¡Ven, señor, por vida mía!
Que quiero prendas mostrarte
de aquel venturoso día
que de vn rey pensaua honrrarte.
Y mira cómo ha de ser
el deçir este suçeso
a Sancho.
MENDO. ¡Que eres muger
y has callado! ¡Estraño exçeso!
Tu ser quisiste venzer.
Trazaremos cómo sea;
que ver será justa ley,
para no hazer cossa fea,
si lo tiene de rey
se lo ha quitado el aldea.
CLARA. Ten dél mejor esperanza.
MENDO. ¿Cómo diré tu alabanza,

---

764 *mi* deleted after *q*.
780 *q quier. ver* deleted at beginning of line; *s.* deleted after *q*. Possibly Lope wanted first to continue with *sera.* New margin established to end of page (line 788).

---

767 M 9: veo del salir. Ac: veo salir dél.
780 prouar.

dándome en esta ocasión
vn Sol para suçesión
y un Sancho para venganza?

✠ *Váyanse.*

✠ *Chirimías y entren Pelayo de Bibar,* *13*[*r*]
Laýn Téllez, Fernán Ximénez, Yñigo de Lara y detrás el conde Melén González y su muger doña Mayor y el rey niño en medio de los dos.

CONDE. Jurado el niño rey, nobles hidalgos,
por Galiçia, León y las Asturias,
me quedaré con él, si es v[uest]ro gusto,
en la ciudad o llebaré conmigo
a Lugo donde viua, o a Santiago,
que en esto no saldré de v[uest]ro voto
y assí me lo aconseja la condessa.

PAYO. Ylustre conde, honor del godo ynperio,
en cuyo pecho sus reliquias viuen,
León pide que aquí se quede Alfonso
y aun él pareze que lo pide y quiere.

ALFONSO. Sí, señor conde, sí, por uida suya;
que mi hermana me dize que no baya.

CONDE. Plázeme, mi buen rey; aquí estaremos;
aquí tendréys v[uest]ra crianza y corte.

ALFONSO. Dios os guarde; cubríos.

---

786 *pues* and the beginning of another word deleted at beginning of line.
788 + Unbroken line underneath 788 indicates change of place and characters. Stage directions written on the left margin. The second stage direction extends from line 789 to line 800 and ends in a rubric.

---

788 + Omitted *y su muger doña Mayor*; *en medio de los dos.* Added *Alfonso* after *niño.* Ac: el niño rey Alfonso.
795 Ac: *y* omitted.
796 honra.
804 (Qué)-805 These lines are assigned to Iñigo. Line 805 has only nine syllables. Ac notes "verso incompleto." Note that in 788 + doña Mayor has been omitted.

MAYOR. ¡Qué hermosura!
¡Bendiga el çielo, amén, tales seys años!
CONDE. Caballeros, el rey tome su asiento,
bessaréysle la mano, como es justo,
y jurará tanbién, como los godos,
de guardarnos las leyes que tenemos.

✠ *Sienten el niño en vna silla sobre vnas gradas.*

LAÝN. Ponelde esta corona en la cabeza
y esta espada, si puede sustentalla.
FERNÁN. Yo le tendré la mano.
LAÝN. Y este çeptro.
YÑIGO. Aquí está el libro.
CONDE. ¿Juras, rey Alfonso,
que de los godos guardarás las leyes
y sobre todo las de Dios?
ALFONSO. Sí, juro.
CONDE. ¡Mil años viua el rey Alfonso!
TODOS. ¡Viua!
ALFONSO. Mirad si ay más que hazer, porque me canso.
CONDE. Bessar tu mano y bendezir tus años.

---

806 *sent...* deleted after *Caballeros*. The present text follows immediately.

807 One and a half lines deleted before Lope found the definitive wording for this line. The following can be made out: *y pues l. jur....en su y el*[*?*] *hizimos / Aqui en palacio*. It is evident that the first line represents at least two, possibly three attempts to find the proper wording.

809 + Stage direction written on left margin.

818 + Stage direction written on left margin. Unbroken line underneath this verse, although there is no change of place or characters. But an important action, the king's oath-taking, has come to a conclusion.

---

806 tiene su asiento.

811 Omitted.

812 Yo este cetro.

813 The whole line is assigned to Conde as follows: *Iuras abiertamente Rey Alfonso*. This is a correct eleven-syllable line with hiatus *Rey / Alfonso* (Poesse, p. 76).

Toquen chirimías, báyanle bessando la mano.

CONDE. Pues esto es echo, más por cunplimi[ent]os [*13v*]
que porque entienda el rey a qué se obliga,
llebarle quiero a descansar, ydalgos.
Mientras salgo, podréys aquí esperarme.
¡Bamos, Mayor!
MAYOR. ¡Qué seso que ha tenido!
CONDE. De tal padre naçió, tal sangre tiene.

✠ *Metan los condes al niño.* [*Váyanse.*]

PAYO. ¿Haremos fiestas?
YÑIGO. Las que tú quisieres.
LAÝN. Tablados manda hazer aquesta noche.
Tiraremos bohordos, que abrá nuebos
por la mañana con disfraz morisco
y por la tarde correremos toros.
FERNÁN. Razón será para alegrar el bulgo,
triste por las obsequias del rey muerto;
que alibiar la república oprimida
con fiestas es razón y ley de estado;

---

824 + Stage direction on left margin. Dividing line between 824 and 825 from the beginning to the *n* of *sangre*. It indicates the leaving of the count, his wife, and the king.
827-832 Opposite these lines, on left margin, there is some scribbling in pale ink: 827 *de*; 828 *queg*; 829/30 *q que*; 832 *qmas* (?) surrounded by the flourish Lope uses often for an abbreviated *que*.
834 Two or three letters deleted at beginning of line.

---

819 cumplimiento.
822 podeys.
823 *Vamos señor.* Second half of this line given to Iñigo.
824 madre.
827 tiraremos bohordos por el ayre.
828 vn disfraz. Ac: las mañanas.
830 Ac: al vulgo.
831 Ac: exequias.
833 y los Estados.

que el pueblo entretenido no murmura.
YÑIGO. Esa costunbre fue de los romanos.
LAÝN. Los Çésares con gastos exçesiuos
alegrauan a vezes sus basallos,
porque no murmurassen oprimidos
y esforzarlos tanbién con su presenzia.

✠ *Vn alabardero.*

[ALABARDERO.] Vn villano está aquí con vna carta;
que dize que ha venido de vna aldea.
PAYO. ¿Qué aldea?
ALABARDERO. Benauides.
PAYO. ¿Benauides?
Di que la dé.
ALABARDERO. No quiere.
PAYO. Dile que entre.
YÑIGO. ¿Carta y de Benauides?
FERNÁN. Que me maten,
si no es de Mendo aqueste desafío.
LAÝN. No le reçiuas.
YÑIGO. Dile que no entre.
PAYO. Dexalde entrar.

Sancho entre con la carta, vnas alforjas y un bastón.

SANCHO. Atreuimiento ha sido,
mas ya que dentro estoy, perdón os pido.

---

839 + Stage direction, written on the left margin, serves also to indicate the character speaking.
847 + Stage direction written on left margin.

836-839 These lines given to Iñigo.
836 M 9: gustos.
841 y dize.
846 Assign second part of this line to *alabardero* as follows: *dire que no entre.* Ac: ¿Diré que no entre?
847 dexaldo.

PAYO. ¿Qué es lo que quieres, villano?
SANCHO. No soy villano, señor.
PAYO. Pues, ¿quién eres?
SANCHO. Labrador,
como voys soys cortessano. *14*[*r*]
PAYO. ¿Qué differenzia has hallado
en el vno y otro nombre?
SANCHO. Que el que es villano es ruin hombre.
PAYO. ¿Y el labrador?
SANCHO. Hombre honrrado.
El labrador en su aldea
sienbra lo que coméys vos,
que lo habéis de ser, por Dios,
quando no aya quien lo sea.
Que aun el rey no comería,
si el labrador no labrase;
pero por palaçio passe
v[uest]ra mala cortessía.
Sienpre dan honrra los buenos;
el que la tiene la da,
porque hasta los negros ya
se quieren llamar morenos.
Y yo lo debo de estar,
porque dos soles me queman.
PAYO. ¡Que aun estos uiles no teman
de responder y de hablar!
Pero éste debe de ser
el gallo a quien encomienda
Mendo su labor y hazienda,
y vendrále a deffender.

---

873 About six letters deleted after *Pero*, possibly *vendra* (cf. 876).

---

851 que eres? With this reading the line is one syllable short.
866 y el que.
869 Y no lo deuo de estar.
872 y hablar.

Laýn. Sin duda, que es de los brabos.
Poca deffensa le ofrezes,
que éstos se enperran a vezes,
como suelen los esclabos.
Payo. Ven acá, villano; di,
¿sabes que le he dado yo
a Mendo vn boffetón?
Sancho. No;
que te le diera yo a ti.
Payo. ¿Mataréle? [*14v*]

✠ *Alçe el palo Sancho.*

Sancho. Hazeos allá.
¿Mendo? ¿Es honbre que uiuiera
quien esa afrenta le hiziera?
Yñigo. ¿Dónde está?
Sancho. En la corte está.
Payo. ¿Esto sufro?
Fernán. Si éste es loco
y hombre baxo, ¿qué te afrenta?
Sancho. No soy sino hombre de cuenta
y no me tengáis en poco.
Laýn. ¿Qué cuentas?
Sancho. Seys mil cabezas
de obejas, vacas y cabras.
Laýn. ¡Bien lo dizen sus palabras!
Sancho. ¡Qué cortesanas brabezas!
¡Qué fanfarria palaciega!
Pues, a/ffee que en la canpaña,

---

885 Stage direction written on right margin; cross is very close to the upper edge of the page.

897 Lope wrote first *cortesana,* then replaced the word by *palaçiega* immediately following the deletion.

898 Two letters blotted out after *la,* the first possibly a *p.*

---

895 tus palabras.

aunque el fresno fuera caña,
le hiziera medir la vega.
¿Mendo, mi señor, de ti
vn boffetón? Si creyera
que era verdad, te metiera
éste en el alma.

PAYO. ¿Tú?

SANCHO. Sí;
y no te rías, que hablo
mui de beras.

PAYO. Eres loco.

SANCHO. Cuerdo soy.

YÑIGO. Muéstraslo poco.

PAYO. Pues ¿quién eres?

SANCHO. Soy el diablo.

PAYO. ¡A, qué tal era el villano
para truhán!

SANCHO. Escojido;
pero había de ser oýdo
solamente en el verano.

PAYO. ¿Qué, eres mui frío?

SANCHO. En estremo,
aunque sienpre al sol estoy.
Mas mirad que vn honbre soy
villano y que al sol me quemo.
Si esto es burla de palaçio,
en mi uida en él entré. *15*[*r*]
¿Dónde está Mendo? y me iré;
que no vengo mui despazio.

PAYO. Este villano es finjido,
que viene a alguna trayzión
y a vengar el boffetón
con pensam[ient]o atreuido.

---

924 Lope abbreviated *pensamj*°.—He wrote *atreuiuido,* then blotted out the second *ui.*

---

909 O (exclamation).
919 Omit *y*

Quiérole prender.

SANCHO. ¿De veras
a Mendo habéys afrentado?

PAYO. Sí, por Dios.

SANCHO. ¿Quién?

PAYO. Yo.

SANCHO. ¡Y le has dado
vn boffetón?

PAYO. ¿Qué te alteras?

SANCHO. Si es ansí, seas quien fueres,
tú mientes como traydor;
y aunque pobre labrador,
reto quanto fuiste y eres,
reto tu persona vil,
tu alma, vida y entrañas,
tu capa, espada y hazañas,
tu pensamiento sutil,
tus palabras y tu mano,
tus barbas y tus cabellos
y más vezes que son ellos
te llamo ynfame y villano.

LAÝN. ¡Qué notable confusión!
¿Éste es demonio o es honbre?

SANCHO. Hombre soy y tengo nombre;
mis padres no sé quién son.

PAYO. ¿A quién sirbes?

SANCHO. A mi amo.

---

930 *q* for *que* at beginning of line deleted, *tu* written to the left.

937 After *tu* Lope went on in one uninterrupted pen stroke with a word beginning with a *b*: *tub*. Then he blotted out part of the word he had written and wrote *mano* immediately to the right of the heavy deletion. He probably intended to write *barba* (cf. 938), but changed his mind after having written the *r* of *barba*. There is no trace of the upper part of the second *b* of *barba* to be seen. Perhaps the rhyme *mano—villano* occurred to him at that moment.

---

928 M 9: de que te alteras. *De* makes the line too long.

935 tu espada, hechos y hañas. Ac: hazañas.

PAYO. ¿Quién es?
SANCHO. Mendo, ¿qué me pides?
PAYO. ¿Dónde estás?
SANCHO. En Benauides.
PAYO. ¿Tu nombre?
SANCHO. Sancho me llamo.
PAYO. Mira, yo soy caballero
y es reprobado en mi honor
reñir con vn labrador;
que así fue de España el fuero.
Baxarme no puede ser [*15v*]
ni tú te puedes subir.
¿Cómo podremos reñir?
SANCHO. Pues hazme, hidalgo, vn plazer.
Nombra vn hombre de tu hazienda,
qual es la baxeza mía
y señala campo y día,
que yo vendré a la contienda.
PAYO. Bien dizes; pues ven aquí
el miércoles a l[a]s dos.
SANCHO. Que me plaze.
PAYO. Pues, a Dios.

---

946 Lope continued with *Mendo* or *Mend* without indicating change of the character speaking. Or he also could have intended the words to read *¿Quién es? ¿Mendo?*. He realized his error or changed his mind, crossed out *Mendo* or *Mend* and continued with */Sa,* but left the *M* still clearly discernible.

958 Lope made two attempts to write this line. First he wrote *y señala plazo y dia,* then changed to *campo y dia,* continuing on the same line. Finally he deleted everything and started the present line 958 underneath the deletion and used the revised version of the deletion for line 959.

962 Lope wrote *los.*

963 Lope first assigned the entire line to Payo, then deleted the words. On the same line he continued with two slanted bars with blank space between them, as if he were undecided to which character to assign

---

947 M 9: donde està?

949 Ac: Mira que soy.

SANCHO. A Dios. ¡Ay dél y de ti!
Allá verás lo que medra.
¿A mi señor boffetón?
¡Por vida de Sol, León,
que no aya piedra con piedra!

✠ *Váyasse éste abriendo ojos.*

PAYO. Si alguna cosa me ha mouido a escándalo
de quantas oy he uisto, es la pressente.
LAÝN. Yo pienso que ha salido otro Curieno
otra vez de los montes asturianos.
FERNÁN. Curieno es poco; di, Laýn, Alçides.
PAYO. Quiero hazerle seguir.
YÑIGO. Pues vamos todos.
PAYO. Este hombre tiene sangre de los godos.

✠ *Todos se bayan y entren Mendo y Clara.*

MENDO. ¿Que le tienes por tan fuerte?
CLARA. Él es hombre de balor.
Bien puedes fiar, señor,
que dará a Biuar la muerte.
MENDO. Mira, hija, que, aunque tiene
sangre noble, se ha criado
entre el canpo y el ganado
y que probarle conuiene.

---

the second *adios,* which he wrote after the second bar. Finally, he deleted this second attempt and went on with the present line 963 on a new line.

968 + Stage direction written on right margin, one word below the other and the cross on top. Line broken into two sections indicates exit of Sancho.

975 + Extended line underneath 975 indicates change of place and characters. Stage direction on left margin.

---

967 M 9: del Sol, Leon. Ac: del sol León.
971 el grã Curieno.
974 vamonos todos (*pues* omitted).

Aquella real grandeza
tendrá eclipsadas las lumbres; *16*[*r*]
que, en efeto, las costumbres
mudan la naturaleza.
Rústico me ha parezido.
CLARA. Es porque no le has tratado.
MENDO. Luego en hauiendo llegado,
vengan Eliçio y Leonido
y traygan quatro vaqueros
fuertes para lo que sabes.
CLARA. Quando de probarle acabes,
conozerás sus azeros.
MENDO. ¿Qué, es tan robusto?
CLARA. Es gallardo.
En fin, ¿qué le han de prender?
Pues yo sé bien que has de ver
en él vn nuebo Bernardo.

✠ *Sol entre.*

SOL. ¡A, mi señora!
CLARA. ¡O, amiga!
SOL. Oye aparte.
CLARA. ¿Qué me quieres?
SOL. Ya sabes que a las mugeres
la pena de otras obliga.
¿Has hablado a mi señor?
CLARA. Agora le voy a hablar.
SOL. Pues aquí quiero aguardar.
Dile, señora, mi amor,
dile de Sancho las prendas,
dile que, si más se tarda,

---

999 + A line under *en el* and *Bernardo* indicates entrance of a new character. Stage direction on left margin.

984-987 Omitted.
1000 O (exclamation).

me enflaquezco mucho.
CLARA. Aguarda
y haré lo que me encomiendas.

✠ *Aparte con el padre.*

CLARA. ¿Qué te pareze, señor,
de mi Sol?
SOL. O, estrella mía,
faborézeme este día,
si tiene estrellas amor.
Ya están hablando de mí,
ved cómo me mira el viejo.
Clara es su vida, es su espejo. [*16v*]
¿Quién duda que alcanze el sí?
¡Señor, me mira! ¿Ay mi Dios!
¡Qué vergüenza! Pero ¡baya!
MENDO. Pues luego que lugar aya,
se podrán cassar los dos.
Ven conmigo a lo que digo.

✠ *Váyanse Mendo y d*[*oña*] *Clara.*

SOL. ¡Ay, çielo! Juntos se ban.
Pero de mi parte están,
que se han reýdo conmigo.

1011 + Stage direction on left margin.

1013 After *sol* there is the usual slanted bar to indicate change of speaker. On the considerable space left as margin Lope wrote first *..q el ..s.....*, deleted it with his curled form of deletion, then wrote *estrella* on top of it and *estrella mia* to the right, finally striking out the last two corrections with one thick line or stroke of the pen.

1017 Lope forgot to write *me* and fitted the word in between and slightly above the space between *como* and *mira.*

1010 Omit *me.*

1013 (o Estrella mia)-1015 Assigned to Mendo.

1021 que he verguença.

Amor, seys años ha que me has jurado
pagarme aquella deuda en plazos brebes.
Mira que nunca pagas lo que debes;
que eso sólo no tienes de hombre honrado.
Muchas vezes en pajas me has pagado;
que de mal pagador tanto te atrebes
que todo es viento y esperanzas lebes
quanto me rinde en fruto mi cuidado.
Amor, oy llega el plazo al punto estrecho.
Si en palabras me trahes y en engaños,
que te echaré en la cárzel temo y dudo.
Mas ¿qué podré cobrar, Amor, si has echo
pleyto de acrehedores por mil años
y en buscando tu hazienda estás desnudo?

✠ *Sancho entre.*

SANCHO. Bien he menester, por Dios,
haber topado contigo.
SOL. Pues, ¿qué tenemos, amigo?
SANCHO. ¿Está acá señor?
SOL. Los dos
agora estauan conmigo.
Clara se lo ha comenzado
a dezir, y yo sospecho
que el viejo muestra buen pecho.
¿Cómo no te has alegrado?

1028-1041 On the left margin, opposite the first and the last line of the sonnet, there is an asterisk. It is impossible to say whether by Lope or another hand. The sonnet is set off from the rest of the text, being moved somewhat toward the left margin. New margin established for the rest of the page with line 1042, the text proper beginning almost the center of the page.

1041 + Stage direction on left margin. Although a new character enters, there is no line below 1041.

1036 el punto es hecho.

1037 con engaños.

¿Cómo más fiesta no has echo?
¿Es porque cansado vienes? *17*[*r*]
¡Jesús, qué tristeza tienes!
¿Ni me hablas ni me abrazas?
SANCHO. Sólo, mi Sol, te enbarazas
en soliçitar tus bienes.
Yo vengo de todo ageno.
SOL. ¿Qué trahes, desatinado?
SANCHO. ¡O, pues yo bengo mui bueno
para amores!
SOL. ¿Qué has topado,
que vienes echo vn veneno?
SANCHO. No sé, déxame.
SOL. ¿Qué es eso?
¿Quándo tú con tanto exçesso
de furia me hablas a mí?

✠ *Eliçio y Leonido, villanos y otros tres o quatro con palos y Mendo y d*[*oña*] *Clara.*

ELIÇIO. Ya Sancho ha llegado.
MENDO. Ansí,
pues, baya a la cárcel presso.
SANCHO. ¿Qué es esto?
MENDO. ¡O, traydor villano,
vos habéys dado en ladrón!
SANCHO. Miente qualquier hombre anziano
que diga en esta ocasión

1054 Two letters blotted out before second *me*.

1060 Three or four letters blotted out before *amores*, the first quite probably an *h*, the third perhaps a *b*. Did Lope intend to write *hablar*? Cf. 1054, 1064.

1064 + Line broken into two sections, indicates entrance of new characters. Stage direction written on left margin extends from line 1064 to line 1070.

1058 di, que trays (Ac: traes).

1059 vengo yo.

1070 dize.

que soy ladrón. Esto es llano.
MENDO. ¿Yo miento?
SANCHO. No digo vos,
pero quien lo dize miente.
Y dos, si lo dizen dos.
MENDO. ¿Y si veynte?
SANCHO. Mienten veynte.
y ciento y cien mil, por Dios.
MENDO. ¡La cadena de mi hija!
SANCHO. Yo no he uisto tal cadena.
CLARA. Más falta.
MENDO. ¿Qué?
CLARA. Vna sortija.
MENDO. ¿La del diamante?
CLARA. La buena.
MENDO. ¿Y no queréys que me aflija?
SANCHO. No dirá tal mi señora;
demás, que yo vengo agora
de León y de seruiros. [*17v*]
MENDO. Bien podéys aperçibiros.
Ved si se arrepiente y llora.
SANCHO. ¿Qué es llorar? Si me [aprensases]
los ojos, es ynposible
que vna lágrima sacasses...
CLARA. Él es gallardo. [*Aparte.*]
MENDO. Y terrible.
SANCHO. ni sangre, aunque me matasses.
MENDO. ¿Dónde has puesto la cadena?

1074 At beginning of line deleted *y est. para* or *pare*. New margin established with line 1075.
1082 *M* blotted out at beginning of line.
1087 Lope erroneously wrote *apresanses*. Another hand crossed out *sanses* and wrote *tases* [sic] on left margin.

1081 quieres.
1087 prensasses.
1090-1091 Omitted. *Quintilla* is incomplete. Ac indicates the missing two lines by two dotted lines and—Ac only—by a note.

SANCHO. A fee, que la paga es buena
de haber desmentido a quatro
por vos en el real teatro,
casi en la postrera çena.
MENDO. ¿Tú? ¿Porqué?
SANCHO. Por cierta cosa
que os lebantaua vn Viuar.
MENDO. ¡Prendelde!
SANCHO. ¿Es ésta la esposa
que me pensauan echar?
MENDO. ¡Asilde!
SANCHO. ¡A fee, que es hermosa!
MENDO. ¡Llegad!
SANCHO. ¿Alço el palo o no?
MENDO. ¡Muera o prendelde!
SANCHO. ¡Aguardad!
CLARA. Eso no le aguardo yo.
SANCHO. ¡A ver! ¡Prendedme, llegad!
ELIÇIO. ¡Ay!
LEONIDO. ¿Dióte?
ELIÇIO. Aquí me alcanzó.
SOL. Aun no sabéys lo que alcanza.
¡Assí pagáis mi esperanza!
SANCHO. Calla, Sol, y ven tras mí.
MENDO. Espera, hijo; que en ti
funda el çielo mi venganza.

Sacudiendo se entre.

Fin del prim[er]o acto.

1108 An illegible word or fraction of a word after *mi* deleted by Lope.
1111 + Line broken into two sections below part of line 1111. Stage directions and *Fin del prim*° *acto* written in center of the page below line 1111.

1103 Omit *o*.
1104 Assigned to Leonido. Ac: *lo*.
1107-1108 Assign these lines to Sancho.

[folio, unnumbered, recto]

Del Prim[er]o Benauides

ACTO 2°

[*Rúbrica*]

Title page of Act II

There is *P°* written to the right and somewhat below *2°*. Below *P°* there is recognizable a pale *Pae*. Both scribblings seem to be Lope's. The rubric is Lope's usual oblong *V* with a curling flourish crossing the V several times and extending far below on the right side. On the lower left-hand corner there is an inky design which could be interpreted as a *V* with flourishes on the upper part and two bars joined on both sides crossing the *V*. Parts of the blank spaces between the bars are filled out with ink spots. To the right of this design there are three letters written continuously. The first is unmistakably an *m*, the second could be interpreted as an *l*, the third as a *d* and an *l* joined into one as a monogram. If this interpretation were correct, the three letters could be read as the abbreviation of *M*icae*l*a *d*e *L*uján, Lope's mistress from 1598 or 1599 to 1608.

[folio, unnumbered, recto]

LOS QUE HABLAN EN ESTE 2º ACTO

Mendo
Sancho
Clara
Sol
Payo
Yñigo
Laýn
Fernán
Alfonso
El Conde
Alabarderos
Bazques
Sr Pinedo
Gerónima

[*Rúbrica*]

Cast of Characters for Act II

The names of the actors for the three first characters are written by the same hand which put in the names of the actors of the inner column of the cast for Act I. *Gerónima* is written *ggeronima*. There is a cross to the left of *Layn*. There is scribbling to the right of Lope's familiar rubric. It looks like doodling with the letter *P*, the initial letter of Pinedo's name.

Acto 2º

Mendo y Sancho.

[Sancho.] ¿Qué, sólo para probar
si soy hombre que a otro puedo
en campo desafiar
me quisistes poner miedo?
Mendo. Tus fuerzas quise tentar.
Que como el que passa vn río
tienta al vado el ondo frío,
quise tentar tu balor
por ver si tienes honor,
para que cobres el mío.
Y el haberte retirado,
Sancho, del fuerte esquadrón
para tal effeto armado,

Before 1112 Stage direction on left margin. Indication of Sancho speaking lines 1112-1115 is lacking.

1116 *Probar* (cf. 1112) deleted and replaced by *tentar* written immediately to the right.

Between 1116 and 1117 Three lines deleted: *y el haberte retirado* [cf. 1122] / *de los que te han persiguido* / *a quien has tan mal tratado*. Clearly recognizable in the third line only *aqui..h…t…. tratado*. The rest of the conjecture is made on the basis of tiny little strokes which can be made out between and above the circular deletions.

1122-1136 Marked for omission by a different hand. Boxed in on all four sides with three vertical lines inside the boxed-in passage.

1118 M 9: tienta el vado, alto y baxo. Ac: y bajío.

no tiene más ocassión
que querer tentar el vado.
Entre mí y mi honor está
vn grande río de afrenta
que naçe en quien me la da.
Si tu vado no se tienta,
no puedo passar allá.
Y por esto, Sancho mío,
prebengo tu fuerza ygual
a mi honor y al desafío;
que sería mayor mal
ahogarme passando el río.

SANCHO. En effeto, yo no hurté [*Iv*]
la cadena.

MENDO. Ni lo pienses
que por esta causa fue,
sino es que me recompenses
la que me ha dado tu fe.

SANCHO. Sí, porque no ay otra en mí,
si no es que pedís aquí
la de aquella obligazión
de seruiros, en razón
de que en v[uest]ro humbral naçí.
Y aun por esto estoy corrido
que dudéys que yo, sin nombre,
vengue v[uest]ro honor perdido;
porque basta ser vn hombre
en v[uest]ras puertas nazido.

1125 M 9: tienes.
1131 M 9: pudo.
1133 Ac: pretendo.
1134 Omit *al* before *desafío*.
1138 No lo pienses.
1141 lo.
1148 que dezis que.
1150 pero basta.

Niño, me admiraba en vellas
donde el lobo, el osso vía,
y aunque clabados por ellas,
por Dios, señor, que crehía
que eran nazidos en ellas.
Y assí agora pensar quiero
que allí de algún osso fiero
nazí en v[uest]ra puerta noble,
que aunque animal tosco, al doble
tengo alma de caballero.
Echóme mi madre allí
y fue que me trasplantó
de la tierra en que nazí
en la v[uest]ra adonde yo
soy rey, si villano fui.
Huérfano me habéys criado;
ya que soy grande, he tenido
mil vezes grande cuidado; *2[r]*
que, puesto que os he seruido,
lo que debo no he pagado.
Huélgome en parte que aora
dé el alma satisfaçión

1152-1176 Marked for omission by six vertical lines 1152-1168 and two horizontal lines below 1151 and 1153. 1169-1175 boxed in with five vertical lines running through the text. The lower horizontal line is drawn through line 1176, making it difficult to read.

1152-1153 Lope made several attempts to write these lines. They read first *quando era muchacho en ellas / el osso y el p..d. di..* After deleting this version, he wrote to the left of 1152 *niño me* and continued with the present version on the right margin. Then he deleted 1153, writing first *q el lobo y* to the left, then after crossing out these words decided on *donde* written on the left margin and rewriting *Niño me* in larger letters above it.

1173 Lope began the line with *satisfaçion,* deleted the word, and wrote the present text to the left of the deletion.

1155 M 9, Ac (only): par.
1160 y aunque (M 9: anque).
1165 a la vuestra. donde.
1172-1176 Omitted.

a las deudas que atesora
y conozca mi yntenzión
doña Clara, mi señora.
Si fue Payo de Bibar,
señor, el que os afrentó
yo le sabré castigar,
que ya se lo dixe yo
en más honrrado lugar.
Verdad sea que admirado
açetó mi desafío,
pero q[ue]dó conçertado
que saliesse vn ygual mío
en campo al t[iem]po aplazado.
¡Pluguiera a Dios que yo fuera
su ygual! Pero si el agrabio
ninguna ley considera,
yo os traheré su barba, el labio,
la lengua y la mano fiera.
Sólo os pido que en boluiendo
me deys a Sol por muger,
que es vn sol en que me enziendo
y que siempre vengo a ver
en mi pena amaneziendo.
Ya soys de mi mal testigo.
Hazed, o fuerte español

1174 *a esta deuda* deleted by Lope, *a las deudas* written to the left. He also deleted *tesora* of *atesora,* but failed to rewrite the word. The first half of this line is very hard to decipher, because it was crossed out with vertical strokes by the same hand which marked lines 1152-1176 for omission.

1179 *....r.a.q.os....llebar* deleted. New text written immediately to the right and new margin established for the rest of the page (to 1201).

1197 A small cross as a check mark to the left of this line.

1180 he dicho.
1186 al campo.
1190 la barba.
1197 M 9: soy.

—pues a vengaros me obligo—
que vna vez sola este Sol
venga a anochezer conmigo.
El del çielo con andar [*2v*]
de tantos cursos cansado
en vno y otro lugar,
no ay indio tan desdichado
con quien no se va acostar.
Duerma este Sol vna vez
en estas Yndias de entrañas,
que no ay esclabo de Fez
que tenga en tierras estrañas
tan riguroso jüez.

MENDO. Sancho, el premio tienes çierto.
Si ygnoras leyes de agrabio:
haber al contrario muerto
es mui justo desagrabio,
encubierto o descubierto.
El que ofende mire bien
cómo se guarda, y si ha sido
donde la culpa le den;
que no tiene el offendido
que mirar t[iem]po ni a quién.

1199 Lope started this line with *q vna v* (cf. 1200), then on a new line wrote the present line 1199.

1214-1215 Lope wrote first *y porq en leyes de agrabio / estaras apena* [?] *yncierto.* Then he changed 1214 to the present text, writing the new words to the left of the deletion and deleted 1215 completely. He wrote *haber al* to the left and *contrario muerto* to the right of the deleted line. New margin established with 1214 to bottom of page (1236).

1216 Two letters deleted before *encubierto.*

1217-1221 Boxed in for deletion with three vertical lines inside the boxed-in passage. Lower horizontal line drawn through 1221 without affecting legibility.

1202-1206 Omitted.

1208 Omit *de.* (*Indias* is understood as an adjective.)

1214 el contrario.

1221 que mirar como, ni quien.

Dícesse que el ofensor
escribe en papel la furia,
y el ofendido en su honor
escribe en mármol la injuria,
donde se guarda mejor.
Y pues que basta matar
como quiera al que offendió,
si él no se quiere guardar,
no tengo que pensar yo
si le he de desafiar.
Tú te pondrás armas dobles
debaxo de aquesse sayo
echo para cortar robles,
porque has de matar a Payo
entre sus parientes nobles.

✠ *Clara entre.* *3*[*r*]

¿Están las armas aý,
Clara?

✠ *Vnas armas.*

CLARA. Sí, señor, aquí
están las armas a punto.
SANCHO. ¿Para qué, señor, pregunto,
pues yo sin armas nazí?

1227-1231 Boxed in for omission with four vertical lines inside the boxed-in passage. Lower horizontal line drawn through 1231 without affecting legibility.

1236 +, 1238 +, 1243 + The first two stage directions on left margin, the third on right margin.

1228-1231 como quiera el ofensor / y en qualquier tiempo, y lugar / como aya sido traydor / no ay que le desafiar.

1233-1234 hechas para cortar robles / debaxo de aqueste sayo.

MENDO. Hijo, no ay que replicar.
Ponte en el cuello la gola ✠ *Armenle.*
y este peto y espaldar;
que no será esta vez sola
la que espero verte armar.
Y no creas que has naçido
sin armas; que no ha tenido
animal tan vil el suelo
que armas no le diesse el çielo
con que·se aya defendido.
Cuernos tiene el toro, llenos
de furia; el çierbo no menos;
el león vñas con que rompa;
el elefante su trompa
y las serpientes venenos.
SANCHO. Pues, señor, si es eso ansí,
no me dio naturaleza
las armas de yerro a mí,
sino manos y cabeza,
pies y dientes como a ti.
¿Éstos no me bastan?
MENDO. No;

1243-1244 *Ponte en el cuello* deleted by a different hand and *tu no as menester* written on left margin. *y este* deleted by the same hand and replaced by *sino* written to the left of the deletion.

1247-1248 Lope wrote first *haber sin armas naçido / no.... has.* Then he stopped, marking the place with a bar, thus: / . He wrote the new text of lines 1246 and 1247 to the left of the deletion. He finished line 1247 with *q no ha sido,* deleted *ha sido* and wrote *ha tenido* to the right.

1255 *tiene* deleted at beginning of line.

1256 Two letters deleted after *y.*

1261 A word beginning with *p* completely deleted. Perhaps it was *piernas,* which would have made the line too long.

1262 Lope wrote first *no bastan.* Then he saw he needed another syllable, crossed out *bastan* and went on with *me bastan.*

1256 la serpiente.

1259 Ac: manos de hierro.

1261 pies, y dientes qual naci.

que al animal de razón,
que es el hombre, armas le dio
conforme a su condizión
y assí desnudo nazió.
Quiere que busque el vestido,
armas y defensa ygual,
pues con discurso ha nazido;
que por esto el animal [*3v*]
naze de vna vez vestido.
Ya estás armado. Aora ponte
sobre las armas el sayo.
Cubra este león el monte,
cubra esta nube este rayo
y este sol este orizonte.
Yr armado te conuiene,
para que puedas salir
de los amigos que tiene;
que de vengarme y morir
mayor peligro me viene.
Armado vn honbre resiste
y el corazón, si le armas,
con mayor orgullo enviste,
porque es virtud de las armas
esforzar al que las uiste.
El caballo que es medroso
en oyendo la trompeta
tienbla y huye; el generoso,

1272-1296 Marked for omission. A line drawn through 1272. Another on top of 1272 and down the left to 1294, turning right with a sweep below and through 1294 ending in a flourish below *jumento*. Another line drawn vertically on right margin as far as 1283. Lines 1295 and 1296 deleted separately.

1275 *aqui* deleted before *esta*.

1280 A short word beginning with *p* deleted, perhaps *pues*.

1282, 1286 A check mark, resembling a cross, to the left of each of these lines.

1273 estas armas.

1289 Omit *y*.

no ay cosa con que acometa
más arrogante y briosso.
Las armas, en el yntento
cobarde, si he de dezillo,
son espuelas en jumento
y garlochas en nouillo,
en honrrado pensamiento.
Tú has de llebar vna daga
encubierta y un bastón.

SANCHO. Con todo, mucho me estraga
este yerro el corazón;
quiera Dios que no le haga.
En la yglesia el otro día
el cura a todos dezía
que Dauid se las quitó, *4*[*r*]
quando al gigante venzió.
¡Quitaldas, por vida mía!

MENDO. Sancho, Dauid era sancto,
y por milagro de Dios
le derribó con vn canto;
y pues no soys santo vos,
sin ellas no podréys tanto.
Llevaldas y Dios os guíe.
En León está Vibar;
matalde.

Váyase Mendo.

1296-1297 Lope deleted for 1296 *en honbre de buen aliento.* He started 1297 again with *en honb,* then stopped. He wrote the present version to the right of deleted line 1296. New margin established to end of page (1303).

1312 Lope deleted *andad con* before *Dios* and continued with *os guie* which extends into the right margin. The rhyme in *-íe* must have flashed in his mind at this moment. Note that the rhyme *Dios—vos* occurs in the preceding *quintilla.*

1290 no ay coraçon que acometa.

1295 garrochas.

1304 M 9: se los quitó.

SANCHO. ¡Que se desbíe
de mí llorando!
CLARA. Es pensar
que su contrario se ríe.
Fuésse Mendo y tú te vas.
SANCHO. Señora, ¿lloráys tanbién?
¿Quién soy yo?
CLARA. Vn honbre de bien.
SANCHO. Si lo soy, serélo más,
y más si tengo por quién.
Y, por vida de esos ojos
que vna cosa me digáys;
porque me han venido antojos
de saber si algo ençerráys
en estos viles despojos.
Y no os pese si soy vano,
porque como soy villano,
soy maliçioso en estremo.
CLARA. Pues, ¿qué es lo que piensas?
SANCHO. Temo.
CLARA. Dilo.
SANCHO. Que soy v[uest]ro hermano.
CLARA. ¿De qué suerte?
SANCHO. ¿No podría
en alguna villaneja
hazerme Mendo algún día?
CLARA. Mal el alma te aconseja,
aunque alunbrarte porfía.
¿Mendo tu padre?
SANCHO. Pregunto,
como soy tonto y villano; [*4v*]

1314 + Stage direction on right margin, cross and the two words each on top of the other.
1319 A small deletion before *cla/*.

1338 M 9: que como soy tan villano. Ac: que, como soy tonto villano.

porque poner su honor junto
con tanto gusto en mi mano,
algo tiene deste punto.
Confiesso el ser atreuido,
pero como yo he naçido
ascuras y en estas puertas
vi las del oriente abiertas,
pienso que mi padre ha sido.

CLARA. Que quiera Mendo que calle [*Aparte.*]
algo debe de ynportar,
quiero callar y agradalle.
Sancho, no ay más que pensar
de que naçiste en la calle.
Pero si las manos fieras
cortas de aquel caballero,
su hijo serás. ¿Qué esperas?
Haz lo que hizieras si fueras
su hijo.

SANCHO. Vengarle espero,
y por vida dél y v[uest]ra
y de Sol —que entre dos çielos
bien está el sol que me adiestra,
aunque con nubes y velos
su hermoso rostro me muestra—
de no desnudarme el peto
que Mendo me ha puesto aquí

1342 Lope deleted *el atreuimiento ha sido,* then wrote *confiesso el ser* to the left and *atreuido* to the right of the deletion.

1352 *con* deleted with the heavy up-stroke of the *l* of *las.* It seems that Lope intended to write *pero si con las manos fieras* (sc. *las de Sancho*), a faulty line of nine syllables. He realized the mistake after having written *con* and changed the whole thought; *las fieras manos* are now referring to *Payo de Vivar.*

1344 M 9: a escuras. Ac: a obscuras. Ag: a oscuras.
1349 Omitted.
1350 Ag omits *que.*
1361 M 9: y por vida desta adiestra. Ac: y por vida de esta diestra.

hasta vengarle.
CLARA. En effeto,
¿pensaste ser su hijo?
SANCHO. Sí.
CLARA. Basta el onrrado conzeto.
Parte a León en tomando
tus armas y Dios te guarde.

✠ *Váyase.*

SANCHO. Llorando me van dexando.
Mi Sol solamente arde,
mas q[ue]rrá llober llorando.
Confusso y atreuido pensami[ent]o, 5[*r*]
¿adónde vas que a mi baxeza quadre,
si no vy padre ni conozco madre?
¿Dónde te lleba el lisonjero viento?
Sabe todo animal su nazimyento
y assí es razón, pues que conoze padre,
que el caballo relinche, el perro ladre
y brame el toro con soberbio aliento.
Alfonso es sol, y su palaçio es çielo
acá en la tierra, aquestas armas, alas,
Ícaro yo, que boy fiado en ellas.
Detente pensamiento; enfrena el buelo,

1368 + Stage direction on right margin.

1369 Lope wrote first *todos me dexan llorando,* then deleted the first three words and wrote the *me van dexando* to the right of *llorando.* He wished to avoid the auto-rhyme *llorando-llorando.*

1372 Doodling, resembling the number 8, to the left and somewhat above this line.

1378 Lope deleted *relinche* before *el caballo.* He preferred parallel construction to chiasmus.

1373 vays.

1378 Omit *que.*

porque, si el çielo con la frente yguales,
corridas te amenazan las estrellas.

✠ *Sol entre con vn bastón y una daga.*

SOL. Este bastón y esta daga,
Sancho, me dio mi señor
para que te diesse.
SANCHO. Estraga
este bastón el honor
que él quiere que satisfaga.
Muestra el azero, que es bien
que aquí en el pecho le esconda;
y muestra el palo tanbién,
porque al traje corresponda
de las armas que no ven.
SOL. ¿Dónde vas?
SANCHO. Pardiez, Sol mía,
pues siempre quenta te doy
de qualquiera niñería,
a matar vn hombre voy
y llebo de plazo vn día.
Que eso de haberme prendido
es que señor me ha probado
por ver si soy parezido
al unbral en que he naçido
y al dueño que me ha criado.

1384 Lope deleted *mira q* and wrote *porq si* to the left of the deletion. New margin established for the last line of the sonnet. *Mira que* would have created a twelve-syllable line.

1385 + Stage direction written on left margin. Lines 1386-1405 moved far to the right.

1405 Lope deleted *y al padre q me ha cri.* He probably considered *padre* inappropriate (cf. 1374) and continued on the next line with *y al señor.*

1385 M 9: amanezen.
1392 Ac: se esconda.
1401-1405 Omitted.

Esto es seruir y pagar [*5v*]
con el seruir el comer.
Mendo me solía mandar,
en quiriendo fiesta hazer,
cabrito o baca matar,
y soy tan buen carnizero
que me ha subido el oficio
al punto y lugar postrero;
pues le boy a hazer seruizio
de matar vn caballero.
Verdad es que boy honrrado,
porque este vil ynfanzón
en palaçio le ha afrentado.
SOL. ¿Cómo?
SANCHO. Dióle vn boffetón,
de treynta deudos guardado.
SOL. ¡O, perro!
SANCHO. ¡Mira a qué honbre
de tanto nonbre y balor!
SOL. Bien solían de su nonbre
tenblar Hazén y Almanzor.
SANCHO. No ay cosa que más me asombre.
Y assí he uenido a creher
que, si los uiejos mui viejos
a la edad suelen boluer

---

q me ha criado. He replaced *y al señor* with *y al dueño* written on the left margin, possibly because in the next stanza he describes his relationship to Mendo as that of *criado* and *dueño*, emphasizing his own servant situation.

1407 Lope deleted *seruizio* after *con el* and immediately continued with the present text. He probably felt the anaphora of *servir* was more effective.

1422 Lope deleted *balor* after *de tanto* and continued with the present version.

1409 queriendo.
1419 M 9: Omits *vn*.
1421 ha perro.

de los niños, quando espejos
de los padres suelen ser,
y darles vn boffetón
no es en aquella sazón
afrenta; que a mi consejo
no es afrenta darle a/un viejo,
pues cassi muchachos son.
Mas como aq[ue]ste demonio
de honor tiene yntroducida
esta junta y matrimonio
de honrra y venganza, es perdida
sin este vil testimonio.
Yo no sé que sea justo
vengarse; sé que a mi amor
me ha causado tal disgusto
ver que afrente a mi señor *6[r]*
la mano de vn hombre injusto
que voy a matarle.

SOL. Parte,
Sancho de mi alma y uida;
que, aunque el perderte y llorarte
es cosa tan conozida,
quiero llorando animarte.
¿Sabes cómo considero
este noble viejo anziano

1429 It looks as if Lope wrote first *quanto,* then changed the *t* to *d.* After this word there is a start for a new word for the space of two letters. It was deleted and *espejos* written to the right of the deletion.

1431 *y asi* (?) deleted at beginning of line.

1451-1470 Check mark facing lines 1451 and 1470, first and last lines respectively of a passage omitted in the printed texts.

1432 en aquella ocasion.

1436-1440 Omitted.

1441 y assi no se.

1442 en mi honor.

1448 Omit *el.*

1451-1470 Omitted.

que fue tan buen caballero?
como a/un caballo ligero
en casa de vn cortessano.
Que quando a ser viejo llega,
a algún villano se entrega,
que a palos con él camina
trayendo el trigo y la harina
con uista humillada y cjega.
Y él que con jaez bordado
medir la plaza solía
de blanca espuma bañado,
a la misma cada día
viene de leña cargado.
Nadie a conocerle basta;
tanto el t[iem]po acaba y gasta,
que no pareze el que fue.
Pero en effeto se vee
el buen yerro de la casta.
Ten lástima, Sancho mío,
pues eres mozo gallardo,
deste buen biejo, ya frío,
como de la sangre aguardo
en que se abrassa tu brío.
Villanos somos y gente
pobre, pero no tenemos
otro padre finalmente.
Pues, ¿para qué le queremos
sin honrra?

SANCHO. O muger baliente,
¿quién, si no tú, me dixera [*6v*]
tales razones?

SOL. Yo creo
que las dixera qualquiera

1460 Deletion at beginning of line of about six letters, the first of which is a *p*.

y que a tu honrrado desseo
espuelas y alas pussiera.
¡No gastes t[iem]po, camina!

SANCHO. Adios, mi Sol, y ymagina
que has sido como trompeta,
porque, para que acometa,
me anima tu voz diuina.

✠ *Entresse y salgan Payo do Biuar,*
Yñigo de Arista, Laýn Téllez, Fernán Ximénez.

PAYO. Propone el s[eñ]or conde su partida
con el rey a Galiçia en esta junta.

LAÝN. Las razones que ha dado son bastantes
y ninguna en contrario lo pareze.

FERNÁN. Es tu opinión tan pertinaz en esto
que ya te mira el conde con enojo,
creyendo que ha naçido de tu enbidia.
y no de que León lo pida a vozes.

PAYO. Si yo tubiera enuidia, caballeros,
y el gobierno del rey tener quisiera,
bien veys que por el conde no enuiara
y que vino a León por boto mío.

1485 Lope wrote first *alas y espuelas*. After having written these words or after having completed the line, he changed the word order to *espuelas y alas*. New margin established for lines 1486 and 1487.

1487 Lope started out with .... *adios sol mia no*. He then blotted out the first word or words completely, let *adios* stand, crossed out the rest and continued with the present text. New margin established with *adios* for the rest of the page (to line 1513).

1490 + Unbroken line ending in a flourish indicates change of scene and locale. Stage direction on left margin, extending down to opposite line 1495.

1487 Omit *y*.

1488 M 9: he sido.

1490 + Laín Tello.

1494 le parece.

1499-1513 Ac erroneously prints these lines as the continuation of Fernán's speech.

Será del rey la ausençia de ynp[ortanci]a,
fuera de que se entiende que le lleba
con ánimo arrogante y codizioso
de que criado el niño con su hija,
la cobre amor y por muger la tenga;
que vn sabio dizen que le ha dicho al conde
que será doña Eluira por lo menos
reyna en León y que tendrá dos hijos,
Bermudo el vno, el otro doña Sancha,
de quien vendrán los reyes de Castilla
hasta vn Fernando que su línea acabe.

YÑIGO. Quando el conde le casse con su hija, *7[r]*
¿qué debe el conde al rey? ¿No es de su
[sangre?

PAYO. Otras ay más de çerca, Yñigo Arista.

YÑIGO. Sí, mas ninguna en todas las Asturias
más limpia ni leal que la del conde.

PAYO. Mira bien lo que dizes.

YÑIGO. Y tú mira
lo que hazes; que yo no soy tan viejo
como el de Benauides que afrentaste.

PAYO. Lo que yo digo, Arista, es que mi sangre
es noble.

YÑIGO. Y yo, que lo es más la del conde.

PAYO. Miente qualquiera que eso sustentare.

YÑIGO. Con la espada respondo a los villanos.

PAYO. Y yo tanbién con ella les castigo.

FERNÁN. ¡Teneos!

YÑIGO. ¿Como teneos?

FERNÁN. Ténganse digo.

---

a

1503 Lope abbreviated *ypn* for lack of space.
1514 An asterisk to the left of *Yni.*
1527 + Stage direction on left margin.

1503 y no es del Rey la ausencia de importãcia.
1506 criando al niño.
1522 Ag: que te digo.
1526 los.

✠ *El rey niño con vna espada.*

ALFONSO. ¡A, caballeros! ¿Qué es esto?
FERNÁN. El rey es.
YÑIGO. Rey y señor,
aunque niño, a mi furor
vos solo soys monte opuesto.
Mi agrabio se encoje y çifra
con veros; que es justa ley,
porque en effeto soys rey,
puesto que soys rey en çifra.
Como su ser y corona
çifra en su firma y confirma,
en vos he uisto la firma,
si no he uisto la persona.
Y aunque el vengar mis enojos
era tanbién noble ley,
como a carta de mi rey
os pongo sobre los ojos.
ALFONSO. ¿Cómo en palaçio desnudas
las espadas?
YÑIGO. Sí, señor,
porque se busca el honor
adonde le ponen dudas.

1529 This line reads: *yni / el Rey es / yni / Rey y señor.* Then, someone noticed the mistake and assigned the first half of the line to *fern. Fern* is in pale ink and Lope usually abbreviates the name *Fer* and uses a different form of *F.*

1532 Lope began the line with *con veros.* After deleting these words he continued with the present version. New margin established for the rest of the page (1547).

1540 *Y* is out of line with the preceding and following margin. Perhaps Lope added it as an afterthought.

1529 M 9 assigns the whole line to Iñigo and punctuates *el Rey es, Rey, y señor.* Ac reads *El Rey es rey y señor.*

1536-1539 Omitted.

1542 Omit *a.*

Y para que se os acuerde, [7*v*]
debéys agora pensar
que todo se ha de buscar
en el lugar que se pierde.
Sacad la espada. Al que yerra
castigad. V[uest]ra es la ley.

ALFONSO. No saca en su cassa el rey
la espada, sino en la guerra.
¡Por mi corona real,
que me he enojado!

PAYO. Señor,
todos os tienen amor,
pero yo soy muy leal.
Abrid los ojos, que quieren
llebaros de aquí.

✠ *El conde y dos alabarderos.*

CONDE. ¿Biuar
deçís y Arista?

ALABARDERO. ¡Lugar!

CONDE. ¿Cómo? ¡Que assí al rey alteren!
Señor, vos estáys presente
y ¿esto se consiente aquí?

1552 Almost a whole line blotted out. Only the last letter of the deletion is clearly legible: *casti. Es* was probably the second word of the deletion. New margin established with *sacad,* to line 1563.

1560-1561 Stage direction on left margin. A line, consisting of two sections, below *ojos q quieren* indicates entering of new characters.

1564-1565 Lope wrote *Señor vra magestad / estaua aqui.* He deleted this version and wrote the present text on the left margin. New margin established to line 1571. Lope may have had in mind the rhyme scheme *magestad — presente — consiente — mirad* or *castigad* (cf. 1568, 1569). After having written *aqui,* he realized that the line *estaua aqui presente* would have only seven syllables. This is, of course, only a hypothesis.

1550 que el honor se ha de buscar.

1562 Omit *deçís.* Ac only notes the faulty line and lack of rhyme. Ac and Ag print *llevaros de aquí* (1561) as a short and rhymeless line.

ALFONSO. Pues si no fuera por mí,
¿qué fuera de aquesta gente?
Mirad, conde, lo que es esso
y castigad los culpados.

✠ *Váyase el niño mui grabe.*

CONDE. ¡O años bien enpleados!
FERNÁN. ¡Qué balor!
LAÝN. ¡Notable exçesso!
CONDE. Dezidme lo que fue.
FERNÁN. Ninguna cossa.
LAÝN. Sobre vn caballo ha/ssido.
CONDE. Caballeros,
deçidme la verdad, nadie me engañe.
Que por vida del rey...
LAÝN. Palabras fueron
sobre que al rey no llebes a Galiçia;
que [P]ayo de Bibar lo contradize
y Yñigo Arista lo deffiende.
CONDE. Dime,
Biuar, ¿de qué has tenido tanta enuidia,
si no digo mejor tanta soberbia?
¿Qué tienes tú que ver con el rey niño?
¿Dexóte acaso por tutor su padre? *8*[*r*]

1569 + Stage direction on right margin. The line broken into two sections, indicating the king leaving the scene, is below *notable exçesso* (1571). The King makes a slow, dignified (*muy graue*) exit, while the courtiers express their admiration.
1572 New margin established down to bottom of page (1581).
1578 The reading *y* is doubtful. It seems that Lope hesitated between *y* and the abbreviated *q*.

1576 el Rey.
1578 Ac: É Íñigo. Puts *Dime* on following line causing a faulty nine-syllable verse.
1579 Omit *tanta* to compensate for *Dime* of line 1578 wrongly placed at the beginning of line 1579 and thus produce a correct hendeca-syllable count.

¿Fuiste testamentario de Bermudo?
¿Eres su sangre? ¿Tienes parentesco
con la cassa real por algún lado?
¿Qué ynquietas estos reynos? ¿Qué pretendes?
¿No le llebabas tú no ha muchos días
a la aspereza de tus montes altas
y a la pobreza de tus cortas villas?
Pues, ¿cómo en mí lo contradizes? ¿Sabes
lo que en Galiçia soy? ¿Sabes que tengo
de la sangre real tantos girones
que cassi cubren la mitad del sayo?
¿Qué es esto, Payo de Biuar? ¿Qué es esto?

PAYO. Yo soy Biuar, honrrado caballero,
sangre de Leouigildo y Reçissundo,
y no deudo del rey, que el rey lo es mío.
Mis villas nada deben a las tuyas.
Antes, por ser fronteras de los moros
están ricas y honrradas de su sangre,
cuyas piedras tanbién tienen la mía.
Yo te llamé al gobierno y la crianza
del rey, donde no más de tabla he sido.
No ynquieto el reyno; que antes le aquieto,
porque pido que uiua en él su prínçipe.
Y no soy arrogante ni enbidioso,
pues enbidia de ti fuera escussada;
que al rey que tienes en tus brazos, tengo
dentro del alma con mayor firmeza;
y arroganzia no sé que sea ninguna
desmentir vn pariente de tu cassa.
Si dizes que eres más que yo, ¡ni aun tanto!

CONDE. ¡O furioso villano mal naçido!
¡Prendelde!

1596 Ac: Recismundo.
1598 a las suyas.
1601-1603 Omitted.
1604 yo no inquieto al Reyno, antes le quieto (M 9: quiero).
1607 escusado.
1612 Ac: dice.

PAYO. Ya está dicho lo que ynporta.
Prendedme por la punta desta espada.
CONDE. Dexalde, porque vean vn exenplo
de magnanimidad en mi persona. [*8v*]
Mas como en fin juez, gobierno y çeptro,
lugartiniente de mi rey, te mando
que no entres por dos años en el reyno.
PAYO. No sólo por dos años ni por beynte.
Pero del natural que dellos tengo
me quito y me despido para siempre.
No soy leonés ni godo ni asturiano;
de mis castillos soy y de mis villas.
Si rey cristiano no me diere sueldo,
Córdoba tiene moros y Sebilla,
Cuenca, Alcalá, Toledo, Abila, y Nájara.
Yo boy contento de que al fin he hecho
lo que debo a leal, y si el rey uiue,
él me abrá menestrer, yo al rey muy poco.

✠ *Váyase Payo.*

CONDE. Estraña es la soberbia deste loco.
YÑIGO. Esa, ¿quién como yo la castigara,
si el rey no hubiera puesto al brazo freno,
a quien las riendas alargó tu agrabio?
FERNÁN. Amigo he sido de Viuar, mas uiendo
que su çiega yntención va declarando

1620 Lope had first *en el reyno por dos años,* then he changed to the present word order, squeezing *en el reyno* into the tight right-hand margin.
1631 + Stage direction on left margin, extending from 1629-1632.

1624 Leones, Gallego.
1626 Ag: diera.
1628 Cuenca, y Alcala, Auila, y Nagera (a faulty nine-syllable line).
1630 Ac: Omit *a*.
1632 deste barbaro.

fundada en ambiçión deste gobierno
y en enbidia del conde, me declaro
desde oy por su enemigo.
LAÝN. Y yo lo mismo.
Y si de deudo suyo tengo parte,
como él del reyno dexa la que tiene,
yo de su sangre la que tengo dexo.
YÑIGO. ¡Ha, buen Mendo! ¡Ha, buen viejo! ¡Ha, [buen ydalgo!
¡Ha, buen señor de Benauides!
CONDE. Siempre
me encubristes, hidalgos, este casso.
¿Fue verdad que le hizo Payo affrenta?
YÑIGO. Porque no le prendiesses lo he callado,
y porque con palabras y promessas
a todos engañados nos tenía. *9*[*r*]
CONDE. ¡O quán mal lo habéys echo, caballeros,
Y más con vn hidalgo tan honrrado!
Partid, Yñigo, vos a Benauides
y dezilde que venga luego a verme,
que yo pondré remedio en su desonrra;
que vn hombre como Mendo ynporta al reyno,
y es afrenta de todos que él la tenga,
YÑIGO. Yo voy por él.
CONDE. Hazed que luego venga.

1658 + Line drawn below 1658, broken up in three unequal sections but without rubric, indicates exit of Yñigo and entrance of Sancho. No cross potent. Stage direction on left margin, extending from 1659 to 1662. A short vertical rubric below stage direction. A check mark on left margin between 1661 and 1662. Text: Lope wrote *curron.*

1638 sin duda en ambicion.
1640 (Y yo)-1643 Assigned to Iñigo.
1644-1645 (Benauides) Assigned to Laín.
1646 Ac: encubristeis.
1654 Ac: luego venga.

Váyase y salga Sancho con vn
[ç]urrón a las espaldas.

SANCHO. ¿Por qué no se puede entrar
en cass de los buenos reyes?
Tanta liçençia han de dar
al que puede con dos bueyes
vn palmo de tierra arar,
como al que, de oro el remate
de la espada y puño y cruz,
estribera y acicate,
al suelto potro andaluz
los lados sangrientos bate.
Tanto a just[içi]a proboca
como el que fue de la boca
del rey, el que apenas tiene
pan en la suya, si uiene
por el honor que le toca.

1660 Lope first wrote *en la cassa del buen rey.* He deleted *la,* the *a* of *cassa* and *del,* wrote *de los* on top of *del* and added *os* and *es* to *buen* and *rey* respectively. He made the change to have Sancho use the rustic *en cas de.*

1662 Lope deleted *arar* after *al q* before having completed the line. He thought ahead of the rhyme word *arar* of 1663.

1664 Lope deleted *con azicate* and wrote the present text immediately to the right, before going on to the next line. The rhyme *remate-azicate* must have occurred to him then.

1666 Lope deleted *freno* at beginning of line. New margin established to 1673. *Freno,* instead of *estribera,* would have produced a seven-syllable line.

1667 Two or three letters blotted out completely at beginning of line.

1670-1671 Lope wrote first *el q fue.. de la boca / del rey, como el q apenas tiene.* Probably after having written *como,* he realized that line 1671 would be too long. He deleted *como* and wrote *como el q fue* (1670) on the left margin.

1672 After *suya* there is Lope's customary deletion mark, a series of loops on blank space between two slanted bars. It seems that Lope intended to continue with a different character speaking.

1673 *en* (?) *hon* deleted at beginning of line.

1668 M 9: baste.

CONDE. ¿Qué es esto?
FERNÁN. Aq[ue]ste villano
ha venido aquí otra vez,
y que es echadizo es llano.
SANCHO. Sienpre pone el buen juez
sobre vn oýdo la mano.
Oyr nos tiene, a fee mía.
CONDE. ¿Qué es lo que pide y porfía?
LAÝN. Mendo le enbía a saber
lo que Payo piensa hazer,
y él uiene a seruir de espía.
CONDE. Querráse Mendo vengar. [9*v*]
¿Qué es lo que buscas, buen hombre?
SANCHO. Busco a Payo de Bibar.
CONDE. Espía es sin duda el hombre.
LAÝN. Ya le ha benido a buscar,
y aquí a tenido con él
palabras en que ha mostrado
que cubre de aq[ue]lla piel
algún corazón honrrado.
CONDE. De tan noble dueño es él.
Querrá Mendo desafío,
que apostaré que se tiene
aq[ué]l su passado brío.
A eso el villano biene.
LAÝN. Oýd el yntento mío.
Yo diré que soy Biuar,
porque el desafío me dé
que él le debe de aguardar;

1679-1680 Lope wrote first *a todos nos ha de oyr / q es lo q quiere pedir*. He deleted all of line 1679 and *quiere pedir* of line 1680. Then he wrote *oyr nos tiene* to the left, *a fee mia* and *pide y porfia* to the right of the deleted versions. Two or three letters deleted after *oyr*. Lope may have wished to avoid the entire stanza of five lines ending in oxytona.
1699 Lope deleted *Biuar* before *soy* and wrote the name to the right of *soy*.

1691 que viene en.
1701 que le deue de guardar.

y al puesto que dize yré,
donde le pienso abrazar
y llamarle de tu parte;
que no le podrás traher
sin engaño.
CONDE. Di que aparte
quieres hablarle y saber
de lo que quiere auisarte.
LAÝN. Buen honbre, el que el otro día
dixo que offendido hauía
a Mendo era herm[an]o mío;
que por yr al desafío
hablaua en figura mía.
Yo soy Payo de Bibar.
Dame el recado que trahes
que quiero a Mendo buscar.
¿Qué es lo que miras? ¿No caes
en que ayer te quisse hablar?
SANCHO. Bien me acuerdo yo que os ui. *10*[*r*]
Pero aq[ué]l que estaua aquí,
¿no es Biuar el que afrentó
a Mendo?
LAÝN. No, sino yo.
Señores, ¿soy Bibar?
TODOS. Sí.
SANCHO. ¿Y tú, por mi uida, eres
el que diste el boffetón

1718 Lope deleted *en q ayer me viste* and continued with the present text on the next line.

1724 Lope deleted *vid* before *mi. Vida mía* would have given one syllable too many. Lope almost always reads reads *mí* / *a, -s* (cf. Poesse, pp. 34, 37, who gives only one example for *mía*).

1704 y llamarle he.

1723-1728 San. es verdad aquesto? / Todos. si / Lay. di aora lo que me quieres. (Ac: Dime agora lo que quieres.) / Sa. sacame deste çurron / vnas cartas, no te alteres. / La. Sin duda para mi son. / Sa. verlo has si las abrieres.

a Mendo?
LAÝN. Sí. ¿Qué me quieres?
SANCHO. Sácame deste çurrón
esta carta y no te alteres,
que no sé, por Dios, si es cosa
que te ha de causar pessar.
LAÝN. ¿Quién duda que es afrentosa?
SANCHO. El mensajero, Vibar,
tiene disculpa forzossa.
Aquí en la espalda he traýdo
el çurrón, porque las manos
se cansan; que a pie he venido.
Que rasgamos los villanos
más del pie que del vestido.

✠ *Mete la mano en el çurrón*
y él se baxa y saca la daga del pecho.

CONDE. ¿Es la carta?
LAÝN. Sí.
CONDE. Sacalda.
LAÝN. Ya la busco sin probecho.
SANCHO. Busca el papel por la espalda,
yo tu muerte por el pecho.
Si fue o no trayzión, juzgalda.
LAÝN. ¡Ay, que me ha muerto! *Déle.*
CONDE. ¡A, traydor!
SANCHO. Caballeros, yo he vengado
oy a Mendo, mi señor,
deste villano afrentado; *Cayga.*
que soy hijo de su honor.
CONDE. ¡Préndanle!

1738 Stage direction on left margin extending from 1738 to 1743.
1744 Stage direction on left margin opposite this line.
1747 Stage direction on left margin facing this line.

1743 Ac: juzgadla.
1749 M 9: prendelde. Ac: ¡Prendedle!

SANCHO. Mal conozéys
el pecho que traygo armado
y el duro fresno que veys.
FERNÁN. ¡O, pobre hidalgo engañado! [*10v*]
CONDE. ¡Muera!

✠ *Dos alabarderos o tres.*

SANCHO. ¡Qué soys tres ni seys!
¿Con éstos no más me ynpides
que me baya, si aquí estoy
para retrato de Alçides?
CONDE. ¿Eres noble o humilde?
SANCHO. Soy...
Soy Sancho de Venauides.

✠ *Váyase éste.*

FERNÁN. ¡Desgr[aci]a notable!
CONDE. ¡Estraña!
FERNÁN. ¿No puede hablar Laýn?
CONDE. No.
FERNÁN. ¡O Payo, rayo de España!
CONDE. Pobre Laýn, que pagó

1753 + Stage direction on left margin, extending from 1752 to 1755.
1754 Lope wrote first *no mas ynpides*, then deleted *ynpides* and continued with the present version.
1755 *va* at beginning of line deleted. New margin established for the next three lines.
1758 + Stage direction on right margin, extending from 1757 to 1759. Line, broken into three sections, indicates Sancho's exit.
1761 Lope deleted *estrago de* and continued with the present text.
1762 A deletion covering the space of about two thirds of a line. The first word began with a *v*; *sp* seem to be the second and third letter of the next word. Possibly Lope first intended to write something like *villano espantoso* (cf. 1764). The present line 1762 is placed below the deletion.

1753 + Stage direction omitted.
1754-1758 Omitted.

sin culpa su ynfame hazaña.
FERNÁN. ¡Fiero villano!
CONDE. ¡Espantoso!
FERNÁN. ¡Con qué fingido reposso
ordenaua la venganza!
CONDE. Si la guarda no le alcanza,
él hizo vn echo famosso.
Ved lo que puede el honor.
FERNÁN. La traza de Mendo a sido.
CONDE. La culpa a sido el error
de q[ue]rer Laýn, fingido,
tomar nonbre de vn traydor.
Esse cuerpo desdichado
haced que adentro se llebe.
FERNÁN. ¡Qué bien que se a declarado
que hasta el nonbre de vn alebe
es veneno de vn honrrado!

✠ *Entren Yñigo Arista, Mendo de Benauides, Doña Clara.*

YÑIGO. Desterraronle, qual digo,
y el conde a llamarte enbía
para ordenar su castigo.
MENDO. Crezió la desonrra mía,
desterrando a mi enemigo.
Ya no podrá mi venganza,
o Clara, tener lugar,
si no es que Sancho le alcanza.
D. CLARA. Yo pienso que puede estar *11*[*r*]
más segura tu esperanza.
Y no creas del villano
que sin la venganza buelba

1778 + Stage direction on left margin, extending from 1777 to 1782. A line, broken up into three sections and ending in a flourish, indicates change of place and appearance of different characters.

1770-1773 Line 1771 omitted and passage assigned to Fernán.

ni afloxe al bastón la mano,
hasta que en poluos resuelba
la suya de aquel tirano.

YÑIGO. ¿Qué respondes, Mendo?

MENDO. Digo,
Yñigo de Arista, amigo,
que digas al señor conde
que por mí su honor responde,
pues es sangre de Rodrigo.
Y que mire si es razón
que vn honbre qual yo afrentado
buelba sin satisfaçión
a estar cubierto y sentado
delante vn rey de León.
Dile todo lo que passa;
que el desterrarme es sin tassa
más justa y piadosa ley;
que no ha de tener vn rey
hombres sin honrra en su cassa.
Que mande luego llamar
a Bibar que me afrentó,
pues está honrrado Biuar;
que no es bien que pueda yo
ver de mi afrenta el lugar.
Sírbase dél, no de mí.

YÑIGO. No le respondas ansí,
pues quiere satisfazerte.

MENDO. No puede haber sin su muerte

1793 Lope first wrote *la de aquel tirano,* a line grammatically correct, but two syllables short. He then deleted *la* and wrote *la suya* to the left of the deletion. The result is ellipsis of *la suya la.* New margin established to bottom of page (1818).

1817 Lope deleted *Yñigo solo su muerte* and continued with the present version on the next line. It looks as if Lope made two attempts to write the *s* of *su.*

1803 delante el Rey.
1805 Omit *el.*
1808 hombre.

satisfazión para mí.
Tú, testigo de mi afrenta, [*11v*]
sabes que debo vengarme.
Parte y esto al conde cuenta.
Porque es en mi afrenta ablarme
haçer que otras muchas sienta.

YÑIGO. Pues no quiero replicarte;
que el traherte a la memoria
tu afrenta fue para honrrarte.
Dios te conçeda victoria;
con él queda.

MENDO. Y con él parte.

✠ *Yñigo se baya.*

¿Cuál hombre, o Clara, no sintió su afrenta,
si vn perro ladra a quien herirle quiere?

1819 Page 11v, lines 1819-1849, has an unusual number of corrections, particularly in the sonnet.

1822-1823 The original reading was *q sirbe en mi afrenta ablarme / solo a hazer q la sienta / ....* Lope stopped at this point, deleted *q sirbe,* wrote *porq es* to the left and squeezed *otras muchas sienta* to the right. Hiatus before *hacer* is not used by Lope (Poesse, p. 75). Therefore he may have changed the text for reasons of orthoëpy.

1824 A short word deleted at beginning of line, *pues no* written on top of the deletion. The *te* in *replicarte* was attached to the original *replicar* as an afterthought.

1825-1826 *Si* (?) replaced by *q* written in front of the deletion. A blot covering the space of two letters at the end of *fue*. Probably the word had the subjunctive ending *-re*.

1827 Lope repeated *yni* by mistake on the margin.

1828 + Stage direction on left margin, extending from 1827 to 1829.

1830 Lope made one or more attempts to write this line: *vn perro ladra al..........a.q le jere* (?).

1820 eres, y de no vengarme.

1822 Ac: Omit *en.*

1827 Assigned to Mendo.

1828 First half assigned to Iñigo. Omit *y.*

La honrra haze al león que visto espere;
cantando el ruiseñor su agrauio cuenta;
mata a quien ofender su honor yntenta
el blanco çisne que cantando muere.
De vn siluo el toro más que a quien le hiere
brama y enpina la çerbiz essenta.
La persona más bárbara y desnuda
siente la afrenta y desto viuen llenas
graues historias que el honor anpara.
Y Dios humano, tengo por sin duda
que sintió con estremo entre sus penas
ver ofendida su diuina cara.

1831 Two illegible words deleted to the left and right of *leon. la honrra haze al* written to the left of the first deletion. The final *e* of *espere* changed from an *a*.

1833 *al q* at beginning of line deleted and replaced by *mata a quien* written to the left. About five letters deleted after *su*.

1834 The whole line deleted by Lope: *el çisne pasa* (?) *can... muerte fiera.* He wrote *el blanco çisne* to the left of the deleted line, *que cantando* on top of the center of the deletion, and *muere* on the narrow right margin.

1835 One or two letters blotted out before *el*. The *l* of *el* squeezed into the space between *e* and *t* of *toro*. The rest of the line written above a deletion: *p....h......s.......* The text is not clear.

1837 One letter (*n* ?) deleted at beginning of line. Perhaps Lope intended to begin the sentence with *ni*, since the whole train of thought is negative: *ni el perro ni el león ni el ruiseñor ni el çisne ni el toro sufren agravio.*

1842 One entire line deleted: *q f (?)....sto llegass....dig.......* The new version written below. It read first *ver afrentada,* heavily inked out and replaced by the final version written to the left and right of the deletion.

1842 + Stage direction on left margin.

1833 Y mata à quien su honor quitarle yntenta.

1835 da. Omit *que*.

1838 el afrenta.

1839 amparan.

1841 por estremo.

✠ *Sancho entre.*

SANCHO. Creo que a buena ocasión
abré, señores, llegado,
si el mensajero, en rrazón
del honor que os han quitado,
va descontento a León.
Yo le topé en el camino;
y dél supe a lo que uino;
mas no le dixe el suçesso. *12*[*r*]
Dadme essos pies, que os los besso
qual hijo, aunque soy indigno.

✠ *Híncase de rrodillas.*

¿Qué es esto, señores? ¿Cómo
v[uest]ros pies me desbiáys,
quando como veys los tomo?
¿Cómo, señor, me miráys,
la mano puesta en el pomo?
Y vos, señora, ¿por qué
huís de mí? Que no sé
si el obedezeros yo

1845 This verse extends over two lines. After *mensajero* deleted *habeis dado.* The *e* of *el* written on top of another letter, most likely an *a.* At beginning of the next line deleted ..... *respuesta.* The discarded version could have been *si al mensajero habeis dado* / [*una*] *respuesta.*

1847 Half a line beginning with *dess* deleted. Final version of 1847 on a new line.

1849 *Supe* deleted after *y.* Lope noted that this word order would have produced a nine-syllable line. He must have made the change after having written *del* at the latest.

1852 + Stage direction on left margin.

1853 One or two letters deleted after *señores,* perhaps the *mi* of *míos.*

1859 Two letters deleted at beginning of line.

1860 Lope first wrote *el haberos obedezido.* He started a new line with the present version. Perhaps the rhyme *yo—merezió* occurred to him at this moment.

1843 en buena ocasiõ.

1851 Ac: Dame.

1852 aunque hijo indigno.

que me neguéis merezió,
vos la mano y él el pie.
Cerrad, Mendo, v[uest]ro fuerte
y no os estéys tan despazio
ni suspenso desa suerte,
porque dentro del palaçio
he dado a Bibar la muerte.

MENDO. ¿Muert[e] a Bibar?

SANCHO. Si, señor,
delante el gobernador
y otro caballero honrrado;
que bolando me han sacado
las alas de v[uest]ro honor.
Las armas dobles me han echo,
con el ángel de la guarda,
señor, notable probecho;
que han los botes de alabarda
roto el peto y uisto el pecho.
Pero hallaronle más fuerte
que las armas.

MENDO. Corre, Clara;
que el castillo çierre, aduierte
el portero.

CLARA. ¡Hazaña rara!
Déxame abrazarte y verte.

SANCHO. Ve, señora, mientras cuento [*12v*]
el suçesso a mi señor.

✠ *Váyase Clara.*

1862, 1876 *El 1* deleted at beginning of line 1862. New margin established to line 1875. In line 1876 the deletion beginning with *q* covering the space of about six letters produces a new margin to the bottom of the page (1882), since *q han los* is written to the right of the deletion.
1868 Lope wrote *muerto.*
1884 Stage direction on right margin.

1866 de palacio.

CLARA. Voy con notable contento.
MENDO. Di, deffensa de mi honor,
cómo ha sido.
SANCHO. Estáme atento.
Entré en la corte del rey
con mi bastón en la mano
y al honbro vn blanco çurrón
que fue de Troya el caballo.
Este, que es a mediodía
guardamangel en el campo,
almoada por la siesta
y guardasol el verano,
subido a mayor offiçio
me sirbió de secretario;
que creçen los pensamientos
en pisando los palaçios.
En el del rey puse el pie,
miré los soberbios patios
con las lustrosas colunas
y con los techos mosaycos.
De mármol blanco eran todos
y entre sus mármoles blancos
vi tantos honbres baldíos
que pensé que eran de mármol.
Subí la fuerte escalera
con techo dorado a quadros

1887 Lope deleted *estame at* after he realized he had forgotten to indicate change of speaker. He put the rest of the line on right margin.
1892 After *este* deleted *es..*
1902 Lope hesitated about the word order. He first deleted *col,* then *lus* or *lust.*

1885 Omitted.
1886 defensor.
1888 en la sala.
1895 en Verano.
1897 M 9: subio.
1904-1907 Omitted.
1909 en quadros.

y dos passamanos fuertes,
flacos de passar las manos.
Entré con atreuimiento
en la sala, preguntando...
digo, en la sala que tiene
de los godos los retratos.
Con lo poco que sabía
de leer yba despacio
leyendo las grandes letras
entre los frissos dorados.
Allí estaua Teodiselo, *13*[*r*]
y Atanagildo esforzado,
Ricaredo y Gundemiro,
Sisebuto y Sisenando,
Çintila y Tuelgas el bueno,
Reçisundo y Banba sancto,
el desdichado Rodrigo
y el venturoso Pelayo.
Pusse los ojos en él
y como él del africano
libró a España, quise yo
librar tu honor de vn villano.
Entro, a pessar del portero,
desde esta sala hasta quatro,
fingiendo el truhán y el loco,
todo por vengar tu agrabio.

1924-1925 The first word of the deletion of line 1924 is *Reçisundo*; the rest is illegible. Lope continued, starting line 1925 with *Banba,* then deleted the name. He began both lines anew to the right of the deletion of line 1924. *El bueno* of the new version is written on top of *baliente.* New margin established with line 1924, down to line 1943.

1920 Ac: Teudiselo.
1921 hombre robusto y gallardo.
1922 Recaredo. Ac: Gundemaro.
1923 Omit *y*. M 9: Sisinando.
1924 M 9: Cintila; Ac: Chintila. Ac: Tulgas.
1932 Entrè.

Pregunto a tres caballeros
que estauan solos ablando
por el Payo de Bibar
y uno dixo: "Yo soy Payo."
Preguntésselo a los otros
y todos lo confirmaron;
y él me dixo que dixesse
si era de Mendo el recado.
Que sí dixe, y que metiesse
dentro del [ç]urrón la mano,
que a las espaldas trahía
por caminar con descanso.
Él que buscaua el çurrón
y yo que la daga saco
abriendo los dos a un tiempo,
yo su pecho y él sus lazos.
Llegáronle a socorrer
las guardas y los hidalgos;
mas, ¡par Dios, Mendo! que todos
las escaleras rodaron.
Apenas tomé la puerta,
quando como toro salgo
que sale del cosso al río, [*13v*]
y hasta v[uest]ros pies no paro.
En los quales, Mendo ylustre,
si te he seruido, si acabo
de darte el honor perdido,

1942 *pidi...* (*pidiome?*) deleted after *el*. *Queria* deleted and replaced by *dixesse* written on right margin.

1944 Deleted at beginning of line *dixe si, y*.

1945 Lope wrote *curron*.

1948 *Cuando* plus one letter deleted and *el que* written to the left of the deletion flush with the margin of lines 1924-1943.

1936 Pregunte.

1943 Ac: Omit *el*.

1948 El qual.

1954 por Dios.

vna merçed te demando.
Ya sabes que estoy al sol
de mi Sol justos seys años,
desaçiéndome por ella
y abrassándome en sus rayos.
Si niebe, me derretía,
si çera, me ablando tanto
que hasta el mismo corazón
di por los ojos llorando.
Cunple tu promesa, Mendo,
que el serbizio que te hago
bien mereze que en el sol
pongas a tu humilde Sancho.

MENDO. Sancho, pues que a mi suçesso
has dado el fin desseado,
ya es t[iem]po de abrir los ojos
a mi secreto y tu engaño.
Quando vine de León,
como sabes, afrentado,
reñí a Clara que no quiso
gozar la flor de sus años,
cuidando que si tubiera
vn nieto entonzes onrrado,
por sangre y obligaçión
satisfaziera mi agrabio.
"Ánimo, padre —me dixo—
"nieto tenéys, nieto es Sancho

1966 *abrassa* deleted at beginning of line (cf. 1967). Lope continued with the present text after the deletion. New margin established to 1972.

1973 Four letters, the second being an *i*, deleted at beginning of line. New text continued after deletion, with a new margin for the next two lines.

1976 *Pues* is written on top of an ink blot.

1982 *Clara me dixo* deleted at beginning of line. New text begins right after the deletion. New margin established for the rest of the page (to 1997).

1968-1971 Omitted.

1981 de afrentado. (M 9: afretado).

1983 casarse à su tiempo y plazo.

1987 Ac: satisficiera.

v[uest]ro y hijo de Bermudo
natural, que no bastardo.
Gozóme el rey, persiguida
de su poder y pensando
que me casara con él."

SANCHO. ¡Tened, señor! ¿Caso estraño!
No penséys que esta alegría,
que sale bañada en llanto,
v[uest]ra razón ynterrompe *14*[*r*]
por hijo de vn rey tan alto,
mas porque soy v[uest]ro nieto.
Y porque el yrme auisando
de quien soy, es porque dexe
de pedir el Sol que aguardo,
Agüelo mío, señor,
no prosigáys, tened passo.
Hazed quenta que soy rey,
no que de rey engendrado;
y no sólo de León,
mas del ynperio romano;
que soy Xerxes, que soy César,
Constantino o Alexandro;
y que es más villana Sol
que el más desnudo asturiano,
que el yndio o negro más tosco,
que el más bárbaro polaco;
que a Sol quiero, a Sol adoro.

2009 *Pero* deleted at beginning of line for metrical reasons. New margin established for the rest of the page (to 2033).

2010 Almost a whole line deleted: *p..s.....Alex....q soy, Xerxes* written to the left, *q soy Çesar* to the right of the deletion.

1990 Omit *y*.

1992 perseguida.

1998 M 9: interrompa. Ac: interrumpa.

2004 Aguelo mio, y señor. (Ac: Abuelo).

Mendo, dadme a mi Sol claro.
Dadme esas manos...
MENDO. ¡Detente!
SANCHO. que os quiero comer las manos.
MENDO. Hijo, escucha.
SANCHO. Agüelo mío,
de Sol basta el pecho casto
para ygualar a mil reyes;
más me yguala que la ygualo.
Si soy León y de vn rey
de León hijo, más alto
es del çielo el sol y passa
por León y está en sus brazos.
El signo soy de León,
que no el León coronado.
Passe aqueste Sol por mí,
pues me ha quemado seys años.
MENDO. Hijo, ¿no quieres oyrme?
SANCHO. Dezid.
MENDO. Digo, amigo Sancho,
que es tu herm[an]a aq[ue]sta Sol [*14v*]
y que eres del Sol hermano.
Los dos soys hijos de Clara,
por hermanos os declaro.
Pues, siendo hermanos, no es justo
que os casséys.
SANCHO. ¡Ha, çielo santo!
¡Ha, pessar del rey Bermudo
y de quien le truxo al campo

2017 *S* blotted out after *dadme*.
2023 After *más, la y* deleted. Lope anticipated the second half of the line, saw his mistake and went on with the present version after the deletion.
2034 Lope abbreviated *herm*^{a}.

2017 Dame.
2018 Ac: Dame.
2032 M 9, Ac (only): quereys.
2035 de Sol.
2041 traxo.

aquel desdichado día
que engendró quien lo fue tanto!
¡Ha, pessar desa muger
y aun de mí, pues no me mato!
MENDO. ¡Hijo!
SANCHO. ¡Dexadme!
MENDO. ¿Qué es esto?
SANCHO. ¿Qué ha de ser sino que rabio?
¡Ha, dulçe Sol de mis ojos,
quemabas mucho! Está claro
que ha sido para llober
las lágrimas que derramo.
Llamadme, agüelo, a mi madre
y dexadme solo vn rrato.
MENDO. Aguarda; que de los dos
sabrás la verdad del casso.

[*Váyase.*]

SANCHO. Cayó la torre que en el uiento hazían
mis altos pensamyentos castigados
que yazen por el suelo derribados,
quando con sus estremos competían.
Por lo menos al Sol llegar querían
y morir en sus rayos abrassados,
de cuya luz, contentos y engañados,
como la çiega mariposa ardían.
O, sienpre aborreçido desengaño,

2057 *Mis* before *pensamyentos* and a short word or part of a word after *pensamyentos* deleted. Lope wrote *mis altos* to the left of the first deletion. New margin established to 2063.
2062 *donde* deleted at beginning of line.
2064 *M..oi.* deleted at beginning of line. New margin established to 2066.

2044 de su muger.
2045 Omit *aun.*
2046 dexame.
2053 M 9: dexame.

amado al procurarte, odioso al verte,
que en lugar de sanar abres la herida.
Pluguiera a Dios duraras, dulce engaño;
que si ha de dar vn desengaño muerte,
mejor es un engaño que da uida.

✠ *Sol entre.* *15*[*r*]

[Sol.] Para reciuirte, Sancho,
quisiera en esta ocassión
que fuera mi corazón
otro aposento más ancho.
¡O, cómo estás arrogante!
Pareze que desta lid
trahes, como otro Dauid,
la cabeza del gigante.
Gallardo estás, victorioso;
mas parece que estás graue;
probarás a lo que sabe
hazerse vn hombre famoso.
Bien digo yo que sospecho
que ha de ser mi corazón
para tu ynmenso blassón
cassa y apossento estrecho.
Pues ¿no llegas a abrazarme?
Querrás tanbién que yo llegue,

2067 Lope had written *Duraras plega a Dios mi dulçe engaño*. Then he deleted *plega a Dios mi*, wrote *Pluguiera a Dios* to the left. New margin established for the last two lines of the sonnet.

2070 *quisiera querido Sancho* deleted at beginning of line. New version written to the right and new margin established to line 2102. Lope must have wished to avoid the repetition of two forms of the verb *querer*.

2078-2085 Marked for omission. Boxed in on four sides, with five lines slanted from left to right drawn across the text.

2069 la vida.
2080 Ac: procuras.
2086 M 9: llegas abraçarme.

porque no es bien que te niegue
las gr[aci]as de remediarme.
 Ya como me has merezido
como a cosa tuya, quieres
que te rreçiua y prefieres
lo que eres a lo que has sido.
 Voy a abrazarte y detengo
el passo, porque no veo
que reçibe tu desseo
los muchos con que yo vengo.
 Si cosa llana no fuera
que huuieras, Sancho, venzido,
que tú lo hubieras venido
de tu tristeza creyera.
 Sin duda que el venzim[ient]o
no ha sido, no, mui honrrado,
sino que no has declarado
a Mendo tu pensamiento.
 Si no vienes satisfecho
y has callado de vergüenza,
dime el suçesso, comienza; [*15v*]
pues soy alma de tu pecho.
 Y si has vencido y aguardas
que te abraze, prenda mía,

2088 A deletion covering the space of about five letters before *te*. An *i* is recognizable.
2090-2101 Marked for omission. Boxed in on four sides with four lines strongly slanted from right to left crossing the passage.
2098 *Fuera* deleted at the beginning of the line. *Si* written to the left.
2099 *vinier* deleted after *q*. Lope anticipated the verb *venir* (cf. 2100), but realized his mistake before completing the word.
2103 About seven letters, *..l.ido,* deleted at beginning of line. New version written to the right and new margin established for the last four lines of the page.
2110, 2114 A check mark to the left of these lines.

2090-2093 Omitted.
2094 M 9: Voy abraçarte.
2096 mi desseo.

dame esos brazos.
SANCHO. ¡Desbía!
que ya mi pecho acobardas.
Detente, Sol, si reçelas
que debo de ti guardarme;
pues ya, en lugar de abrasarme,
como la nieue me yelas.
Los rayos puros encoje;
que si pensé ser tu día,
ya buelbo a ser noche fría,
donde jamás los descoje.
Estate, Sol, en tu esphera;
que ya no soy paralelo
de los cursos de tu çielo
ni el oriente que le espera.
Ya soy escura Noruega,
tierra tenebrosa y fría,
donde es tan pequeño el día
que apenas a verle llega.
Ojalá que en esta guerra
en que al fin te he de perder,
pudiesse yo tanbién ser
azor de la misma tierra;
que su ligereza estraña
mui bien menester sería

2116 *q* deleted at beginning of line, *pues* written to the left.
2122-2137 Marked for omission by boxing in the passage on all four sides and drawing five lines slanted from right to left through the box.
2126 Lope deleted *noruega* and wrote *Noruega* to the right of the deletion.
2131 A check mark different from the preceding ones, in form of a cross drawn with pale ink on right margin.

2123 que yo no soy.
2126 oscura.
2129 verlo.
2130-2137 Replaced by *Ya mi esperança es estraña, / ya es buelto en noche mi dia, / pues por huyr de ti Sol mia / busco mucha traça y maña.*

para huir de ti, Sol mía,
premio de mi loca hazaña.
  Bien dizes que no he venzido;
que no es digno el venzedor
deste nombre, si el honor
de la victoria ha perdido.
  Tú, que fuiste el premio della,
eres, Sol, la que perdí;
luego venzido boluí
que no venzedor, Sol bella.
  Mira cómo no he venido *16*[*r*]
arrogante por venzer
ni me puede entristezer
bolber de León venzido.
  Que de haber muerto a Bibar
ya se sabe y çierto fue;
pero con él me maté,
pues no te puedo gozar.

SOL. ¿Perdido a mí? ¿De qué suerte?
¿Vienes herido, mi vida?

SANCHO. Antes sano de la herida
de que me uiste a la muerte.

SOL. ¿Sano? ¿Cómo?

SANCHO. ¿Cómo? Ya
naturaleza sin arte,

2139 Lope wrote first *porq no es el venzedor*. He deleted *porq no es* and wrote the replacement to the left. New margin established 2140-2141.

2142 Lope deleted *yo te perdi* at beginning of line and continued with the new version. New margin established for 2143-2144.

2144 Lope probably intended to write *pues desta suerte* [*bolui*]. He stopped after *suerte*, deleted the three words and continued with the present version. New margin established for line 2145. Perhaps the effective antithesis *venzido-venzedor* occurred to him at this point.

2155, 2163 The same check marks as before on left margin of 2110, 2114.

2149 a Leon.

2150 el auer.

2152 Ag: pues con él.

çerrando puerta al gozarte,
çerró la herida y lo está.
Y esto he llamado perderte.
SOL. No lo entiendo. ¿Es que alguien viene
tras ti y que huir te conuiene
por el temor de la muerte?
Que bien podrás, si ansí es,
llebarme contigo.
SANCHO. No;
que quien de ti me apartó
antes uino y no después.
Desde el día que naçí
y escuchó mi voz el suelo,
determinó todo el çielo
que no te gozase a ti.
Miento; desde que naziste,
para dezir la verdad,
pues que con tanta amistad
del mismo bientre saliste.
Por deçir lo que es más çierto,
mi Sol y luz soberana,
soy tu hermano y tú mi hermana,
hasta este punto encubierto.

2166 Lope wrote first *q siendo ansi bien podras,* evidently to rhyme with *detrás* in the fourth line of the *redondilla* (2169). At some time before he got to this line, however, he preferred *después* to *detrás,* because of its more appropriate temporal meaning. Therefore he deleted *siendo ansi* and wrote *si ansi es* to the right of *podras.*

2171 Lope anticipated *çielo* of the next line, but deleted the word and wrote *suelo* to the right of the deletion. Also, *escucha el cielo* is almost a ritual formula.

2178 After *es* a deletion covering the space of about six letters. *mas çierto* written to the right.

2180 After *tu* an *h* deleted. Lope noticed he had omitted *mi.*

2181 At beginning of line *..este* deleted.

2163-2164 no lo entiẽdo, alguno viene / tras ti, huyr te conuiene.

2166 fiar si es.

2170 en que.

2181 este tiẽpo.

SOL. ¿Tu hermana yo?
SANCHO. Sí. Los dos
del rey Bermudo hijos fuimos
y a doña Clara tubimos
por madre.
SOL. ¡Bálame Dios!
¡Ha, muerte, si en este punto [*16v*]
acabasses tanto daño!
¡Si con este desengaño
no queda el amor diffuncto!
Pluguiera a Dios, madre ynfame,
—que assí te quiero llamar,
pues que tú diste lugar
para que yo te lo llame—
que hubiera víuora sido;
que antes que al mundo saliera,
tu bientre y vida ronpiera
en cambio de haber naçido.
Pluguiera a Dios, fiera madre,
y perdona estas injurias,
que algún villano de Asturias
fuera mi origen y padre,
y que lo hubiera sabido,
y no este rey encubierto,
por quien es mi bien ynçierto,
de seys años pretendido.
Bien parece que Bermudo
te tubo por su mujer,
pues que tu parlero ser
te pudo dexar tan mudo.

2183 After *Bermudo, fuimos* deleted. The present text written to the right.
2202, 2218 Check marks on left of these lines.
2208 *Su* blotted out, *tu* written on top to the right of the blot.

2194 huuieras.
2195 y antes.
2208 tu poder y ser.

¡Jesús, que no soy villana!
¿Ay tan grande desbarío,
que Sancho es herm[an]o mío
y que soy de Sancho hermana?
¡Mataréme! Clara miente,
no soy su hija.

SANCHO. Sol mía,
quien lo ynposible porfía
lo posible se arrepiente.
Tú heres mi herm[an]a, sin duda;
por Clara vemos el çielo;
este Mendo es n[uest]ro agüelo.
Furia y propósito muda.
Lo que yo haré, porque amor
no busque injusto remedio,
es ponerle tierra en medio. *17*[*r*]

SOL. ¡Aun esso más!

SANCHO. ¿No es mejor?

SOL. Mejor es; pero no verte,
¿quien será a sufrillo parte?
Pues verte y no dessearte
es esforzarme a la muerte.

2210 *no* blotted out after *Jesus*. Without *que* the line would be short.

2212 *yo* (?) blotted out after *q*. Lope wrote *herm°*.

2213 Two thirds of the line deleted: ....*y su*. Only *hermana* was preserved. New version written to the left of the deletion. New margin established to 2221.

2214 A letter (*m*, for *miente*?) deleted before *Clara*.

2221 *Proposito y* deleted at beginning of line. New margin established for the last two lines of the page. Perhaps Lope liked the stronger emotional word *furia* better at the beginning of the verse.

2227 Deleted *como lo pide su fin*. Present verse 2227 on new line.

2229 Lope deleted about four letters after *es*, the first being *m*.

2210 Possible es no soy villana?

2214 Matareme claramente.

2219 Ac: vimos.

2220 Ac: abuelo.

2224 poner la tierra en medio.

2229 entregarme.

Mas no te bayas; que es bien
que pienses lo que es mejor.
SANCHO. Sol, no burlas con amor,
que es algo hereje tanbién.
Mira que n[uest]ra amistad
y esta graue pribazión
ha de darnos ocassión
a alguna temeridad.
No digas a Mendo nada,
sino quédate con Dios,
hasta que quede en los dos
esta voluntad templada.
SOL. ¿Posible es que de tu acuerdo
sale vn rigor tan tirano?
SANCHO. Sí; que si me voy me gano,
y si me quedo me pierdo.
Sol, no me detengas tanto;
que eres estopa y yo fuego
y sé que, si a ti me allego,
no mata ese fuego el llanto.
SOL. ¿Dónde vas?
SANCHO. A/una frontera.
SOL. ¿A qué?
SANCHO. A morir peleando.
SOL. ¿Has de boluer?
SANCHO. No sé quándo.
SOL. Pues quédate.
SANCHO. Bien quisiera.

2237 *Para* deleted, at beginning of line and replaced by *a* written to the right.
2240 *Quede* is written with somewhat heavier pen strokes above letters now illegible.
2241 The line began with *aquesta passion*. New version written to the right.
2246 A check mark on left margin.
2250 Three letters (*Sol*?) deleted at beginning of line.

2232 M 9: no te burles (producing a faulty line). Ac: no burles.
2246 No me detengas Sol tanto.
2248 llego.

SOL. ¡No me basta ser tu hermana,
sino perderte tanbién!
SANCHO. Perdido el primero bien,
toda mi esperanza es vana.
SOL. ¿Qué llebas?
SANCHO. Este bastón.
SOL. Pobre vas.
SANCHO. Ansí naçí.
SOL. Llébame. [*17v*]
SANCHO. Ya vas aquí.
SOL. ¿Adónde?
SANCHO. En el corazón.
SOL. ¿En fin me vas a oluidar?
SANCHO. Pues ¿qué es lo que puedo hazer?
SOL. ¿Que no he de ser tu muger?
SANCHO. ¿Que en fin no te he de gozar?
SOL. ¿Que no te han de verte mis ojos?
SANCHO. ¿Que me ha muerto vn desengaño?
SOL. ¡O, qué rigor tan estraño!
SANCHO. ¡O, qué ynsufribles enojos!
Pero enjuga, Sol, el llanto
con los rayos de esa lunbre;
que, pues es del sol costunbre,
Sol eres y abrassas tanto.
Di a mi madre de mi uida
que me voy por no fiarme
de mí mismo y por vengarme
della en aquesta partida.
Di a Mendo, mi caro agüelo,
pues me ha costado tan caro,
que cuide bien de tu anparo.
Y a ti, Sol, guárdete el cielo.

2281 It seems that Lope made two attempts at starting this line: *viste* and *ues*. The present version follows the deletion. New margin established for the rest of the act (2285).

2262, 2265 al fin.
2278 Ac: abuelo.

Bien puede ser que los dos
tengamos suerte dichossa.
¡Adios, inposible esposa!
SOL. ¡Ynposible esposso, adios!

Fin del 2º Acto

M L

2283-2284 Four lines deleted: *nos beamos algun dia / adios s... / ynposible esposa mia / adios.* Lope was groping for the final *adios* until he hit upon the very effective present version.

2285 + Rubric in form of a wide loop crosses the upper part of the *F* of *Fin.*

2282 podra.

Rúbrica

Los que hablan en este Acto 3º

Quatro segadores
Valencio
Tolindo
Lizeo
Gridonio
Doña Elena
Sancho
El conde
Payo de Bibar
Fernán Ximénez
Mendo de Benauides
Yñigo Arista
D. Clara
D. Sol
Alfonso niño
Alife moro
Vn criado
Muzarte, Albarín, Rosarfe, Alcabir mor[*os*]
D. Esteuan de Lara.

Rúbrica

On the blank page facing the cast of characters for Act III a cross on top of the page; below written in bold letters simulating print, *BenaBides de lope de Bega.* Below the center of this line the date 1607. It would seem that these notations, which are definitely not by Lope, indicate that the autograph was in possession of an *autor* in the year 1607.

Cast of characters. The rubric on top of the page could be interpreted as a cross, having one loop to the upper right. To the left of the names: a cross before *Valencio, Alife moro,* and *D. Esteuan de Lara.* An asterisk, looking more like a small rimless wheel before *Payo de Bibar.* The *d*'s before the names of Clara, Sol, and Esteuan de Lara are out on the margin, as if they were added later. They seem to be by Lope. To the right: a horizontal line ending in a cross reaches out from all names below *Doña Elena,* except from those of the four *moros,* which are all put in one line reaching out to the margin. Below the names: added by a different hand, written to the left and the right of the rubric: *Garci / Ramirez, vn / escudero.* The *R* of *Ramírez* is written into the loop of the rubric. The same horizontal line as indicated above. The name *lizeo,* somewhat blurred, rewritten by a different hand on right margin. Blank page facing folio 1r of Act III. Doodling, possibly by Lope: *Los Benauides.* Below: *Jesús que buenos.* Below *Jesús*: a *B* in heavy ink. A very large *B,* but only partially visible, in center of page.

ACTO TERZERO

✠ *Entren quatro segadores: Valencio, Tolindo,*
Lizeo y Gridonio que serán los músicos.

VALENCIO. ¡Bendiga Dios el buen año!
TOLINDO. Esconderse entre los trigos
puede un hombre.
LIZEO. ¡Caso estraño!
GRIDONIO. Mate Dios los enemigos
que suelen hazerte daño.
VALENCIO. Desdicha, por Dios, es grande,
que este perro de Zelín
por aquestos campos ande,
que son su güerta y jardín
y que al fin segarlos mande.
Senbramos y coge el fruto.
TOLINDO. Quiere que en diezmo y tributo
toda la hazienda se dé.

Stage direction at beginning of Act written on left margin extending from *Acto terzero* to line 2292.

2297 Lope began the line with *no sem* (?), then deleted it. He wrote *quiero q en* to the left and *diezmo y tributo* to the right of the deletion. New margin established for the rest of the page (to 2315).

Cast of characters. The *segadores* in the cast of characters at the beginning of the play in the printed editions are called *Tolino* and *Licenio*; Ac omits *Gridonio segador*. The name of one of the four *moros* is *Alife Moro*.

2295 segar nos mande.

LIZEO. Nunca este campo se ve
de sangre y sudor enjuto.
¡Pobre España!
VALENCIO. Los pecados
de la Caba y de Rodrigo
aun no los tiene pagados.
GRIDONIO. Hable el labrador del trigo
y en la guerra los soldados.
¿Quién nos mete en eso agora?
Demos en aq[ue]sta haza,
mientras la canalla mora
no uiene a este monte a caza.
TOLINDO. Sí que es grande cazadora;
que como todos son perros,
no es mucho que en estos çerros
ande a cazar hidalgos.
LIZEO. ¡Vengan agora los galgos,
qual suelen, a echarnos yerros!
Quizá que yrán de trahílla, [*1v*]
como alguna vez los ui,
más que de passo, a la villa.
GRIDONIO. ¡Que llegue este perro aquí
desde Córdoba y Sebilla!
VALENCIO. Es niño el rey; no me espanto
que se puedan atreber
aq[ue]stos bárbaros tanto.

2301 *val* written in heavily inked strokes above *grid.*
2310 *Mui* deleted after *es. Si q* written to the left of *es.*
2322 Lope deleted at beginning of line *aqui ui* (cf. 2324). New margin established to bottom of page (2350).
2323 + Stage direction on left margin, extending from 2324 to 2329.

2303 tienen.
2305 M 9: y de guerra a los soldados. Ac: y de guerra los soldados.
2306 os mete.
2309 M 9: viene aqueste monte à caça. Ac: viene a aqueste monte.
2310-2320 Assigned to *Gridonio. Grid.* repeated before line 2319.
2316 Omit *que.*

✠ *Doña Elena, reboçado el rostro y con vn venablo.*

TOLINDO. Aquí uiene vna muger,
reboçado al rostro vn manto.
VALENCIO. Por el sol se le abrá puesto.
No le ofenda el blanco gesto;
y tray una jabalina.
LIZEO. ¡Qué caçadora diuina!
¡Qué mirar dulçe y honesto!
VALENCIO. Diana debe de ser.

✠ *Sancho venga detrás siguiéndola.*

ELENA. No sé donde pueda huir
del sol que comienza arder.
Sólo se puede sufrir
tal pessar por tal plazer.
Mucho el gusto del cazar
de mi castillo me alexa.
SANCHO. Si aquí no uiene a parar,
corta esperanza me dexa
de que la pueda alcanzar.
¡O Amor, en qué desatino
paró el fin de mi camino!
Quando a huir del sol se atrebe,
mi alma ha dado en la niebe
de aq[ue]ste rostro diuino.
Caminé desde León
a Burgos, desesperado

2331 + Stage direction on left margin, extending from 2331 to 2335.

2325 el manto.
2327 Ac: la ofenda.
2328 Ac: trae.
2331 M 9 omits *de*.
2333 comiença a arder.
2335 Ac: por el placer.
2342 para.

de mi engañada affizión,
y en estos campos he hallado
que los de Tesalia son.
Aquí ay yerbas para oluido 2[*r*]
y otras para nuebo amor.
VALENCIO. Que es la herm[an]a he conozido
de nuessamo.
TOLINDO. Gran balor
en venir sola ha tenido;
que en el pie desta montaña
ay alimañas ferozes.
LIZEO. Démosle baya de maña.
GRIDONIO. Dios, que ha de haber grita y vozes,
pues que nadie la acompaña.
VALENCIO. ¿Dónde bueno va perdida?
Diga, campesina dama.
LIZEO. Callad, que viene dormida.
VALENCIO. Las manadas le harán cama
sobre esta alfonbra florida.
Ea, lléguese açi/acá.
TOLINDO. Si quiere tomar refresco,
es cosa que bien podrá.
GRIDONIO. Aquí corre viento fresco
y más alto el trigo está.
¡Ea, que a/ffe que no baya
quexosa ni discontenta!
SANCHO. Estos necios le dan baya.
VALENCIO. Junta al arroyo se assienta.

2351-2352, 2354-2356 Doodling on left margin. It looks like Lope's.

a

2353 Lope must have thought first to change the words *herm he conozido* and deleted them, but decided to let them stay after all and wrote the same words to the right of the deletion.

2352 mucho amor.
2357 animales.
2366 Assigned to Tolindo. Hàzia acà.
2372 descontenta.
2374 M 9: se siẽta.

ELENA. Mucho el calor me desmaya.
TOLINDO. Braba cosa que no yntente
cassar aq[ue]sta muger
nuesamo, siendo prudente.
VALENCIO. Pues la dexa florezer,
querrála para simiente.
Quando veo en su verdura
vna lechuga madura,
gran gusto en sus ojas hallo;
pero en creziéndole el tallo
está sin sustançia y dura.
Sin saçón las cosas son
de mal gusto y parezer, [*2v*]
saben mal sin ocasión;
y mucho más la muger,
quando passa de sazón.
Agora está que es contento.
GRIDONIO. ¿Duérmese?
LIZEO. Sí.
TOLINDO. ¿Qué haremos?
GRIDONIO. Cantarla es buen pensamiento.
TOLINDO. Baya algo.

2376 Lope deleted the whole line .....*quiere nuesamo. Tol* / *Braba cosa* written to the left, *q no yntente* to the right of the deletion. From the position of *Tol* it would follow that Lope wrote the line first and assigned it to the character *Tolindo* afterwards.

2381-2386 Marked for omission. Boxed in on four sides and two sets of three diagonal lines drawn from right to left and left to right across the passage. *Todo* written on left margin by a hand different from Lope's.

2387-2390 Marked for omission in continuation of 2381-2386. Boxed in on all four sides and crisscrossed by diagonal lines.

2388 It seems as if Lope made two attempts to write this line: first, *pierden s(?)*, deleted, followed by *pessima* (?) *s...*, also deleted. He wrote *saben mal* to the left, *sin ocasión* to the right of the deletion.

2391 *Va* repeated by a different hand to clarify the character speaking the line after the deletion which covers the bottom of 2r and the top of 2v.

2394 *p* deleted at beginning of line. Perhaps Lope intended to write *pues.*

2393 M 9: cantar el buẽ pẽsamiẽto. Ac: un buen.

VALENCIO. Por mí, cantemos;
que aquí traygo mi ynstrumento.

Canten.

¡O, quán bien segado habéys,
segaderuela!
Segad passo y no os cortéys,
que la hoz es nueba.
Mirad cómo vays segando
de v[uest]ros años el trigo.
Tras vos el t[iem]po enemigo
va los manojos atando.
Y ya que segar queréys,
segaderuela,
segad passo y no os cortéys,
que la hoz es nueba.

VALENCIO. Ya está del todo dormida.
Por vida v[uest]ra, que bamos
a aq[ue]lla orilla florida
y desnudemos los ramos
de que se muestra vestida.
Haremos en vn momento
vn toldo para cubrilla,
que le sirba de aposento.

GRIDONIO. Soy contento de seruilla.

Váyanse los segadores.

2396 To the left of the line a deletion beginning with *S*, otherwise illegible. The margin of the *copla* is slightly indented.

2410 Two or three letters deleted before *orilla*, perhaps *flo*.

2397, 2405 la segaderuela.
2398 Omit *y*.
2400 Mirà como va segando. Ac: mira.
2406-2407 segad passo, & c.
2410 Omit *a*.
2412 Ac: se encuentra.
2413 Y haremos.

SANCHO. Y yo de amarla contento.
  Los labradores se han ydo.
Traza del amor ha sido
y benignidad del çielo.
¡Dichoso el sueño y el suelo
de tal cuerpo y tal sentido! *3*[*r*]
  Discurso fue loco y vano
el venir como villano,
después que supe quién era.
Si como quien soy viniera,
no la conquistara en vano.
  ¿De qué sirbió aq[u]este traje,
sabiendo que eran tan buenos
los dueños de mi linaje?

2416 + Stage direction on right margin.

2419 Three letters deleted at beginning of line, the first being a *v*. Possibly, but doubtful *vea*. New margin established for the last three lines of the page (to 2421).

2422 Deleted last line of the page: *q alma y cuerpo han mereçido*. The new version written on top margin of 3r to the left of the invocation *JMC*. Evidently, Lope wrote the invocation first and then changed the line. He must have felt that the rejected version lacked the intensifying *tal* referring to Elena.

2423-2457 Page 3r almost entirely marked for omission, with the exception of 2422 on top and 2458-2459 at the bottom. Three separate, but sequential passages marked for omission: (1) 2423-2427, boxed in on four sides, the left line, however, extending down as far as 2434 on left margin. The passage crossed by three diagonal lines right to left, and two diagonal lines left to right. (2) 2428-2437, boxed in on four sides, the vertical lines wavy. The passage crisscrossed by diagonal lines, three and three. (3) 2438-2457, boxed in on four sides with diagonals criss-crossing, four and four. Lines 2423-2427 and 2443-2447 omitted in the printed texts.

2423 *Vano fui* deleted at beginning of line.

2425 *Sirbio* deleted at beginning of line (cf. *sirbio*, 2428). New margin established 2426-2427.

2417 yo de amarla soy contento.

2421-2422 dichoso el cuerpo y el suelo / de tal dueño, y tal sentido.

2423-2427 Omitted.

2428 sirue.

Mas bien hize, porque menos
se conozca en él mi vltraje.
Tiene vna mancha mi honor,
está mi agüelo afrentado
y mancha vesse mejor
en terçiopelo y brocado
que en sayal de labrador.
Amor, aunque os bays de mí,
buelbo a prometer aquí
al çielo de no quitarme
este traje hasta vengarme
de quien le ha manchado assí.
Pues a Sol quise con él,
quando aq[ue]sta luna sea,
no la agrabiaré por él,
pues que menos bien se enplea
el alma que uiue en él.
Presto oluidé su fabor,
pero fue cosa mui llana
el amansar su rigor;
que vn desengaño de hermana
cura mui presto el amor.
No ay amor si no ay desseo,
no ay deseo en sangre propia,
y assí sin su amor me veo;
que amarla era cosa ynpropria
siendo el pensamiento feo.
Vi en el pie desta monta[ñ]a
que el Duero espaçioso baña,

2438 A line deleted *bien veys (?) feneçido ansi.* The first part of the reading is doubtful; there is much space between the two parts, so that the line seems to represent two attempts. The new final version is written partly to the left (*Amor aunq*), partly to the right (*os bays de mi*) of the deletion.

2447 *ui* and part of one letter blotted out before *uiue.*

2458 Lope wrote *montana.*

2431 mas bien luze.

2439 quiero prometer.

2443-2457 Omitted.

esta diuina muger [*3v*]
que de mi pecho ha de hazer
lo que la Caba de España.
Muero por hablalla y bella.
¿Cómo podré su reposo
desazer sin offendella?
Fingir quiero que algún osso
baxó del monte por ella.
Dar quiero con el bastón
golpes por entre estras ramas.
Eres, osso, al fin ladrón;
que más respeta las damas
el generoso león.

✠ *Lebántese a los golpes d. Elena.*

D. ELENA. ¡Bálame el çielo! ¿Qué es esto?
SANCHO. ¿A/una mujer tan hermosa?

2463-2467 There are corrections in four of the five lines of this *quintilla*, involving the change of the rhyme scheme from *-alla* to *-ella*. It is impossible to determine exactly in which sequence these changes have been made. 2463: After having finished the line Lope changed the word order and the rhyme word by deleting *bella y* after *por* and writing the rest of the line to the right of *hablalla*. 2465: *como podre espantalla*, which rhymes with the discarded rhyme word *hablalla*, deleted. The phrase would have left *como podre su reposo* (2464) syntactically in the air. 2466: One syllable, attached to *fingir*, deleted. 2467: Deleted *q....algun animal*. Perhaps Lope intended to write *animalla*, documented as *animalia*, f. ant., in *Dicc. Ac.* (1956). The observation of the original margin down to the delected *q* of 2467 would lead to the conclusion that Lope made the change in rhyme scheme after having written *animal* in line 2467.

2470 A short line below *-ron* of *ladron*. Another pale and shorter one below and to the left of the first *e* of *eres* extending to the left.

2472 + Stage direction on left margin, extending from 2471 to 2475.

2473 New margin established to 2486. Character abbreviations flush with original margin 2460-2467.

2467 baxa.
2471 respetò a las damas.
2474 valgame.

¡Huye, traydor, huye presto!
¡Osso al fin!
ELENA. ¡Estraña cosa!
En gran confussión me ha puesto.
SANCHO. Ved cómo se va metiendo
por el monte el animal,
entre los robles gruñendo.
Sosegaos, no os hará mal.
ELENA. Temblando estoy.
SANCHO. Yo temiendo.
ELENA. ¿Osso dizes que venía,
buen ombre, para matarme?
SANCHO. Esso el vellaco quería.
Bien podéys albrizias darme
de v[uest]ra vida y la mía.
¿Cómo os dormistes ansí?
ELENA. Andaua cazando aquí
y ui desde lexos gente
de mi cassa, y esta fuente
tanbién por mi daño ui;
que hablando con sus arenas
me conuidó con su risa
a que en sus márgenes llenas
de flores buscasse aprisa *4*[*r*]
sueño y descanso a mis penas.
Y a dormir no me atrebiera,
si de mi padre la gente

2475 *y* deleted after *traydor* for metrical reasons since Lope observes hiatus before *huir* (Poesse, pp. 60, 67).
2486 *de v* deleted at beginning of line. Perhaps Lope had in mind *de* $\overline{vra}$ (cf. 2487). New margin established to bottom of page (2495).
2488 *ansi* written on right margin after a blotch the length of the word *ansi*.
2495 One letter deleted, probably *q*, at beginning of line.

2483 Ac: decís.
2486 M 9: podreys.
2488 Ag: dormisteis.
2499 de mi hermano.

segando el campo no viera,
aunque el arena y la fuente
mayor música me hiziera.
SANCHO. A gran ventura he tenido
a tal t[iem]po aber venido.
Mas no he uisto gente aquí.
ELENA. Por no conozerme anssí,
dándome baya, se han ydo.
Estoy mui agradecida;
pagarte el fabor quisiera.
y a / ffe que, a no estar dormida,
que agora el osso durmiera.
SANCHO. ¿Cómo durmiera?
ELENA. Sin uida;
que estoy mui exerçitada
a darle, en vez de colmena,
de firme a firme lanzada.
Pero toma esta cadena,
que en otra quedo obligada.
Hermana de vn caballero
soy, de esta tierra señor,

2500 This line almost completely blotted out. A *q* is recognizable at the beginning and a *ç* close to the end of the deletion. *Viera* seems to have been part of the original line. *Segando el campo no* written to the left of the deletion. New margin established to the bottom of the page (2529).

2506 About four letters completely blotted out before *anssí*.

2507 *Dando baya se han ydo* deleted. The line is one syllable short. Lope wrote the correct version on the line below.

2508 *Pagarte el fabor quisiera* crossed out and replaced by the present text written underneath. A letter (*q* ?), partially blotted out written on the margin in front of *estoy*. Perhaps he made the change to avoid the rhyme scheme *abbad* in favor of *ababa*, most frequently used in this passage and in general (cf. Morley and Bruerton, p. 11).

2518-2519 Lope wrote first *hija soy de vn caballero / señor de aqste castillo*. Next he deleted *señor* and placed it at the end of the line, which now was

---

2501 la arena.

2508 Y estoy.

2510 ya se.

deste monte y campo entero,
honbre mozo y de balor,
sabio en paz y en guerra fiero.
Si dél quieres, por ventura,
satisfaçión, ven conmigo.

SANCHO. Ya mi alma no procura,
que a v[uest]ro seruiçio obligo
más bien que v[uest]ra hermosura.
Aberos uisto me sobra
en premio este alegre día
de aquesta peq[ue]ña obra [*4v*]
que ya por vos, aunque es mía,
....
V[uest]ra cadena guardad,
que yo estoy mui bien pagado.

ELENA. Llebarla tienes.

SANCHO. Mirad,
que, aunque pobre, soy honrrado,
si es la virtud calidad.

ELENA. Enojaréme.

SANCHO. Señora,
daysme la muerte con ella,
si de aquí la llebo agora;
que si quisiese vendella,
mi traxe vil la desdora.

---

too long. Then he deleted *hija soy* and wrote *hermana* to the left on the margin of 2518. Finally, he deleted all of 2519 and wrote *soy de* on the left and *esta tierra señor* on the right margin. In 2499 the same slip occurred when Lope wrote *padre*. The printed texts corrected it.

2528-2532 This *quintilla* is garbled and incomplete. 2528: *ver* deleted at beginning of line. New margin established for 2529. 2529: *señora mia* deleted and replaced by *este alegre dia* written on right margin. 2532: .....*de grande cobra* completely deleted and not replaced by a new version.

2540 *q si* deleted at beginning of line.

2528-2532 Omitted.

2534 Ag: ya estoy.

2537 si es virtud la calidad.

¿Quién diré que me la ha dado?
Que dirán que soy ladrón.
Y a serlo yo, y tan honrrado,
yo hurtara algún coraçón
que está de amor descuidado.
Mas merçed hazer podéys
a este villano que veys;
porque solamente os ruega,
pues es t[iem]po de la siega,
que en la siega le ocupéys.
Este sí que es galardón
conforme a mí, y no cadena,
porque si es de obligaçión,
yo la tengo ya tan buena
quanto las que tengo son.
ELENA. ¡Notable lengua y presençia! [*Aparte.*]
Si quieres seruir en casa,
desde aquí tienes lizenzia.
Y porque ya el sol abrasa,
la tomo de hazer ausençia.
SANCHO. ¿Por quién he de preguntar?
ELENA. Por el castillo.
SANCHO. ¿De quién?
ELENA. De don Payo de Bibar.
SANCHO. ¡Ay de mí! [*Aparte.*]
ELENA. Conmigo ben,
que por ti le quiero hablar.

2550 *or* of *por* written with thick ink and one letter deleted after *por*. Probably Lope wrote first *pues*.

2558 Possibly, Lope first wrote *siendo engañado*. Then he corrected the text to the present version, changing the *o* of *siendo* to *u* and squeezing *da* of *duda* into the space before *engañado*, but forgot to cross out the *e* of *siendo*.

2559 quereys.
2560 teneys.
2567 Ac: de ti.

SANCHO. ¿Cómo hablar? Luego ¿no es muerto? 5[*r*]
ELENA. No, amigo, mi herm[an]o es bibo.
SANCHO. Díxose en León por çierto,
por el brazo vengatiuo
de vn afrentado encubierto.
Mas puede ser que otro fuesse.
ELENA. Este del rey niño es ayo.
SANCHO. Digo, Señora, que es ése
y que yo ui muerto a Payo,
aunque me pessa que os pesse.
ELENA. Payo de Bibar, mi herm[an]o,
vino agora de León,
buen honbre, contento y sano.
SANCHO. Tan muerto es como éstos son
çinco dedos de mi mano.
ELENA. Si hablo y como con él,
¿cómo quieres que sea muerto?
Otro será, que no es él.
SANCHO. Yo le ui tendido y yerto
de vna estocada cruel.
Y huélgome que él no sea.
ELENA. Digo que está en su castillo
y que oy vino de su aldea,
porque el alarbe caudillo
estas fronteras passea;
que es honbre que da temor
a Zulema y a Zelín,
que conozen su balor.
SANCHO. ¡Qué mal he vengado en fin [*Aparte.*]
el vltraje de mi honor!

2569 *vi* deleted after *amigo*. The rhyme in *-ivo* must have occurred to him at that moment.

2578 *mi he* deleted after *de*, Lope's mind running ahead of his pen.

2577 aunque me pese.
2582 de la mano.
2584 quereys.
2590 del aldea.

[Sin] duda engañado he sido
y ved adónde he venido,
pues de mi enemigo adoro
la hermana, contra el decoro
del santo onor offendido.
¿Qué he de hazer?
ELENA. ¿Qué estás hablando?
SANCHO. Estoy contento, señora,
de que uiuo estéys gozando
a v[uest]ro hermano.
ELENA. Y yo agora
en el suçesso pensando:
¿Quién será el muerto? [*5v*]
SANCHO. No sé;
esto allá en León hoý
y en el nonbre me engañé.
ELENA. Mi herm[an]o esté viuo aquí,
y allá dondequiera dé.
Ven conmigo.
SANCHO. Ya me ensancho
de verme criado v[uest]ro,
porque me uiene mui ancho. [*Aparte.*]
Mal lo que debo le muestro.
ELENA. Y ¿cómo te llamas?
SANCHO. Sancho.

2598 Lope hesitated at the beginning of the line. He wrote *sienduda en. Duda en* is written with heavier strokes and squeezed in tightly between *sien* and *gañado*. Lope never deleted the *e* of *sien*. Perhaps he subconsciously thought of such a familiar construction as *siendo engañado.*

2604 *Señora* deleted after *estoy*. Lope either anticipated the word or he changed the rhyme scheme.

2613 *c....ell...* deleted at beginning of line. New margin established for the rest of the page (to 2645).

2599 mirad adonde.
2602 noble honor.
2611 esta viuo aqui.

Pero vos ¿cómo os llamáys?
ELENA. Doña Elena.
SANCHO. Ya no callo
lo que quiero que sepáys.
Yo os juro que otro caballo
de Greçia a Troya llebáys.
ELENA. Alguna trayçión sospecho.
SANCHO. Dibersas son mis haçañas.
Lo que yo digo es bien echo,
porque llebo en mis entrañas
el fuego de v[uestr]o pecho.
ELENA. ¿Querrás ser como Sinón?
SANCHO. Lo que digo es afiçión;
que antes yo soy, bella Elena,
la Troya, que ardiendo en pena
se quexa de Agamenón.
ELENA. Quando dentro estés, no seas
como el caballo troyano.
SANCHO. Si en tu seruiçio me enpleas,
haré que uiua tu hermano
hasta que en honrra me veas.
ELENA. Hasta que estés mui honrrado,
no dexará de obligarme
por lo que me has obligado.
SANCHO. Mucho tiene que pagarme,
pues el fiador no ha pagado;
que aunque es verdad que pagó,
lo que es honrra, ha la de dar
quien la tiene.
ELENA. Aquí estoy yo,
que te ayudaré a cobrar, *6[r]*
o te pagaré.

2619 After *Elena* a deletion of about half a line without change of speaker. Present text squeezed into right margin.

2628 otro Sinon.
2639 M 9: no dexare.

SANCHO. Eso no.
ELENA. Fiador soy de mi hermano.
SANCHO. Si él faltare, ¿pagaréys?
ELENA. A todo, Sancho, me allano.
SANCHO. Bamos, que presto veréys
quien soy, aunque soy villano.

✠ *Váyanse y entren el conde Melén y Mendo de Benauides, Yñigo Arista y Fernán Ximénez, doña Clara y doña Sol, ya en traxe de dama.*

MENDO. Béssoos las manos por m[e]r[ce]d tan grande
como ha sido, buen conde, el reçibirme.
Eso a mis hijas sólo, como a damas,
era justo; que a mí de ningún modo.
Daldes los brazos, si queréis honrrallas.
CONDE. Aquí tenéys, señoras, otro padre.
D. CLARA. Esclabas v[uest]ras somos.
CONDE. Mendo amigo,
alçad del suelo los llorosos ojos.
MENDO. ¿Cómo puedo, señor, que no me dexa
la carga de la afrenta lebantallos,
que pessa mucho en el entendimyento?
Vine a León, porque mi rey lo manda,
y creo que le fuera ynobediente
si supiera que estaua desonrrado.
Llegué y supe que fue Laýn el muerto
y que en sus tierras y castillos uiue
contento Payo de Bibar y alegre.

2649 *murier (?)* deleted after *el*. Present text continued on same line.
2652 + A long line ending in a rubric below 2652. Stage direction on left margin extending from 2651 to 2659. A rubric below the stage direction.
2656 *digno de vos* deleted after *era*. New text follows on same line.
2662 *lleb* deleted before *lebantallos*, an orthographic slip induced perhaps by the *ll* of *lebantallos* plus an association with the common verb *llevar*.

2655 como damas.

¿Cómo queréys que yo lo esté, buen conde?
Antes os ruego, por quien soys, que luego
me deys lizenzia que bolberme pueda
a Benauides, antes que me vean
estos hidalgos, que en passados años
del lado de Bermudo honrrarme uieron.

CONDE. Yo no puedo, buen Mendo, aunque quisiera,
daros lizenzia, ya que en León entrastes.
Pedilda al rey.

MENDO. El rey, señor, es niño.
Vos soys su padre, vos reynáys agora.
Dadme lizenzia, conde.

CONDE. Ya el rey sale,
niño en la edad y viejo en el yngenio.
Yo le hablaré por vos y porque es justo [*6v*]
que no uiuáys donde tengáys disgusto.

✠ *El rey niño y aconpa*[*ñ*]*ami*[*ento*].

Déle los pies v[uest]ra alteza
a Mendo de Benauides,
vençedor de tantas lides.

ALFONSO. Cubrid, Mendo, la cabeza.

MENDO. No me mandéys, gran señor,
cubrir, que estoy descubierto
de honor y no es bien, por çierto,
hablar al rey sin honor.
Tiéneme echado vn enbargo
çierto traydor en la honrra.

2683 + Stage direction on left margin, facing 2683-2685. Lope wrote *aconpanamÿ*.

2690-2691 Deleted *de honor y a un rey es çierto / q se ha de hablar c*. Lope stopped here because he recognized the faulty rhyme scheme which *cubierto* would have given. Besides, the line would have been one syllable short, unless one would read *de / hablar* for which there are no examples (cf. Poesse, pp. 63-64).

2678 Omit *señor*.

ALFONSO. Pariente, v[uest]ra desonrra
ya yo la tengo a mi cargo.
¿Quién viene con vos?
MENDO. Mis hijas.
CLARA. Dadnos, gran señor, los pies.
ALFONSO. Ya os abrazo.
CLARA. Vn ángel es.
CONDE. Yo hablaré al rey, no te aflijas.
Señor, como v[uest]ra alteza
a Galiçia ha de partir
a criarse y a bibir
en mi tierra y fortaleza,
de León quise dexar
vn noble gobernador
y no le hallando mejor
a Mendo enbié a llamar.
Vino pensando que fuera
Payo de Bibar el muerto;
y allando el suçeso ynçierto
bolberse a su tierra espera;
que diçe que le es forzoso
por justo derecho y ley.
MENDO. Juzgad vos esto, buen rey,
que Dios haga venturoso.
El que tiene alguna afrenta,
que le dé ofiçios no es justo
la república, aunque el gusto *7[r]*
del rey lo contrario sienta.
Que si odio engendra el mandar
y llaman malo al más bueno,

2699 *le (?)* deleted before *hablare.*
2707 A small check mark x on left margin.
2712 *desonrrado* deleted after *diçe q.* The new version and rhyme scheme must have occurred to Lope after writing *desonrrado.*

2706 no le he hallado.
2716 Al que.

a/un honbre de afrentas lleno,
¿qué respeto han de guardar?
Pues mi afrenta fue por vos,
sólo por merçed os pido
que vida que os a seruido
tanto como sabe Dios,
—que por v[uest]ro agüelo y padre
harta sangre derramé
y la que yo tengo fue
la misma de v[uest]ra madre—
no acabe donde la venza
el verme de mi honor falto;
que, afrentado y puesto en alto,
es ponerme a la vergüenza.
Las dignidades, señor,
en humildes personajes
desentierran los linajes
y las manchas del honor.
Esto poco que me queda
de vida allá en Benauides
lo passaré.
ALFONSO. Raçón pides.
CONDE. No es bien que se le conceda;
que remedio puede haber
para ser gobernador
Mendo en León con su honor.
ALFONSO. Veamos.
CONDE. Este ha de ser.

2724 *Bien (?) q v...* deleted at beginning of line. A new margin established for the next two *redondillas* (to 2731).

2732-2733 Lope probably first wrote *No la....pongays,* then stopped and deleted these words. He next wrote *No acabe* to the left and squeezed in *donde la venza* to the right of the deletion. *En (?) lugar* deleted after *el verme.*

2741 *mi* deleted before *vida* for metrical reasons.

2728-1731 Omitted.
2737 en algunos.

Mande echar en las plazas v[uest]ra alteza
un vando en que conçede desafío
a Mendo contra Payo, y juntamente
se fixarán carteles por las calles.
Si no viniere dentro de diez días,
darále por traydor y por ynfame,
y a Mendo por lo que es, que es de los nobles
que ha dexado la sangre de los godos.
Y si viniere, yo tengo vn sobrino [*7v*]
de los balientes honbres que han criado
las Asturias altíssimas de Ouiedo
y se le matará por lo que digo
y porque la razón ynporta mucho.

ALFONSO. ¿Estáys contento, Mendo?
MENDO. Estoy suspenso.
CLARA. Señor, hazed esto que os dize el conde.
Mirad que en tanto haré buscar a Sancho
y que tendréys segura la uictoria.
SOL. Se[ñ]or, si esto conuiene al honor v[uest]ro,
¿por qué no hazéys lo que tan bien os uiene?
YÑIGO. Mendo, no ay que pensar; esto os ynporta.
FERNÁN. Fiad, Mendo que el conde os aconseja
lo que para su mismo honor buscara.
MENDO. Digo, señor, que como v[uest]ra alteza

2751 Lope seems to have written *fiz* instead of *fix*, noticed the mistake, and deleted it immediately.
2752 *y si* deleted at beginning of line, replaced by *si no* written to the left of the deletion; cf. beginning of line 2756.
2754 An *s* deleted before *nobles*. Perhaps the word *sangre* (2755) flashed in his mind at this point.
2765 Lope wrote *senor*.
2766 Lope wrote *porq q*.

2749 Ac: conceda.
2753 darasle.
2759 y esse le matara. Ag: éste.
2764 tengays.
2765 Ac: al amor vuestro.
2767-2769 No change of speaker.

eche esse vando, tomaré el off[içi]o
y quedaré en León.
CONDE. Digo que luego
le escribo y ago publicar.
YÑIGO. Aduierte
que será bien que con vn propio abises
a Payo de Bibar deste suçeso.
CONDE. Baya Fernán Ximénez.
FERNÁN. Por seruirte,
dentro de vn ora tomaré la posta.
CONDE. Y dentro della ha de salir Alfonso
de la çiudad, camino de Galiçia.
Mendo quede en León y del suçeso
podrá auisar al rey.
MENDO. El çielo guarde
y prospere, señor, tan buenos años.
ALFONSO. Mendo, q[ue]dad con Dios; adiós, señoras.
CLARA. Viuas mil años y señor te veas,
ángel hermoso, desde el Tajo al Betis.

✠ *Váyase el conde y el rey y Fernán Ximénez.*

YÑIGO. Yo quedo aquí en León para seruiros,
que no voy con su alteza.
MENDO. Yñigo Arista
es, hijas, vn gallardo caballero.
YÑIGO. Soy v[uest]ro seruidor.
CLARA. Yo huelgo mucho
que tan honrrado caballero quede

2771 Lope wrote *off°*.
2785 + Stage direction on left margin extending from 2783 to 2787. After *Rey, bayasse y Arista,* written on separate line, deleted. This is merely a slip.

2777 de vna hora.
2783 señora.
2788 es hijo de vn gallardo caballero.
2789 (*yo*)-2794 (*descansar*) M 9: assigned to *con,* an obvious misprint (see 2785 +, 2792).

adonde, como es justo, le sirbamos. *8*[*r*]
Y assí, padre, os suplico que aquí vn rato
me dexéys que le hable y del camino
os bays a descansar.

MENDO. Pues venid luego;
que solamente donde estáys sosiego.

✠ *Mendo se entre.*

YÑIGO. Si vos tenéys que me hablar,
yo tengo bien que os deçir.

CLARA. Yo os vengo, Arista, a pedir.

YÑIGO. Yo os vengo, Clara, a rogar.

CLARA. Esto es fáçil de hazer.

YÑIGO. Esto no ay por qué os asombre.

CLARA. Vos me podéys dar vn hombre.

YÑIGO. Y vos a mí vna muger.

CLARA. ¿Quién saldrá con el Bibar
a hazer este desafío?

YÑIGO. Yo, que ya es negoçio mío,
si me le queréys fiar.

CLARA. A Sancho, aq[ue]l labrador,
que dio la muerte a Laýn,
quisiera buscar, que en fin
tiene ynterés en mi honor.
Pero porque no sé dél,
me he de atreber este día

2795 + Stage direction on left margin, facing lines 2793-2795.
2796 A check mark x on left margin.
2804-2807 Deleted *Cla / a Sancho a aql labrador / q aqui dio muerte a Layn / no habeys de buscar q en fin / es.* Lope reversed his plan or plot after writing *es.* He stopped because he did not want Clara to reveal too clearly and too suddenly the real relationship between her and Sancho (cf. 2808-2811). New margin established far out on left, 2804 to end of page (2827).

2793 de camino.
2810 al fin.

a hazeros deffensa mía.
YÑIGO. Yo quiero suplir por él;
que ymagino que es honrrado
debaxo de aq[ue]l sayal.
CLARA. No es sayal que le está mal,
que está afforrado en brocado.
YÑIGO. Ya que yo açeto, señora,
por él este desafío
y v[uest]ro onor es el mío
y yo v[uest]ro desde agora,
lo que pediros quería
es que me ynporta saber
quién es aq[ues]ta muger.
CLARA. Esta es vna prima mía.
YÑIGO. ¿De quién es hija? [*8v*]
CLARA. Es mui largo
y oféndese algún decoro.
YÑIGO. Pues sabed que yo la adoro.
Mirad qué poco me alargo.
Vila y piérdome por ella
y merçed me hauéys de hazer
de dármela por muger,
si fuera su gusto della.
CLARA. Vençed este desafío,
que yo os la prometo.
YÑIGO. Basta.
Si el amor me da por hasta
su flecha, venzer confío.

2832, 2850 A check mark x on left margin.

2833 Lope started to write *haz* (cf. *hazer* at end of verse), blotted out the *z* and continued with *ueys*.

2834 One letter, perhaps an *s*, deleted at beginning of line. Perhaps Lope had *si* of the next line in mind.

2815 M 9: y quiero.

2824 M 9: querria.

Yo me voy a ver el modo
con que se publica el vando.

CLARA. Y yo en vos quedo esperando
mi honor, generoso godo.

YÑIGO. ¿Cómo aq[ue]l ángel se llama?

CLARA. Llámase Sol.

YÑIGO. Si Sol era,
¿qué milagro que me hiziera
arder el alma en su llama?
¡Ay, Sol! tu etíope soy,
negro del alma y esclabo.

Váyase Yñigo.

SOL. ¿Qué es esto, señora?

CLARA. Alabo
al çielo y gr[açi]as le doy.
Arista, que salir quiere
con Bibar al desafío,
quiere ya ser yerno mío.

SOL. Calla agora.

CLARA. Por ti muere.

SOL. ¿Es noble?

CLARA. De sangre real.

SOL. ¿Y tiene açienda?

CLARA. Tanbién.

2841 *el vando* deleted after *q*. It cannot be determined whether Lope simply anticipated the rhyme word of the line or whether, after having written *se publica,* he changed the rhyme scheme.

2849 + Stage direction on right margin, extending from 2847 to 2849.

2852 Lope wrote first *Ynigo Arista q sal..,* then deleted *Ynigo* and *sale* or *sabe* and wrote the present version to the right of the deletion. Possibly Lope had in mind *Ynigo Arista que sale.* In line 2855 he could have said something like *mucho vale.*

2853 Two letters blotted out before *Bibar.*

2848 Omit *tu.*

2851 Ac: te doy.

SOL. No habla mal.
CLARA. ¿Quiéresle bien?
SOL. No me ha pareçido mal.
CLARA. ¿Y Sancho?
SOL. Salióme vano;
Ya aquel amor se acabó.
CLARA. Entra, y tratarélo yo
con Mendo.
SOL. Fue amor de hermano.

✠ *Entren Payo de Bibar y Alife moro.*

PAYO. Responde, moro, a Zulema *9[r]*
que reporte, si le agrada,
esa su lengua blasphema;
que a mí no se me da nada
de que al rey tema o no tema.
Que es niño el rey le confiesso
y que todo mal suçeso
temo, faltando a León
mi brazo en esta ocasión
y de algún ançiano el seso.
Pero que a mí no me cuente
en su deffensa obligado
por vasallo ni pariente,
que ya soy mienbro apartado
de su república y gente.
Allá se alçaron con él
los que darán cuenta dél;
y que en darle este castillo

2860 Deleted *Sancho es mi herm.* (cf. 2863). New version written to the right.
2863 + Long line drawn underneath 2863, broken into two sections. Stage direction in pale ink begins on left margin. Horizontal bars of cross potent not fully inked; they look more like a rubric.
2869-2883 Marked for omission. Boxed in four sides; three diagonals each crossing the boxed-in lines from right to left and left to right.

2861 cabo dio.

que hable me marabillo
tan arrogante y cruel.
  Este no es del rey, que es mío.
Di que le será mejor,
moro, que no passe el río;
porque es mi hazienda y mi honor
y deffenderle confío.

ALIFE. Bibar, ya sabes quién es
el gran Zulema; no quieras
perderte por ynterés;
y a las cristianas vanderas
sabes que linpian sus pies.
  Dale el castillo que yntentas
deffender, y no consientas
que tus contrarios se huelgen
de que en sus almenas cuelgen
mis lunas y tus afrentas.
  No ha benido de la orilla
del Tajo para boluer [9*v*]
sin despojos de Castilla.

PAYO. ¿Y es forzoso que han de ser,
moro, de mi hazienda y villa?
  Parte y no te desbergüenzes
en mis ojos y en mi casa.

ALIFE. ¡Qué mal tus enojos venzes!
Allá verás lo que passa,
quando la guerra comienzes.
  No pienses que es enemigo
de los que Castilla doma;
es rayo, es muerte, es castigo,

2896 Lope started the line with *porq*; *por* deleted. New margin established for the last three lines of the page.

2888 defendella.
2892 y las.
2893 pisan.
2909 ese enemigo.

es honbre que con Mahoma
habla como yo contigo.
¡Desdichado si le esperas!

Payo. Vete, morillo, y no quieras
que a Mahoma, a ti y a él
cuelge juntos de vn cordel.

Alife. ¿Hablas, cristiano, de veras?

Payo. ¡Vete, perro!

Alife. ¡Aguarda vn poco!

✠ *Váyase Alife y entren d. Elena y Sancho.*

D. Elena. ¿Moros en casa, señor?

Payo. Vno, herm[an]a, y ése, loco.

Elena. ¿A quién buscaua?

Payo. A mi honor,
con quien las estrellas toco.

Elena. ¡A v[uest]ro honor! ¿Qué quería?

Payo. Este castillo pedía.

Elena. ¿Quién es el moro?

Payo. Çulema,
el que n[uest]ros campos quema
hasta la montaña fría.

Elena. ¿Y cómo va despachado
el moro?

Payo. Diréys mejor
que va el moro despechado;
que es despecho del señor
despachar mal al criado.
¿Quién es este honbre?

2919 + Stage direction on left margin, extending from 2918 to 2922.
2921 Lope wrote *herm*[a].
2922 A check mark x on left margin.

2912 Omitted in Ac.
2915 Omit *y*.
2930 diras.
2932 M 9: despacho.

ELENA. A quien debo
la uida.
PAYO. ¿Cómo?
ELENA. De vn osso
me libró.
PAYO. ¡Gentil mançebo!
ELENA. Viene a seruirte gozoso. *10*[*r*]
PAYO. Pareze vn Hércules nuebo.
¿Adónde estabas?
ELENA. Dormía
al pie del monte y baxó
el osso a/una fuente fría,
cuyo cristal despreçió
por beber la sangre mía.
Llegó este mozo, y vençiendo
su furia, bien maltratado
se fue por el monte huyendo.
PAYO. ¡Gran balor!
ELENA. Es hombre honrrado.
PAYO. Él lo muestra y yo lo entiendo.
¿De dónde eres?
SANCHO. Asturiano
soy, señor, que a segar vengo
v[uest]ro trigo este verano,
si acaso ventura tengo
de poner en vos la mano.
Que otra vez lo quise hazer
y erré el golpe de serbir
a quien me dio vida y ser;

2936 *gentil* deleted after *libro*. Lope had forgotten to indicate change of speaker. Present text continued on the same line.

2941 *por dicha* deleted at beginning of line. *El osso* written to the left of the deletion. Perhaps Lope anticipated the thought *por dicha llegó este mozo* (cf. 2944).

2949-2950 A check mark x on left margin between these lines.

2937 vienete a seruir gozoso.

2948 Omit *y*.

que con vos hasta morir
quiero este bien pretender.
  Topé v[uest]ros segadores.
Bien siegan, pero yo os digo
que abentajo a los mejores
y espero en segando el trigo
ce[ñ]ir mi frente de flores.
  Vn viejo a vos me presenta
a quien distes vna vez
lo que él muchas vezes cuenta,
que es desta siega el juez
y de que tarde se afrenta.
  Enbióme alegre acá
a que os sirba, porque él ya
no puede tomar la hoz.
Yo soy su mano, él mi voz
que al alma mil vozes da.
  Debéysle satisfación [*10v*]
desta voluntad, a fee;
yo con la misma ocasión
por él vengo, a que me dé
v[uest]ra mano el galardón.
  ¡O, quiera mi buena suerte
que mejor agora açierte
en hazer lo que procuro!
Que por cobrar honrra os juro
de serbir asta la muerte.

PAYO. Este labrador, Elena,
de algún buen viejo asturiano
es hijo, y tiniendo pena

2963 Lope omitted the tilde.

2962 M 9: en segundo trigo. Ac: en segando trigo.
2973 Ac: el alma.
2974 Ac: débesle.
2982 Omit *os*.
2986 teniendo.

de faltar este verano
de siega y paga tan buena,
debe de enbiarle acá
para que sirba por él.
SANCHO. ¡Qué bien en el blanco da! [*Aparte.*]
Si yo açierto como él,
contento el viejo estará.
Como era viejo, perdía
honrra, porque no segaua
como mançebo solía.
Mas ya ¡pardiós! que él se acaua,
comienza mi balentía.
Vn manojo he de llebar,
si siego en esta ocasión,
que al viejo pueda alegrar
de mirar la bendizión
de los trigos de Bibar.
Tras esto, si ese morillo
viniere a v[uest]ro castillo,
tan bien siego moros cuellos
como espigas, que por ellos
la hoz conuierto en cuchillo.
Sacad v[uest]ro pendón rojo
y echadme media dozena.
Veréys si os traygo el despojo,
o ponedme en vna almena: *11*[*r*]
veréys qué lanchas arrojo.
PAYO. Algún ángel te ha traýdo.
¿Cómo te llamas?
SANCHO. ¿Yo? Sancho.

2991 Lope mistakenly wrote *pa* facing this line. Another hand deleted it and wrote *San* to the left.

2997 por Dios.
3010 Omit *y*.
3012 M 9: poned.
3013 M 9: vereys si lanchas. Ac: veréis si lanzas.

PAYO. Sancho, aunque balor ha sido
mostrarle pecho tan ancho
al moro a Bibar venido,
no estoy sin algún temor.
Tú estás en traje tan bajo
de asturiano y labrador,
que por ese monte abajo
puedes caminar mejor;
y echado entre aquesos trigos
serbir de espía y saber
quántos son los enemigos,
que no te echarán de ver.
SANCHO. Que no se me da dos higos.
Çerrad el castillo bien,
que yo yré y sabré quién son,
sin que cuidado me den.
PAYO. Parte.
SANCHO. Boy.

✠ *Sancho se baya.*

ELENA. Mal galardón
quieres, señor, que le den.
PAYO. ¿Cómo?
ELENA. Mataránle allá.
PAYO. No harán, que le salba el traje.
ELENA. Pues el alma tienbla ya [*Aparte.*]
de que a ver los moros baje.
Sin duda en el alma está.

3018 After *moro* two deletions: first of one letter, then of about three letters. Lope continued after the deletion on the same line.
3024 Lope first wrote *echando,* then blotted out the *n.*
3028 *ni* (?) deleted at beginning of line.
3032 + Stage direction on left margin facing 3031-3033. A check mark x facing the space between 3031 and 3032 on left margin.

3017 el pecho.
3033 quereys.
3037-3045 de que el Moro (Ac: al moro) vea y baxe, / grande confusion me da. / Ahora veo que es amor, / aun que no es agradecido.

Mal pago le das, hermano.
¿Por dónde tu fuego cupo
en mi pecho, amor tirano,
que quien nunca de amor supo,
venga a tenerle a un villano?
Mas no pienso que es amor,
que es amor agradeçido.
PAYO. El honbre muestra balor.

✠ *Vn escudero.*

ESCUDERO. A tu castillo ha venido
Fernán Ximénez, señor.
PAYO. ¿El de León?
ESCUDERO. Ansí dize. [*Vase.*]

✠ *Fernán Ximénez entre.* [*11v*]

PAYO. Entre pues.
FERNÁN. Guárdate el çielo.
PAYO. ¡O, amigo!
FERNÁN. No poco hize,
Payo, en pisar este suelo,
que assí el moro contradize.
PAYO. ¿Cómo? ¿Está cerca?
FERNÁN. Y allega,
si no es que el passo le enbargas.
PAYO. ¿Son muchos?

3045 *solo agradeçimiento* deleted after *es.* New version written on right margin. Change involves rhyme scheme and means greater emphasis on Elena's feelings of love for Sancho.

3046 + Stage direction on left margin.

3049 + Stage direction on left margin, the text facing lines 3050-3052, the cross potent at the top margin of 11v.

3050 A check mark x on right margin.

The declaration of love 3038-3043 omitted completely, 3044-3045 changed to the opposite.

3054 llega.

FERNÁN. Por esa vega,
que cubren lanzas y adargas,
lunas al ayre despliega.
PAYO. ¿De dó uienes?
FERNÁN. De León.
PAYO. ¿Cómo queda el rey?
FERNÁN. El conde
le lleba en esta ocasión
a sus tierras.
PAYO. No responde
a su justa obligación.
Mal haze en t[iem]po de lides.
¿Quién su gobierno posee?
FERNÁN. El señor de Benauides.
PAYO. ¿A qué vienes?
FERNÁN. Esta lee.
PAYO. Murió Atlante y falta Alçides.

Lea. Hauiéndonos retado ante mí del agrabio que le habéys echo Mendo de Benauides, le he con- çedido campo y desafío contra vos, cuyo plazo será dentro de seys días de la fecha désta. Acudiréys a León con v[uest]ras armas, donde os espera, o daréys caballero que por vos salga. Donde no, os doy por traydor y a él por honrrado. En León, a 24 de junio, año de 979.

Alfonso quinto.

PAYO. No tiene la culpa el rey,
que es niño y edad no tiene

3060 Lope deleted *de Leon* and wrote the new version to the right of the deletion. The deleted version seems to be simply a slip, repetition of the words of the line above.

3062 Deleted *haçe b,* replaced by *responde* written to the right of the deletion. Lope had in mind to write *no haçe bien* (cf. *mal haze,* 3064).

3057 cubre.

Letter, lines a-b. Auiendose tratado...q aueys hecho a Mendo de Benauides.

Letter, line g-h M 9: Numbers in words.

para ver lo que conuiene
al justo derecho y ley
de los reynos que mantiene.
Tiénela el conde Melén,
porque a Mendo quiere bien
y a mí del rey me destierra.
Por ser en t[iem]po de guerra *12*[*r*]
muestro a la carta desdén.
Mas no ymporta. Alcayde tengo
que defenderá el castillo,
mientras vitorioso vengo.
Ya de mí me marabillo
cómo en Bibar me detengo.
Y por si su barba cana
la del castillo perdiere,
llebaré a León mi hermana.

ELENA. ¿Tanto el conde a Mendo quiere?

FERNÁN. Aquí ni pierde ni gana;
que la voz tiene del rey
es sin duda. Pero el reto
le ha de obligar, en efeto,
como es de los godos ley.

ELENA. Payo es baliente y discreto.
Yo su hermana, y si él faltasse,
saldré por él.

PAYO. Aora bien,
vente a descansar.

FERNÁN. No passe
de oy tu partida.

PAYO. ¡Está bien
que el reto el conde açetasse!

FERNÁN. ¿Cómo fue posible menos?

ELENA. Muestra tu fama y balor,
de que están mil libros llenos.

3073 Ac: omitted.
3095 Ac: saldrá.
3096-3097 Assigned to *Elena.*
3098 que el Conde el reto acetasse.

PAYO. Yo defenderé mi honor.
FERNÁN. Assí lo han de hazer los buenos.
PAYO. Llebar quiero vn escudero.
ELENA. Sancho, él que a los moros fue,
es baliente, aunque es grosero.
PAYO. No ynporta; yo le daré
vestido y armas primero. [*Váyanse.*]

✠ *Entren el conde y el rey niño y Garçi Ramírez y otra gente.*

GARÇI. Cansado vendrá su alteza.
CONDE. Es de tierna edad, en fin.
Tended ese traspontín
sobre esta verde maleza.

✠ *Tiendan vn colchoncillo.*

Poned luego esa almohada.
Descansad, aquí, señor,
que el cansançio y el calor
ynterronpen la jornada. [*12v*]
Sin eso, la tierra está,
si no es la voz mentirosa,
llena de moros, que es cosa
que mayor pena me da.

3104 A large check mark X on left margin.
3105 *aqste labrador* deleted after *Sancho*. New text written to the right.
3108 + An unbroken line, but without rubric or flourish, indicates change of place and the entrance of a new group of persons. Stage direction written on left margin, extending from 3108 to 3113. New margin established for the rest of the page (3115).
3112 + Stage direction on left margin, farther to the right than the preceding one and facing 3112-3114.
3118 *es* is almost completely covered by an ink stain.
3120 + Stage direction on left margin, facing lines 3118-3122.

3106 Ac: aunque grosero.
3107 M 9: ni.
3109 M 9: This verse repeated by mistake as the first line of folio 190 v.
3111 M 9: trasportin.
3115 el camino y el calor.

✠ *Echen al rey sobre el traspontín y almohada.*

ALFONSO. Pues, conde, si moros vienen,
despertadme luego.
CONDE. Harélo,
¿y peleareys?
ALFONSO. ¿Pues no?
CONDE. El çielo
os guarde.
ALFONSO. ¿Qué caras tienen?
CONDE. Honbres son, mi rey; dormíos,
no temáys.
ALFONSO. Por eso quiero
dormirme.
GARÇI. ¡Gran caballero!
CONDE. Del padre muestra los bríos.
ALFONSO. No me desçiñáys la espada,
por si fuere menester.
CONDE. Dormid, buen rey, a plaçer;
que esto de moros no es nada.
GARÇI. ¡Qué notables esperanzas
promete en edad tan tierna!
CONDE. Como vn ançiano gobierna.
GARÇI. ¡Oh, León, qué siglo alcanzas!
CONDE. A estar menos persiguido,
no tiene qué dessear.
GARÇI. Apartémonos a hablar,
conde, que está el rey dormido.

3121 After the character designation *al* two letters deleted.
3125 Lope forgot to write *con* / before *honbres.* He deleted the word and wrote *con* / *honbres son* on left margin.
3140 + Stage direction on left margin facing lines 3141-3143.

3125 son hõbres.
3127 *¡Gran caballero!* assigned to Conde.
3128 Assigned to Garci.
3132 Omit *no.*
3138 tenia.

✠ *Don Esteban de Lara.*

ESTEBAN. Buen conde, ¡gran desdicha!
CONDE. ¡Cielo santo!
¿Qué es esto, don Esteban? ¿Biene el moro?
ESTEBAN. Vna enboscada dese monte sale
y han cautibado alguna gente v[uest]ra.
CONDE. ¿Qué haremos?
GARÇI. Detenellos.
CONDE. ¿Y el rey?
GARÇI. Duerma
en tanto que bolbemos.
ESTEBAN. Bien a dicho
Garçi Ramírez.
CONDE. Sí; pero no es justo
que quede solo el rey.
ESTEBAN. Pues quede él mismo.
GARÇI. Yo quedo; y si por dicha mal suçede,
me llebaré por ese monte al niño.
CONDE. ¡Santiago nos ayude y faborezca!

✠ *Váyanse todos. Quede con el rey Garçi Ramírez.*

GARÇI. ¡En qué estraña confusión
por oras nos pone el moro!
¡O, guarde el çeleste coro *13*[*r*]
este cordero a León.
Todo me espanta y altera;
pero en fin la causa es mucha.

3147 *q* deleted after *no*. Lope anticipated the *q* of the next line.
3151 + Stage direction on left margin, extending from 3150 to nearly the bottom edge of the page. A short line broken into two segments drawn below *Santia* and *nos*, to indicate exit of characters.

3141 Omit *santo*. "Verso incompleto" noted in Ac.
3144 Ac: ha.
3150 el niño.
3157 al fin.

¡Ay de mí!, que ya se escucha
el son de la guerra fiera.

✠ *Suene vna batalla dentro y salgan quatro moros:*
Muzarte, Albarín, Rosarfe, Alcabir.

MUZARTE. No se escape ni un honbre del bagaje,
que allí vendrá del rey la plata y oro.
GARÇI. ¡O, siniestro suçeso!
ALBARÍN. Aquí está vn honbre.
ROSARFE. ¡Date a prisión!
GARÇI. ¡Mejor daré la uida!
ALBARÍN. ¡Muera pues!
GARÇI. Moriré como hijodalgo.
ROSARFE. ¿Porfías a morir?
GARÇI. ¡Muerto soy! ¡Çielos!
¡Guardad mi rey!
ALBARÍN. Rosarfe, el rey ha dicho.
ROSARFE. Sin duda es este niño que aquí duerme.
¿Qué? ¿Dudas, Alcabir, que el rey es niño?
ALCABIR. ¡A, niño, rey de cristianos!
ALFONSO. ¿Es ora de caminar,
conde?
MUZARTE. No, sino de dar
a aqueste cordel las manos.
ALFONSO. ¿Quién soys, villanos?
MUZARTE. Los dos
somos moros; no te asonbres.
ALFONSO. Las caras tenéys como honbres;
¿cómo no crehéys en Dios?

3159 + Stage direction on left margin, extending from 3159 to 3166.
3162-3163 A check mark x on left margin between these lines.

3159 + Omit *quatro, Alcabir.*
3164 muere. hidalgo.
3168 Albarin.
3169 Assigned to Albarín.
3173 Ac: villano.

Dexadme sacar la espada.
Ya que por mi mal dormí,
no buelba mi gente aquí
y me la vea enbaynada.
ROSARFE. ¿Eso os aflixe?
ALFONSO. ¿Pues no?
ALBARÍN. De rey tiene los azeros.

✠ *Sancho con su bastón.*

SANCHO. ¡Que entre tantos moros fieros
el niño rey se perdió!
Pero aquí le tienen preso.

✠ *Sacuda en los moros.*

¡Soltad a mi rey, villanos!
Hércules soy de cristianos.
¿Qué miráys?
ROSARFE. ¿Estás sin seso?
SANCHO. ¡Dadme a mi rey!
ALBARÍN. ¡Muera!
MUZARTE. ¡Muera!
SANCHO. No habéys probado el bastón.
ALBARÍN. Éste no es honbre.
ROSARFE. Es león.
MUZARTE. ¡Huye!
ROSARFE. ¡Muerto soy!
SANCHO. Espera.
Huyendo van; mas cordura [*13v*]
será que en brazos me llebe
al rey y esconderme pruebe
del monte por la espesura.

3182 +, 3185 + Both stage directions on left margin, opposite 3181-3188.

3180 y me la halle.
3194 es que en braços me le lleue.

Venid conmigo, se[ñ]or.
ALFONSO. O, buen pastor, si yo uiuo,
yo te haré merçed.
SANCHO. Reçibo
esa palabra, se[ñ]or...

✠ *Tómele en brazos.*

Mas venid, que tengo pena
que el moro otra vez no baje.
Osso parezco en el traje
y vos, mi rey, la colmena.

✠ *Entresse y salgan el conde y don Esteban y gente.*

CONDE. Gente habemos perdido, mas no ynporta.
¡Líbresse el rey!
ESTEBAN. Con él al monte bamos.
CONDE. ¡Triste de mí! ¡Garçi Ramírez muerto!
ESTEBAN. ¿Y el rey?
CONDE. No está aquí el rey.
ESTEBAN. ¡O, triste hado!
Sin duda que sabían que el rey era
y que enbió Çulema la enboscada.

3197, 3200 Lope wrote *senor*.

3200 +, 3204 +, 3210 +, 3214 + All stage directions on left margin extending from 3198 to 3217.

3204 +, 3214 + A line broken up into four sections below 3204 indicates exit and entrance of characters. There is no change of locale. The line below 3210, broken up into three sections indicates both a new group of characters and change of place.

3205-3349 Marked for omission with the exception of lines 3335-3339.

3205-3214, 3215-3269 Both passages separately marked for omission by diagonal lines, without being boxed in on all four sides. The lines of the markings are thinner than the ones in the preceding passages and may be by a different hand. They may, however, also be by the same hand using a different pen.

3200 essa palabra, y fauor.
3206 lleuese.

✠ *Metan el cuerpo.*

CONDE. El rey está cautibo, don Esteban;
muramos todos como hidalgos.
ESTEBAN. Bamos;
que hasta cobralle perderé la uida.
CONDE. ¡Triste jornada!
ESTEBAN. ¡Trágica partida!

✠ *Váyanse y entren Yñigo Arista* [*y*] *do*[*ña*] *Sol.*

YÑIGO ARISTA. Oy es, bellísima Sol,
aquel desseado día
que se junta en vn crisol
tu amor y la sangre mía,
el ser leonés y español.
Oy verás que el laurel gano,
que a tus pies pienso ofrezer,
si aquí uiniere el villano
que ossó en tu padre poner
sobre las canas la mano,
canas que fueron çeñidas
de mil palmas mereçidas
por mil uictorias ganadas,
de los cristianos amadas
y de los moros temidas.

3214 + *do Sol* added later with pale ink. It is uncertain whether by Lope or a different hand.
3219 A check mark, a cross composed of thin strokes, on left margin.
3220-3260 The beginning of each *quintilla* is indicated by starting the first line from one to two spaces to the left of the rest of the margin of the stanza.
3221 There is a blot after the *e* of *pies,* as if Lope had anticipated the next word *pienso.*
3225 An illegible word deleted before *çeñidas.*

3223 à tu padre.
3228 por los Christianos.
3229 de los Moros bien temidas.

Pero ya al tocar la caja, *14*[*r*]
ronpiendo el roxo arrebol,
la fama del çielo baja,
porque en el partir del sol
le llebo mucho ventaja.
Todo el sol es de mi parte,
pues te tengo, Sol, conmigo.
SOL. Mas si la raçón se parte,
poca con v[uest]ro enemigo
esta batalla reparte.
Y pues que llebáys razón,
mostrad en esta ocasión,
Yñigo Arista bizarro,
ese girón de Nabarro
sobre la piel de León.
Ya soys toda mi esperanza,
y mirad que en el venzer
la mayor parte me alcanza;
que de ser v[uest]ra muger
tengo justa confianza.
Mi madre la misma tiene
y mi uiejo agüelo está
diziendo que le entretiene
la honrra el contrario ya,
en que a la plaza no uiene,

3230-3269 The whole page marked for omission by diagonal lines from left to right and right to left in pale ink.

3247 Lope wrote *alcanzar*, perhaps influenced by the infinitive *venzer* in the preceding line.

3252 Deleted *de suerte q d* or *s*; *diziendo q le* written to the left of the deletion. New margin established for the next two lines. Cf. 3257, *de la suerte que dessea.*

3230 el tocar.

3234 mucha ventaja.

3237 Assign this line to Iñigo.

3240-3244 Omitted.

porque la espera de vos.
YÑIGO. Cunpla su esperanza Dios
de la suerte que dessea,
porque con honrra se vea
y nos casemos los dos.
Dadme, señora, lizenzia
para que me baya armar.
SOL. ¿Quién podrá hazer resistençia
de no sentir y llorar
más que el peligro la ausençia?
Estas reliquias tomad
que al cuello llebéys y adiós.
YÑIGO. En Él, mi Sol, confiad,
que oy, alunbrándome vos,
days a mi ser claridad.
Oy soys luz que por memoria, [*14v*]
con el sol de ynmortal llama,
alunbráys con tanta gloria
en el tenplo de la fama
la ymagen de mi vitoria.
No dudéys que venzeré.

3255 New margin, close to the edge, established for the rest of the page (to 3269).

3270-3275 Marked for omission. Boxed in on all four sides with diagonals drawn crosswise through the passage.

3270 *de mi vitori* deleted; *por memoria* written to the right. Cf. 3274.

3274 *la uictoria* deleted; replaced by *mi vitoria* written to the right of the deletion.

3275 + Stage direction on left margin opposite 3274-3277. *Arista y Sol* in paler ink, perhaps added later, by a different hand (?). Their names are not necessary since they remain on the stage.

3261 vaya à armar.

3263 de sentir y no llorar.

3269 à mi Sol claridad.

3270-3274 Omitted.

3275 Dudo.

✠ *Clara y Mendo.*

MENDO. Bien será que a punto esté,
pues ay nuebas de que uiene
Payo de Biuar.
CLARA. Ya tiene
justa esperanza mi fee;
que, fuera de la razón,
ay mucha satisfaçión
del balor de Yñigo Arista.
YÑIGO. El que v[uest]ro honor conquista,
ya tiene buena opinión;
que en enprender lo que es justo
se muestra el balor del pecho.
No os dé, señora, disgusto
ver la grandeza del hecho
y el enemigo robusto;
que os juro que le veáys
puesto a v[uest]ros nobles pies.
MENDO. Hijo, el balor que mostráys
mui justam[en]te lo es
de la sangre que heredáys.
Ya vos tenéys este nombre.
YÑIGO. Que diamante no contrasta;
quanto más pecho de vn hombre.
Yo sé que ese nombre basta
para que a Biuar assombre.
CLARA. Quanto a mí, ya está venzido.

3276-3304 The rest of 14[v] marked for omission by long diagonal lines drawn crosswise through the passage; passage not boxed in.

3277-3280 When drawing the top of the first diagonal line used to mark the passage for omission, the pen blotched and ink covered the beginning of these lines. However, the words are clearly, even if faintly, legible in the autograph.

3300 + Stage direction on left margin opposite lines 3300-3301.

3285-3289 Omitted.

3290 Yo os juro.

3295-3299 Omitted.

3300 + *Entra Ramiro. Ramiro escudero* appears only in the cast of characters of the printed editions but not in the autograph. He

✠ *Vn criado.*

CRIADO. Biuar, señor, ha venido
con diez u doze caballos,
en que de algunos vasallos
haze vn esquadrón luçido.
Todos trahen hastas blancas *15*[*ra*]
con pendones carmesíes
cubiertos de lises francas,
casacas y borçeguíes
y armadas las frentes y ancas.
Sobre las adargas de ante,
de azules vandas terziadas,
lleba vna empresa arrogante,
que son dos dagas o espadas
partir quiriendo vn diamante.
A doña Elena, su hermana,
con grande aconpañamiento
trahe detrás loca y vana.
YÑIGO. Honrras de su enterramiento,
viendo que su muerte es llana.
No sé yo, si la tronpeta
pudiera más ynçitarme
a que a Viuar acometa.
Ya podéis lizenzia darme,
que el corazón me ynquieta.

3305-3571 On folios 15 and 16 Lope wrote in two columns.
3305-3334 Marked for omission by one vertical and two diagonal lines; not boxed in.
3311 *partidas* deleted; *terziadas* written to the right of the deletion.
3316 A blotched check mark x to the right of this line, and to the left of *Pa* of 3350 in column *b*.

---

comes on the stage once (460-491) as Mendo's *escudero*. See Variants in the cast of characters for Act I.
3302 diez ò doze.
3305-3307 Con lanças las astas francas, / traen pendones carmesies, / cubiertos de lises blancas.
3317 y vfana.

MENDO. Arista, más reportado
has de entrar, que va vençido
el que acomete alterado.
Biuar es rezién venido
y querrá entrar descansado.
Bamos donde mi consejo
sea de padre y de viejo.
SOL. ¡Ea, esposo!
CLARA. ¡Ea, español!
YÑIGO. Vos seréys mi norte y Sol
será de mi honor espejo.

Entrense y salgan caxa y padrino Fernán Ximénez, doña Elena y Payo de Biuar armado.

FERNÁN. A todo León pareze,
sin descansar, arroganzia
tu entrada, aunque la encareze.
PAYO. No quiero poner dist[ançi]a *15*[*rb*]
al bien que el honor me ofreze;
y más, después que he sabido
que ha sido Arista elegido
contra mi heroyco balor.
ELENA. Mucho pierde el vençedor,
quando es tan vil el venzido.

3331 About four letters blotted out at beginning of line; *sea* written on left margin.
3332 *ea esposo* written above a deletion, possible *ea español.*
3334 + A long line, broken into a shorter and a longer section ending in a rubric, indicates change of character and possibly also of place. A wavy line below stage direction. No cross potent. A check mark x, drawn with heavy ink to the right of first line of stage direction (*padrino*).
3338 Lope abbreviated *dist,* extending the cross bar of the *t.*
3340-3349 Crossed out by diagonal lines and boxed in.

3334 seras.
3337 lo encarece.
3339 Omit *me.*
3344 tan ruyn.

PAYO. Si otro fuera, descansara;
mas para tan flaca Arista
en descansar me afrentara.
ELENA. Quien fama y honrra conquista,
en ningún daño repara.
PAYO. Tengo esta gente en tan poco
que a Sancho, aq[ue]l asturiano,
por ser temerario y loco,
le quise armar de mi mano;
que en tales despreçios toco.
Pero fue a reconozer
los moros de mi frontera
y agora está por boluer.
ELENA. ¿Si es muerto?
PAYO. Si no lo fuera,
aquí le vieras venzer;
que alla tantos en çelada,
por dicha le çercarían,
que ni el bastón ni la espada
su uida defenderían.
ELENA. Ni el ser yo tan desdichada. [*Aparte.*]
Sienpre pensé que aq[ue]l honbre
tenía oculto balor,
y assí no es bien que me asonbre
que me hiziesse esclaua amor
de su talle y de su nombre.
¡Ay de mí, sin duda es muerto!
PAYO. Ya uiene al canpo el contrario,

---

no
3351 *mi villano* deleted; *Asturia* written on tight right margin.
3364, 3373 Check marks to the left of the names of the characters.

3350-3359 Two *quintillas* replaced by one, assigned to Elena. Si Sancho venido huuiera / aqui le vieras hazer, / y aunque viniera el poder / de todo el mundo venciera, / con solo su proceder.
3360 *que* omitted. hallar.
3361 cerrarian.
3364 por ser yo.

de miedo y armas cubierto.
FERNÁN. Aprestarte es neçesario.
PAYO. De mi victoria estoy çierto.

Entren Mendo y Arista, Clara, Sol, y caxa y gente.

MENDO. Tomad, señoras, lugar. [*15va*]
CLARA. Si le quiere doña Elena,
con nosotras puede estar.
ELENA. La conpañía es tan buena
que a la honrra puede honrrar,
pero yo estoy bien aquí.
PAYO. ¡Ea, Mendo! ¿Es éste el honbre
que uiene al canpo por ti?
MENDO. Este es mi voz y mi nonbre.
Yo estoy en él y él en mí.
YÑIGO. ¿Parézcote poco?
PAYO. Arista,
calla y tus armas alista,
que ellas lo dirán mejor.
MENDO. ¿No basta llebar mi honor,
para que al mundo resista?
PAYO. Eso agora lo verás.
MENDO. Quiero ver si armado estás
contra el vando.
PAYO. Antes desnudo.
MENDO. ¡Muere, traydor!

3374 + Stage directions flush with text, but separated by lines above and below. No cross potent.
3380 A check mark x on left margin.
3381 The *e* of *es* is covered by an ink blot.
3383 The *M* of *Mendo* covers a *P*, of an erroneously intended *Payo*.
3393 *ya* written above deleted *mas* (cf. 3394).

3374 de mi ventura.
3381 este es el hombre.
3385 parecete poco?
3390 Ac: veremos. Notes "verso suelto."
3392 *pa.* antes cierto estoy desnudo.

Déle Mendo vna v dos puñaladas llegándole a/rreconozer.

PAYO. Ya no pudo
durar mi soberbia más.
¡A trayción me has m[uer]to!
ELENA. ¡Ay, çielo,
a trayzión m[uer]to mi hermano!
YÑIGO. ¿Qué has echo, señor?
MENDO. El çelo
de mi honor mouió mi mano.
ELENA. A Dios deste agrauio apelo.
¡Hidalgos los de Biuar,
aquí, que a mi herm[an]o han muerto!
MENDO. Ninguno se mueba, hidalgos,
ni desenbayne su azero.
Si afrentó mis nobles canas
tan vilmente el dueño v[uest]ro,
debiera considerar
la temeridad del echo.
Quien fía de su enemigo [*15vb*]
ni es honrrado ni discreto,
porque puede el agrauiado
matarle, aunque esté durmiendo.

3393 (*traydor*) + Stage direction flush with text, but separated by lines above and below. No cross potent. A check mark x to the right of *traydor* between the two columns.

3394 *sufrir* deleted; *durar* written to the left in pale ink.

3395, 3396 Lope wrote *m*[to] .

3397 A letter, *s* (?), deleted after *has*.

3401 Lope wrote *herm*[o].

3393 que no pudo.

3397 irst part of line assigned to Elena. cielo.

3398 mano.

3401 hã mi hermano muerto.

3404 a mis nobles canas.

3409

Quando yo entré en la estacada,
no pensé que vn hombre cuerdo
pudiera llegarse a otro
que afrentó, sin gran reçelo.
Y aunque de Arista fié,
la honrra en este suçeso
pudiéndola yo cobrar,
no puse en duda el effeto.
Si os mobéys, mirad, hidalgos,
que no escaparéys de muertos.
Pocos soys, muchos los míos.
Rey soy, por el rey gobierno.
Si esto le pareze alguno
trayçión, este caballero
que he traýdo al desafío
boluerá por mi derecho.

ELENA. La soberbia de mi hermano
en este punto le ha puesto.
Pero dadme a mí su espada,
que a Mendo y a Arista reto.
¡Traydores soys fementidos,
contra el vando del rey nuestro!
¡Todos mentís por la barba!

CLARA. Pon a tus locuras freno;
y pues buelbes por tu herm[an]o,
defender mi padre quiero.
¡Suelta, señor, esa espada!

MENDO. Clara, ¿estás loca? ¿Qué es esto?

CLARA. ¿No eres mi padre?

MENDO. Sí, soy.

3436 Lope wrote *herm* with *o* above.

3416 de Arista fue.
3424 Ac: á alguno.
3430 vna espada.
3431 M 9: Omits *a* before *Arista*.

CLARA. Pues yo a mi p[adr]e defiendo.
MENDO. Ya no es t[iem]po de esa furia,
ya está mi honor satisfecho.
Elena es muger discreta,
bien be la razón que tengo. *16*[*ra*]
Si le he quitado vn hermano,
con darle vn marido pienso
que en algo q[ue]da pagada,
y será el hombre tan bueno
que sea del rey hermano.
ELENA. No es mi mal para consuelo.
Conozco que como noble
en cobrar tu honor has echo;
mas yo perderé la uida
o v[uest]ro rey niño el reyno.

El conde, con gente y Sancho.

CONDE. Asturianos y leoneses,
caballeros y honbres buenos,
los que os tenéys por hidalgos
y nunca fuistes pecheros,
dexad agrabios y ofensas,
dexad batallas y retos,
que los moros de Castilla
a v[uest]ro rey lleban preso,
o a lo menos, si es verdad
que junto a Burgos le han m[uer]to,

3441 *padre* abbreviated *p*[e].
3442 *tpo,* with a flourish on top of the three letters.
3455 + Stage direction flush with text, but separated by lines broken into three unequal segments both above and below. No cross potent.
3457 A check mark x on left margin.
3465 Lope abbreviated *m*[to].

3446 M 9: la he quitado.
3462 que de Toledo los moros.
3463 M 9: lleuauan.

vengad su ynoçente sangre,
que Abel da vozes al çielo.
Para vna cosa tan justa
no os escuséys, caballeros;
que los caballos, si hablaran,
pidieran sillas y frenos.
Pasemos a Guadarrama,
pongamos çerco a Toledo;
vengemos n[uest]ro rey niño
por mártir y por rey n[uest]ro.

SANCHO. Aunque en aq[ue]sta ocasión
hablar vn honbre grosero
os parezca desbarío, *16*[*rb*]
estad, leoneses, atentos,
y tú, Mendo, que vengado
estás de Viuar ya muerto;
que ya e sabido la historia,
porque ui llebar su cuerpo.
Si es muerto el rey o cautibo,
dexa tu agrabio suspenso
y de León y de Asturias
saca los basallos presto.
Nonbra vn fuerte capitán;
que yo desde aquí me ofrezco
matar por el rey mil moros
y por cada hidalgo çiento.

MENDO. Ya que la falta del rey
y tu venida me ha puesto,
Sancho, en la lengua las alas
que me cortaua el silenzio,
digo, conde, que no vamos
sin rey, pues que rey tenemos
a vengar el rey difunto.

3466 M 9: venga.
3483 Ac: llegar.
3493 han.
3495 M 9: al silencio.
3498 al Rey.

CONDE. ¿Rey?
MENDO. ¡Rey, pues!
CONDE. ¿Qué dizes, Mendo?
MENDO. Leoneses, el rey Bermudo
prometió casarse vn t[iem]po
con mi hija doña Clara,
Gozóla y ronpió el conçierto.
Naçió Sancho y doña Sol
del tratado casamiento,
que crié como villanos,
ygnorante del suçeso.
Sancho es v[uest]ro rey, leoneses,
herm[an]o de Alfonso muerto,
hijo del viejo Bermudo,
de Clara, y de Mendo nieto.
Señor soy de Benauides, [*16va*]
todos sabéys si soy bueno.
Besalde el pie como a rey,
que yo le besso el primero.
CONDE. Sancho, el conde de Galiçia
os bessa los pies contento.
FERNÁN. Fernán Ximénez, señor,
da en las abarcas mil bessos.
CLARA. Yo te abrazo como madre.
SOL. Yo como herm[an]a.
ELENA. Y yo quiero,
aunque enemiga, abrazarte.
SANCHO. Leoneses, yo os lo agradezco;

3499 *Men*[*do*]*,* written in pale ink, squeezed into the tight space at right margin.
3517 A check mark + to the right between the two columns.
3521 *Sol* written on top of another character designation completely blotted out.—*herm*[*a*].

3501 procuro casar vn tiempo.
3503 M 9: Omits *y*.
3509 Alfõso el muerto.

pero hazedme vna merçed,
antes que me deys el çeptro.
CONDE. Seruiçio será.
SANCHO. Que a Elena
me otorguéys en casamiento.
MENDO. Por satisfazer la falta
de su hermano te la ofrezco,
si ella al muerto no pareze
en el término soberbio.
ELENA. Digo que soy tu muger
y que más gano que pierdo.
Pues pierdo vn herm[an]o loco
y gano vn rey tan discreto.
SANCHO. Ya, leoneses, tenéys rey.
MENDO. ¡Rey tenemos!
TODOS. ¡Rey tenemos!
SANCHO. ¿Soy v[uest]ro rey?
TODOS. ¿Quién lo duda?
SANCHO. Pues, no lo soy.
MENDO. ¡Santos çièlos!
SANCHO. Sabed que vn fuerte esquadrón
de moros al rey llebaba
cautibo en tal ocasión,
que Laýn muerto quedaua
por esta mano en León.
Acometíle y maté [*16vb*]
tantos moros que libré
al rey, que tengo conmigo.
CONDE. Desde agora afirmo y digo
que no tiene ygual tu fee.
Por esa sola lealtad
reynar Sancho mereçía.

3534 *herm.* (with *o* written above)

3532 su muger.
3537-3538 *M.* quiẽ duda que Rey tenemos / *sa.* soy vuestro Rey? / *to.* quien lo ignora?

MENDO. Aquella fidelidad
naçió de la sangre mía
y es hija de mi verdad.
En esto conozeréys
que es sangre de Benauides.
CONDE. Todo el mundo merezéys.
FERNÁN. Como Atlante y como Alçides
el reyno en honbros tenéys.
SANCHO. Por él boy. [*Váyase.*]
YÑIGO. ¡Qué gran balor!
CLARA. Es hijo de rey, señor.
YÑIGO. ¿Luego ya, Sol, no eres mía?
SOL. Antes verás este día
la firmeza de mi amor.
Señor, la palabra dada
cunplid a Arista.
MENDO. Sí, haré;
que más que [en] mi sangre honrrada
en mi opinión le fié,
quando le çeñí la espada.

Sancho con el rey ni[ñ]o en brazos,
con vna corona en la cabeza.

SANCHO. Este es v[uest]ro rey, leoneses.
Llegad, besalde los pies.
CONDE. Bien es que así nos le des, *17*[*r*]
porque tú tanbién lo fuesses.

3564 *S* blotted out before *amor* (cf. *señor,* 3565).
3569 + Two horizontal lines separate stage directions from text. The top line is broken into two sections. No cross potent.

3554 que es hija.
3561 del Rey.
3567 Ac: en mi sangre.
3569 le fie la espada.

Que como el árbol le honrra
el fruto y se coge ansí,
al rey cogemos de ti
y como al rey damos honrra.
¿Cómo os fue, rey señor?
¡Qué lágrimas me costáys!

MENDO. De todos quantos miráys
soys hijo en lealtad y amor.

ALFONSO. Los moros me cautibaron,
mas gr[aci]as a Dios ya uino
mi hermano, que en el camino
la presa y uidas dexaron.
¿Sabéys ya cómo lo es?
¿Quién que mi herm[an]o no fuera,
esta hazaña hazer pudiera?

SANCHO. Bessaros quiero los pies.

ALFONSO. Y yo quitar de mi frente
esta corona que es v[uest]ra.

SANCHO. La sangre y amistad n[uest]ra
esta merçed os consiente.

ALFONSO. Tened desde oy más por armas,
Benauides, vn león
que esté arrimado a/un bastón.

SANCHO. De tu nobleza me armas.

3586-3587 *Me,* deleted in a way different from Lope's usual practice. *Alf* in pale ink and thin strokes faces 3587. *Pues* (?) deleted by a blot at beginning of 3587. Since the case is doubtful, we assign the entire passage 3582-3588 to Alfonso.

3594 *por armas de oy mas* deleted. New version written on top of the deletion. The change involves a change of rhyme scheme in Lope's mind.

3575 que coge en si.
3576 Ac: en ti.
3577 a Rey.
3585 la vida, y honra.
3586 Assign this line to Mendo. Cf. autograph description.
3587 quiẽ si.

Conoze a mi madre Clara.
ALFONSO. ¡O, Clara!
CLARA. ¡O, rey, mi señor!
Por ser honbre de balor
Arista y sangre de Lara,
le doy con v[uest]ra lizenzia
a Sol, mi hija.
ALFONSO. Está bien;
yo a Villamañán tan bién, [*17v*]
a Mansilla y a Val[ençi]a.
SANCHO. Si hazéys merçed a casados,
con doña Elena lo estoy.
ALFONSO. Sancho, diez villas os doy
a escojer en mis estados.
MENDO. Más te dan, hijo, que pides.
¡Bien mi agrabio se remedia!
SANCHO. Aquí acaba la comedia
del primero Benauides.

d m v o s

Rúbrica

En Madrid a 15 de ju[nio] de 1600

M Lope de Vega Carpio *Rúbrica*

3605 Abbreviated *Val*ª.

3599 *cl.* o mi Rey y mi señor.
3604 Villamartin.
3609 de mis estados.

NOTES AND BIBLIOGRAPHY

TITLE OF THE PLAY

The edition was completed when, through the courtesy of Professor Joseph H. Silverman, we received a photographic copy of the Gálvez manuscript. Its title page reads: "Tragi Comedia famosa / El / Primero / Benavides / En Madrid á 15 de Junio de 1600 / LM." At the top center, a cross; in the upper right-hand corner, the number 112. On the strength of the Gálvez title page and of the last line of the play, we are convinced that the original title was *El primero Benavides*. However, in the Introduction and Notes we have adhered to the more generally known title, *Los Benavides*.

THE ACTORS *

For Act I, our photostat shows clearly that there were two casts of characters for two productions or performances.[1] For Act II we find the names of only three actors, and none for Act III.

Some of the characters in the two casts were represented by the same actors, others not. The outer column of the cast for Act I represents the original cast and the names of the actors were most likely supplied by the actor-producer (*autor*) Pinedo himself. The names of the inner column were written by a respectful subordinate of Pinedo's because this person added S^r and *S* respectively to the names of Pinedo and his wife Juana.

The First Cast

Auendaño (*Payo de Bibar*). He is "Lope Sasieta de Abendaño, comediante de la compañía de Pinedo," who died in Valladolid on February 10, 1605 (Alonso Cortés, pp. 60-61). He is probably identical with the Avendaño "whom Rojas called famoso representante y apacible poeta" (Rennert, *Stage,* p. 426). His most famous son was Cristóbal de Avendaño, the child-actor Cristobalico, we believe, who played Alfonso V in the first cast (see below).

* More detailed information about the actors is available in Arnold G. Reichenberger, "The Cast of Lope's *Los Benavides,*" in *Homage to John M. Hill* (Indiana University, 1968), pp. 161-176.

1 Professors J. E. Varey and N. D. Shergold have recently published the photocopy of a manuscript of *Troya abrasada* by Zabaleta and Calderón which presents a second cast list exactly in the same way ("Sobre la fecha de *Troya abrasada* de Zabaleta y Calderón," *Miscellanea di Studi Ispanici,* Ed. Guido Mancini [Univ. degli Studi di Pisa, 1963], pp. 287-297).

Aguado (*Laýn Téllez*). This is the name deleted and replaced by *falta* to the right. It is uncertain whether Aguado was supposed to play in the first cast or in the second. If Aguado was a member of the first cast, it is not certain which of the three Aguados, Juan, Pedro, and Simón, mentioned by Rennert, *Stage*, p. 412, he was. If he played in the second cast, it was most likely Simón who joined Pinedo's company on March 30, 1610 (López Martínez, p. 64).

Assuming the name of the actor replaced by Aguado for the first cast to be Salcedo, he could be Nicolás de Salcedo, son of the *autor de comedias* Mateo de Salcedo, who died before 1608 (Rennert, *Stage*, p. 591).

Illegible (*Fernán Ximénez*).

Alonso de Uillalba (*Yñigo de Lara*). There are two actors by that name, father and son. The former died before September 7, 1605 (Rennert, *Stage*, p. 628). As *autor* he performed in Madrid in 1590 (Pérez Pastor, VIII [1906], 370). His wife was Ana Romero or Romera. Since he was replaced for the second cast, Alonso de Villalba is, then, most likely the elder Villalba. Former *autores* with advancing years had to be satisfied with relatively minor roles.

Miguel Ruiz (*Mendo de Benauides*). Miguel Ruiz and his wife Ana Ruiz or Ana Martínez, who perhaps is identical with the famous actress Baltasara de los Reyes (Rennert, *Stage*, p. 588), were in Pinedo's company in 1607, 1609, 1611.

Pinedo (*Sancho villano*). He is Baltasar de Pinedo, *autor* of the company and active as such, although not without interruptions in the beginning, from 1596 to 1621. In late 1599 or early 1600 he was engaged in setting up his own company (Wilder). "Lope created the role of the youthful, handsome, strong and generous Sancho for the actor Baltasar de Pinedo and so helped him in launching his career as successful *autor* which lasted for over twenty years" (Wilder). Lope mentions Pinedo in *El peregrino en su patria* (Madrid, 1604), f. 198: "Pues haze siendo principe en su arte / altos metamorfoseos de su rostro, / color, ojos, sentidos, voz y efetos / transformando la gente..."

Juana (*Sol labradora*). She is Juana de Villalba, wife of the *autor* Baltasar de Pinedo, daughter of Alonso de Villalba who plays Yñigo de Lara, and Ana Romero. She was still living in 1619 (Rennert, *Stage,* p. 629).

S[a] *Geronima* (*D. Clara hija de Mendo*). This actress cannot be identified with absolute certainty. There were three Jerónimas connected with Pinedo's company at various times: Jerónima Rodríguez, the famous Jerónima de Burgos, and Jerónima de Salcedo, wife of Lope or Sebastian de Sasieta de Avendaño (Rennert, *Stage,* pp. 428, 591), who plays Payo de Vivar. Jerónima de Salcedo is the most likely candidate, since women were supposed to have a father or husband in the same company.

Note that the name Jerónima was not changed for the second cast, but that S[a] seems to have been added later. It is quite possible that the Jerónima of the second *reparto* is not the Jerónima of the first. Jerónima de Salcedo had already died by 1610, according to Suárez de Figueroa's *Plaza universal* (Rennert, *Stage,* p. 591). If this notice is correct, the "Geronima" of the second cast cannot be Jerónima de Salcedo. It could be Jerónima Rodríguez, who was in Pinedo's company in 1613 (Rennert, *Stage,* p. 578) or Jerónima de Burgos. Since the child player of the second cast was a *ge*[*roni*]*ma* and Jerónima de Burgos had a niece, Jerónima Sánchez, who joined the Pinedo company with her aunt (Wilder), there is a greater probability that S[a] Geronima of the second production is Jerónima de Burgos. "S[a] Geronima" would then actually refer to a Geronima different from the actress of the first cast.

Illegible (*Melén González Conde*).

Ana (*d. Mayor su muger*). Her identity is doubtful. She is either Ana Romera, wife of Alonso de Villalba, or Ana Martínez de los Reyes, "La Baltasara," who with her husband Miguel Ruiz was in Pinedo's company at various times (1603, 1607, 1609, 1611). It would seem more appropriate to identify "Ana" with the older Ana Romera in the role of the elderly Doña Mayor than the young Ana Martínez who had played *D*[a] *Barbara dama* in *El blasón de los Chaves* in 1599.

Xroualico (*Alfonso quinto rey niño*). Lope de Sasieta Avendaño (Payo de Vivar) had a son Cristóbal who is undoubtedly our "Cristobalico." Father, mother, and son joined the company of Andrés de

Heredia in 1601 (López Martínez, p. 69, where "su hijo Cristóbal" is explicitly mentioned). In 1610 Cristóbal de Avendaño was a member of the Pinedo company in his own right, and on November 16, 1620, as a member of the company of Tomás Fernández he is declared as being more than 25 years old. Therefore, in 1600 Cristóbal de Avendaño would be a child actor of six to eight years. He is most likely identical with the famous *autor* of the same name, who staged many Lope plays.

Galvez (*vn alabardero*). The only Gálvez mentioned by Rennert (*Stage,* p. 478) is Jerónimo de Gálvez, who died in 1604. He could be, then, in the first cast, but not in the second, if, as we believe, the second cast performed around 1610 (see below).

The Second Cast

1. It is comprised by the actors' names written between the character and the name of the actor listed in the outer column (see photostat).

2. Two names appear in both columns, that of Pinedo and Juana, playing *Sancho villano* and *Sol labradora* respectively. *S*[r] and *S* were added to their names (see above, p. 247). The names Gerónima and Gálvez also appear in both productions. S[a] seems to have been prefixed also to Jerónima's name for the second production, just as in the case of "S Juana".

3. Finally, there is a third group of actors' names, written either on top or to the right side of another actor's name who had belonged to the first cast.

Barrios (*Payo de Bibar*). A Baltasar de Barrios was a member of Pinedo's company on March 30, 1610 (López Martínez, p. 63). There are also Cristóbal de Barrio (sic) and Antonio de Barrios whose dates could possibly fit (Rennert, *Stage,* pp. 430-431), but since Baltasar was in Pinedo's company in 1610, we are inclined to believe that Baltasar de Barrios is our actor. Also he receives the highest salary, "trece reales cada día de ración y representación menos cuarenta reales al cabo del año" (López Martínez, p. 63), which is in accordance with the important role of Payo de Vivar he is performing.

Falta (*Laýn Tellez*). But see "Aguado" in the first cast.

Mudarra (*Fernán Ximenez*). He is Francisco de Mudarra, who was *autor* in 1617 and 1619 and is the author of the play *Nadie diga mal del día hasta que la luz se acabe,* 1617 (Rennert, *Stage,* p. 533). He was in Pinedo's company in 1613, when he played the father of the saint in Tirso's *Santa Juana, primera parte* (Tirso, I, 767).

Guebara (*Yñigo de Lara*). Rennert, *Stage,* pp. 488-489, lists six actors of that name, including Pedro Cerezo de Guevara (p. 452). This actor is in the company roster of Pinedo on March 30, 1610 when his salary is fixed at "diez reales en cada un día de ración y quitación y más un par de medias de seda al cabo del año" (López Martínez, p. 64). He is, in all likelihood, our Guevara.

Bazq[*ue*]*z* (*Mendo de Benauides*). A Fernán Vázquez was a member of the Pinedo company on March 30, 1610. His salary was "nueve reales y medio menos veintiocho al cabo del año" (López Martínez, p. 63). This Fernán Vázquez is unknown to Rennert, *Stage,* pp. 620-621.

Vallejo (*Melén González Conde*). There were three generations of actors named Vallejo (Rennert, *Stage,* pp. 615-618), the most famous being Manuel Vallejo, who was *autor* in 1622 and died in 1644. He is the son of Diego Vallejo who had a company in Gibraltar in 1614 and Valencia in 1618 and played Anticristo in Alarcón's play of the same title. Diego is the only Vallejo whose dates would fall into line with those of the others of the second cast.

Salcedo (*d. Mayor su muger*). Of the three actresses called Salcedo, Lucía, who played *primera dama* in *El sembrar en buena tierra* (1616) and was too young for the role of the elderly D. Mayor, and Gerónima, wife of Avendaño, who played Doña Clara in the first cast, there remains only María de Salcedo, wife of Pedro Ximénez de Valenzuela, who was an *autor* in 1601-1602 (Rennert, *Stage,* p. 591). The situation of Valenzuela and his wife or widow would be similar to that of Alonso de Villalba, in that former *autores* who are going on in years have to be satisfied with small roles. All this is purely hypothetical.

Gero[ni]ma (*Alfonso quinto rey niño*). The ge[roni]ma who replaced the boy-actor *Xroualico,* who had outgrown his role in 1610 or 1611 must be a young girl, still a child. Jerónima de Burgos, the famous actress, was godmother to Lope's and Micaela de Luján's son Lope Félix already in 1607 and was married to actor-*autor* Pedro de Valdés in 1610 when Pedro de Valdés and his wife and Pinedo and his wife combined their companies in Seville until *Carnestolendas* 1612. At this time "el matrimonio Valdés asociaba a la compañía a su sobrina Jerónima Sánchez" (López Martínez, p. 62). Jerónima de Burgos' niece Jerónima Sánchez, therefore, might very well be the child actress playing the six-year-old king Alfonso V in the second cast.

The cast with Baltasar de Pinedo in the leading role surrounded by the members of his newly formed company makes *Los Benavides* a "Pinedo play," i.e., sold by Lope to Pinedo, and confirms Mr. Wilder's thesis expounded in 1953 that Lope assembled the Peregrino lists according to commissions from *autores.* "The plays from P-205 (*La Serrana de la Vera*) through P-216 (*El Catalán valeroso*)... are indubitably 'Pinedo plays,' written before the end of November, 1603" ("Lope, Pinedo," p. 20). *Los Benavides,* as *El primero Benavides,* is Number 210.

The two *repartos* are chronologically rather far apart. The first is probably for the first performance. The first recorded performance was in late January or early February, 1601, since the first *aprobación* by Tomás Gracián Dantisco is dated January 24, 1601 (Amezúa, p. 31). The dates assembled for the members of the first cast fit this date. The dates for the second *reparto* concentrate around 1610 when many of the actors reported by López Martínez, pp. 63-64, for March 30, 1610, appear in this second *reparto.* These findings would show that *Los Benavides* was in Pinedo's reperotire around 1610, that is, four years after the last *aprobación* (1606) reported by Amezúa (*loc. cit.*).

Notes

Act I

30 Lo refers to *ynfame* (26).

39-40 A word play on *alzar* "recoger alguna cosa para marcharse" and *alzarse* "sublevarse, rebelarse" (cf. Cuervo, *Construcción,* I, 376b-377a).

46-60 Mendo compares the boy king's situation to that of Joseph in Genesis, xxxvii. Payo and his followers correspond to Joseph's brothers who threw him into the pit and sent Joseph's torn raiment soaked with the blood of a goat kid back to their father Jacob to make him believe that Joseph had been killed by wild animals. The position of Bermudo II, the late king and father of Alfonso V, to whom the knights are bound by their oath of allegiance (lines 49-50), is analogous to that of Jacob. Mendo sees himself as the Ruben of Genesis, xxxvii. 21-22, who pleaded for Joseph's life (56-58). The father image and the king image are merged (47-50).

51 Este. Mendo points to Payo de Vivar.

62 Soys hermanos, like Joseph's brothers.

75 Dos trayziones. One is that Payo de Vivar wants to remove the king from the court and the other that he wishes to usurp the throne himself. Yet, both treacherous acts are really one and the same.

79 Ynprimir. The infinitive has passive force (Keniston, 37.84).

120 Hazén (Hixem II, Hissem, Hesham). Son of Alhaca (al-Hakam III) of Cordoba, third Calif of al-Andalus (976-1009; 1011-1013), during the life time of Bermudo II and Alfonso V. He was gradually stripped of his power by his minister, Mahomad, known later as Almanzor. Hazén ruled, in name only, for approximately thirty years. See *Esp. mus.,* IV, 402; Risco, p. 15; Mariana, XXX, 232a.

122-125 For the pun on *León-león* cf. *El conde Fernán González,* 2998-2999: "¡Guárdate, León, / que van sobre ti leones!" Also in *Benavides,* 170, 633.

122 Read *a Le/ón que rey / espera* (Poesse, pp. 27-28, 76).

144 Golfo. Not in the sense of Eng. *gulf,* Ger. *Golf,* but "toda la extensión del mar" (*Dicc. Ac.*) A different sea image occurs in 757-758.

146 De mi acuerdo. *Acuerdo* 'parecer, dictamen, consejo, parecer' (*DHLE* [1964], p. 600c). We have not found the adverbial construction with *de* + personal pronoun. The closest parallel is construed with *por*: Juan Manuel, *Libro de los estados* [1327-1332], p. 589: "Por su consejo y por su acuerdo deve fazer el papa todas las cosas que son para acresçentar y mantener et defender la nuestra sancta y verdadera ley." The construction is probably a contamination of the phrases *de acuerdo* and *por mi acuerdo.*

155 Sobre la luna, that is above the sublunary or terrestrial world, out of the reach of ordinary mankind. Cf. *El remedio en la desdicha,* Ed. J. Gómez Ocerín and R. M. Tenreiro (Madrid, 1920), I, 344f.: "A nadie de vista pierde / la envidia, aunque esté en la luna"; *El castigo del discreto,* Ed. Fichter (New York, 1925), line 1626: "Esta garça ... / no es para vuestro alcotán, que es para sacres altivos / que sobre la luna están" (with two more Lope references of the idiom given in the editor's note). See J. E. Gillet, "So la luna," where the examples appear on pp. 205-206.

170 Vn león [the Leonese boy king] *de otro león* [Count Melén González]. The count is not a Leonese, but a Galician nobleman. *León* is, therefore, used here metaphorically. About Galicia as part of the kingdom of León, see *Dicc. Hist.,* I, 1196b.

176-180 Both Count Menendo [Melendo, Melén] González and his wife Doña Mayor are historical characters. See Int., pp. 34, 36.

178 The Visigothic tradition "fue mito y fuerza operante en la España cristiana medieval y ... el descender de los godos se consideró timbre de honor e ilustre prosapia por los monarcas españoles y sus súbditos. La tradición de esas ideas, del 'goticismo' perdura largamente" (Clavería, "Reflejos del 'goticismo' español," *Hom. D. Alonso,* I, 360). From the pseudo *Quijote* by Avellaneda, Clavería quotes "valerosos leoneses, reliquias de aquella ilustre sangre de los godos" (p. 364), an echo of the generally held belief about "la nobleza de sangre más pura de los linajes del Norte de España, tierras a las que nunca llegó la invasión musulmana" (p. 362). That Lope prided himself on his northern *hidalgo* ancestry is well known. Cf. also lines 611, 797, 808, 813, 975.

179-180 Doña Mayor's character is so superior that it defies envy. Envy, discussed as the Spanish national vice by Unamuno, Ortega, and Camilo Cela, is reflected in the extensive and elaborate use of competitive imagery, where concepts such as *envidia* and *desafío* are frequent. See Arnold G. Reichenberger, "Competitive Imagery."

186-187 Dar traza en estas amistades. "To find a way to make these friendships a reality."

199 Quien represents a zeugma, referring syntactically to *hombre* and in meaning to *palabras. Quien* can follow a plural feminine antecedent. The phrase *levan-*

tarse el viento palabras is represented with two examples in Fernández Gómez, *Vocabulario de Cervantes,* p. 107a-b.

206-207 The expression is ambiguous. [*Los hombres*] *interronpen su estilo* "are at cross purposes with their accustomed way of life," that is, when they are in love with someone below their rank, or when other obstacles are in their way. This is exactly the case of Sancho, who is, (a) a king's son and (b) Sol's brother. Yet, neither of them knows their true identity. Although *estilo* has here the figurative meaning of "la costumbre y modo de proceder de un hombre en todas sus cosas" (Covarrubias, s. v. *estilo,* p. 565b, 61), the choice of the term may have been suggested by association with *palabras* (198). Cf. "Minshev 1617: tener por estilo: *Assuescere*; *to be accustomed*; perder el estilo: *Dissuescere, to grow out of custom, or use*" (*Tes. lexic.,* 984c).

222 Los dos, if not a slip of Lope's, would refer to daughter and father, although the following line would suggest *las dos.* Ac made the change in the text.

229 En Benavides, su aldea. For the location see Int., pp. 58-59.

233 As to the age of Alfonso V, see Int., pp. 43-44.

249 Tres leguas, of course, simply indicates a short distance. A Spanish league is 5,572 kilometers or about 3.5 miles. The actual distance between Benavides and León is about six Spanish leagues. At present, there are various routes by which one can reach Benavides from León. D. Nemesio Sabugo, a resident of Benavides, has provided the following information: via Carrizo, 34 kilometers; via Villadango del Páramo, 30 kilometers; via Hospital de Orbigo, 36 kilometers (Letter, January 25, 1968).

256-259 Sc. *luego asoma.* "Name the Devil and he will appear." Germ. "Wenn man den Teufel nennt, kommt er gerennt (= gerannt)." Listed in *Dicc. Aut.,* s.v. *ruin* and translated "Lupus est in fabula." First listed in Hernán Núñez, *Refranero español* [Valencia, n. d.], p. 79, as "El ruin de Roma, en mentándole, luego asoma." Also in Martínez Kleiser, *Refranero general ideológico.* Gonzalo Correas, *Vocabulario,* Ed. L. Combet [Bordeaux, 1967], p. 136a: "En mentando al rruin de Rroma, luego asoma; o En nombrando...." Variants of this proverb reflected in the text: "En mentando al rruin, hele venir" (Correas, *loc. cit*), "le verás venir" (Rodríguez Marín, *21.000 refranes,* p. 191a). Juan Riveiro (*Frazes feitas,* apud Montoto y Rautenstrauch, II, 334-335) suggests: "Este ruim de Roma, anticristo ou diabo, era (quem o diria?) o papa. Os portuguezes, o em general, os peninsulares, aderiran a Santa Sé de Avinhão durante o chamado *Novo Cattveiro* [sic] *de Babilonia* no secolo XIV, e si esse lapso de tempo os papas romanos tidos por anticristos ou quazi diabos eran os *ruins de Roma.*"

271 Alguien refers either to Sancho himself or it may also be an allusion to the conversation between Doña Clara and Sol.

279 The adoration of the sun by the Incas was well known in Spain through the histories of the *conquista.* Cf. Covarr., s.v. *India*: "Ay libros del descubrimiento dellas [de las Indias Orientales y Occidentales] y corónicas; y así no tengo que detenerme en esto" (p. 734b 18).

288-291 El. "El sol del cielo."—*Parar.* 'poner,' 'dejar'; a hyperbolic metaphor.

310-355 The analogy *amor—fuego* (310-311) is Ovidian and a *topos* in *culto* love poetry. The main part of Sancho's outburst of wrath and happiness, however, takes its curses and blessings from his own rustic environment, with the exception of the *campo florido—alfombra* image (350-351). *Bendición* and *maldición* correspond to each other in near parallelism (22 lines vs. 20 lines, except that the reference to an abundant table is point four in the series of *maldiciones,* but point two of the *bendiciones*).

318-319, 344-345 Note the reference to the *venganza* theme which will dominate the action shortly. Cf. also lines 104-105.

350 As in *El sembrar en buena tierra* 735, 1360, 1388, 1918, Lope has omitted the preposition *a* before a word beginning with *a.* See Fichter, ed. *El sembrar,* 735n.

358 Debaxo de. "Con un infin. denota la premisa o supuesto que asegura el acierto en lo que se hace o dice (ant.)" (Cuervo, *Construcción,* II, 803a, with two examples from Cervantes: 'por consecuencia de,' 'a causa de' [*Don Quijote,* III, 388,8; 451, 14]).

369-370 Since Sancho and Sol are Clara's own children—unbeknown to the young couple—Clara has to resort to stalling, as she had already done in line 236.

379 Penas. *Esperanza* is a *pena* because its fulfillment is doubtful. Cf. Thomas Aquinas, *Summa Theologiae,* I-II, q. 40, art. 2: "Circa obiectum spei...requiritur quod sit arduum cum dificultate adipiscibile."

382-383 Toros and **cañas** together form part of festivities mentioned in Cervantes, *La Gitanilla,* I, IV, 37v° and *Don Quijote,* II, III, 44v° (cf. Fernández Gómez, *Vocabulario,* s.v. *caña,* p. 178a and s.v. *toro,* p. 1022a). Also Góngora, ed. Foulché-Delbosc, I, 257: "Juegan cañas, corren toros, / cortesanos caballeros" (see Alemany y Selfa, *Vocabulario,* s.v. *caña* and *toro*). Also *Chron. gen.* part. 4, fol. 249, "... lidiaron toros e jugaron cañas" (*Dicc. Aut.,* II, 128b, s.v. *caña*).

385-388 These lines make syntactical sense only if *quien* (388) is understood as the equivalent of *el que.* Yet, Sol's statement in line 389 is phrased as if line 388 had been understood by her as a question. The text in the autograph is not clear. There is a question mark on the right margin alongside lines 385-387, possibly by a different hand. Note the change of the text in the printed editions.

393 En paz de The *Dicc. Ac.* gives as one figurative meaning of *paz* the "desquite o correspondencia en las acciones o palabras que intervienen de un sujeto a otro." The extended meaning is clearly "to quiet my annoyance." There exists an idiomatic phrase *en haz y en paz. Don Quijote,* V, 451, 21 and 470, 4 has "en paz y haz de la santa Iglesia Católica," 'De acuerdo con' (Fontecha).

394 Agua. The only thing water and ink have in common is that they are liquid.

402 Le refers to *desseo* (399).

404 Nema. "Cierre o sello de una carta" (Gr. νῆμα). (*Dicc. Ac.*).

420-439 Note the cosmic hyperbole.

421-423 Cuervo, *Construcción,* II, 50b, records the transitive use of *caminar,* "sirviendo de acus. la distancia o el espacio recorrido." However, only one example corresponds to the usage in this passage, *caminar la tierra,* in Hurtado de Mendoza, *Guerras de Granada,* in BAE, XXI, 109a. *Volar los çielos* follows the same syntactical pattern.

434-435 M 9 did not interpret these lines as a question and changed the text accordingly. The construction *pudiese...como fuese* was of low frequency in sixteenth century prose (Keniston, 31.32).

438 Primer mouimiento. A reference to the *primum mobile,* the first sphere below the fixed Empyrean. It causes all the other spheres to move. See Otis H. Green, *Spain and the Western Tradition,* I, 158.

451-453 A[ç]abache is associated with Galicia, the region which forms part of the geographical-historical background of the plot. Covarr., p. 173a 13, s.v. *azavache,* reports: "En España ay algunos minerales della, de la qual en Santiago de Galicia hazen algunas efigies del Apóstol, cuentas de rosarios, higas para colgar de los pechos a los niños, sortijas con sus sellos y otras muchas cosas."

456-457 There is a word play on *gargantilla* 'necklace' and *gargantilla* 'pretty little throat.' The lions of the necklace will defend her pretty little throat (*la*) from Sancho's caresses as her "yngratas manos" have been doing.

466-472 Compare the description of Diego Laínez's anguish after having suffered the grave offense of the *bofetón*: "No puede dormir de noche / nin gustar de las viandas / ni alzar del suelo los ojos / ni osar salir de su casa, / nin fablar con sus amigos, / antes les niega la fabla, / temiendo que les ofenda / el aliento de su infamia" (*Romancero general,* ed. Durán, BAE, X, 479a No. 725). Lope's style is much more dramatic than the even narrative of the *romance.*

485 Hermana tiene grande. Lope refers to Teresa, who was one of the three legitimate children of King Bermudo II and Doña Velazquita. See Int., p. 42.

491 Tener "with the pure infinitive ... is found indicating futurity and necessity" (Keniston, 34.81). More examples from Lope are noted by the editor for *El sufrimiento premiado,* 249n, used side by side with the construction *tener de.*

492-505 The sonnet expresses the two main tenets of the honor code. Life without honor is civil death (quartets); public dishonor means being an outcast among his equals (tercets). The honor of the *villano,* so prominently defended in *Peribáñez, Fuenteovejuna,* and *El alcalde de Zalamea,* is not recognized in this sonnet (cf. 501).

503-505 The metaphor is based on the double meaning of *mano* 'hand' and 'hand of the clock.'

534 Sus cabezas refers to *moros* (531) where it appears as an adjective. *Sus* represents a "syntaktisch kompliziertes Zeugma," *moros* now being conceived of as a noun (Lausberg, 701 [I, 350]).

542 This line can only be understood as an *aparte*.

543 **Ellos.** Sc. *los ojos* (540).

549 Mendo, the only male in the family, means everything to the woman depending on him. According to the social code he also has the obligations of a son and a husband toward the family.

550-553 Since none of these appellatives (549) elicits information from him, Clara appeals to his fundamental *ser*, the noble Mendo de Benavides.

564 Elliptic construction for *offenderle agena mano más que offenderle a su padre sufriera.*

568 *Infanzón.* "Término antiguo y vocablo que aora no se usa; vale tanto como cavallero noble, hijodalgo, señor de vasallos; pero no de tanta autoridad como el titulado o señor de título ... como lo declara la ley de la partida 13, tít. I, part. 2; y dando su origen dize: 'E como quier que estos vengan antiguamente de buen linage y ayan grandes heredamientos, pero non son en cuenta destos grandes señores, que de suso diximos' " (Covarr., 736, 3b).

574-609 Lines 574-609 are one extended sentence which got out of hand. The subject is *Bermudo* (574), the predicate *murió* (606). Lines 575-589 are a participial construction, like a Latin ablative absolute, packed with a relative clause (576-577) and two appositional clauses, *el cruel que* (578) and *el que llebó* (582) ... *y las pusso* (584) ... *y* ... *las puso* (588). 590-593, notably omitted by the printed texts, is another participial construction, but this time the equivalent of a *participium coniunctum,* referring back to Bermudo (574). Lines 593-594 are appositional to *Almelique*. With 594, *habiendo reedificado,* Bermudo continues to be the subject. The following scheme tries to present the syntax of these lines visually:

		El famoso rey Bermudo	574
		venzido el alarbe monstro	575
		que...llaman	576
		el cruel	578
	Almanzor	que...entró	578-579
		del que	580-581
Bermudo		el que llebó...y las pusso	582-586
		que ygualan	586-587
		y (586)...puso	588
		habiendo puesto a Almelique	590-591
		el que...se llama y reyna	592-593
		habiendo reedificado	594-597
		murió	606-608
		habiendo (598) ... llebado (601) ... y puesto (603)	598-603
		del que dixo	604-605
		que son	609

574-609 See Int., pp. 37-40.

576 *Algahib* (Mohamed, Al-Mansur, Almanzor). See Int., pp. 39-40.

578-589 Almanzor occupied Santiago de Compostela in the year 972 (era 1010). See Int., p. 38.

586-587 In *El conde Fernán González*, 93-97, Lope also gives the number of columns in the Mosque of Córdoba as 365, but in a much more elaborate periphrastic form: "No la mezquita del Moro / que tantas columnas tiene / como forma el sol que viene / por sus paralelos de oro / harán con él competencia, / etc." To equal the number of columns of the famous mosque with the number of the days of the year is either legendary or Lope's invention to convey a dazzling image of the enormousness of their number. Originally there were only 110 columns (*Esp. mus. Inst. y arte*, V, 347). At various times, especially during the Middle Ages, the number was increased to more than one thousand. According to *Baedekers Autoführer Spanien und Portugal* (Stuttgart, 1955), the Cathedral proper, not including the *Patio de los naranjos* and the half columns in the walls, has now 856 columns and had 63 more before construction of the *Coro* (1503-1599). The total was 919. See also *Dicc. Enc. Espasa-Calpe* (1927), s. v. Córdoba.

588-589 Almanzor placed the bells from the church in Compostela in the mosque in Córdoba to be used as "lámparas." See Int., p. 38.

590 The disregard for the accurate reproduction of foreign or more or less unfamiliar names is a heritage of the medieval tradition. "Esa libertad ... no emana precisamente de ignorancia, sino de despreocupación" (María Rosa Lida de Malkiel, *Juan de Mena*, p. 264).

590-593 "Habiendo puesto a Almelique ... notable assombro" refers to the defeat the Christians inflicted upon Almelique, driving his forces out of León which he had destroyed, and back to Cordova. However, the liberator of León was not Bermudo, as Lope has it, but Conde Garci Fernández of Castile. Cf. *Crónica general*, II, 450a, no. 756: "Mas Garçi Fernandez, Conde de Castiella, luego que lo [la destrucción de León] sopo, veno a el [Abdelmelic] con muy grand poder de caballeros et de omnes a pie, et fizol ende leuantar por fuerça et segudol et matol muchos moros, assi que torno el muy desbaratado a la cibdad de Cordoua. Et dalli adelant nunqua quiso uenir a correr tierra de cristianos, mas finco en su tierra." Mariana, XXX, 236b, reports the same facts. "Almelique" is a distortion of the name Abdelmelic, found in the *Crónica*, no. 755 (at end); "pues que Almançor fue muerto, finco en su lugar Abdelmelic, que era llamado por sobrenombre Almodaffar [Lope's Abuntafin]." Further on in no. 756 the *Crónica* calls Abdelmelic "fijo del rey Almançor," and so does Mariana, XXX, 236b. Mennédez Pidal, ed., *Crónica general*, II, clx, no. 756 transcribes the name as Abd al-Malik al Muzaffar.

592 Abuntafin. "Al regreso de la victoriosa expedición que emprendió contra la plaza de Clunia Abd al-Malik solicitó y obtuvo de Hisham II la concesión del título honorífico de al-Muzaffar, 'el Triunfador,' con el cual suelen designarle los historiadores árabes" (*Esp. mus.*, IV, 443).

593 He had the *de facto* power, but Hisham II was nominally the reigning caliph.

600 King Bermudo transferred the relics of the saints and remains of his ancestors from León to Oviedo to prevent Almanzor from desecrating them (Int., p. 38, n. 28).

602-605 Mariana, xxx, 234a, attributes this act to Bermudo himself, but his name is not mentioned in the *Crónica general*: "Los cibdadanos de Leon et de Astorga, temiendo que uernie Almançor all otro anno adelante con su hueste sobrellos, tomaron los cuerpos de los reyes, que eran enterrados en Leon en Astorga, con el cuerpo de sant Pelayo et leuaronlos a Asturias, et enterraronlos en Ouiedo en la eglesia de santa Maria, et pusieron el cuerpo de sant Pelayo sobre ell altar de sant Juhan Bautista" (II, 445-446, no. 747). The reference made by Lope "del que dixo *Ecce agnus dei,*" is to John the Baptist. See John I:29.

609 **Teressa**. See 485n.

611 Cf. 178n.

614-617 It is part of the honor code that the *agravio* is worse if committed by a person not the equal of the *agraviado*.

633 **Otro** must refer to the city of León. If King Alfonso were to live with Payo de Vivar he would still be living with a Leonese. Only in line 1624 Payo renounces his obligations as a *leonés*. Note that the printed texts have *esté* to avoid the ambiguity as to whether *otro* refers to the city, the kingdom, or to Mendo de Benavides.

646 **Con** 'despite'; *enseñada* 'docto,' 'instruido,' *ant.* according to *Dicc. Ac.*

647 **Corto.** The first person present is somewhat disturbing, although explainable as a vivid historical present through the association with the historical present used in his story of the slapping episode.

659-661 Only Laýn Téllez, Yñigo de Lara Arista, and Fernando (= Fernán Ximénez) are in the cast.

668 **Mudarra.** Reference to the avenger of the death of the *Siete Infantes de Lara*, his stepbrothers. See lines 751-753.

694-705. Note the *double entendre* in this passage. *Conoziόme* (694) implies also the biblical sense of "tener el hombre acto carnal con la mujer."

714 The audience is not supposed to raise the question of verisimilitude "how could Clara keep the secret?" This Aristotelian law does not apply to the *comedia*, particularly not to a legendary one like *Los Benavides.* Nevertheless, shortly afterward (776-778) Mendo shows his surprise that a woman could keep such a secret.

718-721 "The lovers are protected by the clandestine marriage (secret betrothal), as in the romances of chivalry." "This arrangement had civil and religious validity until after the Council of Trent (1563)" (Otis H. Green, *Spain and the Western Tradition,* I, 78, 106 and note 127, with reference to Justina Ruiz de Conde, *El amor y el matrimonio secreto en los libros de caballería* [Madrid, 1948]).

727 Truxo. For this now archaic and dialectal form, see *Carlos V,* 617n.

733 King Sancho II Garcés Abarca of Pamplona (or Navarra) and Aragón "tuvo este apellido de Avarca, o por averse criado cuando niño en ábito de serrano para estar más dissimulado, o porque aviendo de passar los Pirineos para ir a socorrer a Pamplona, que la tenían cercada los moros, y estando cargados de nieve dio orden como los passassen con estas avarcas" (Covarr., p. 25b, 21-28).

757-758 The sea image has occurred before, in line 144 with *golfo.*

767 The intransitive use of *propagar* is not recorded in the dictionaries nor in Fontecha or Romera-Navarro, *Registro.*

768 The upward thrust of the branches, in the physical as well as in the figurative sense, "*compete*" with the sky. *Competir,* within the image system of competitive imagery, actually takes on the meaning of *desafiar.*

776-778 Cf. 714n and 734-735.

780-783 Royal blood will eventually reveal itself even if the royal descendant is brought up as a rustic. The classic example is the Cyrus story, treated by Lope in his play *Contra el valor no hay desdicha* and by Luis Vélez de Guevara in his *El rey en su imaginación.* Cf. Arnold G. Reichenberger, "Herodotus in Spain," *RPh,* XIX (1965-66), 244-245, with further bibliography. María Rosa Lida, *El cuênto popular en la literatura española* (Buenos Aires, 1941), p. 53, mentions, together with *Los Benavides* and *Contra el valor, El hijo de Reduán, Los prados de León, El aldegüela, El testimonio vengado* "y muchas otras [comedias]" with the same motif.

788+ Chirimías. First appearance, 1461. From Old Fr. *chalemie,* Lat. *calamellus,* dimin. of *calamus* 'caña' (Corominas, *Breve dicc.,* s.v.). The instrument is similar to the oboe. "Instrumento de boca, a modo de trompeta derecha sin buelta, de ciertas maderas fuertes ..." (Covarr., 436b, 8). For illustration see *Enciclopedia Pictórica Duden,* Pl. 137, 7.

790 At the end of the tenth century the kingdom of León was composed of Asturias, Galicia, and León proper, and two *marcas fronterizas,* Portugal in the West and Castile in the East (*Dicc. Hist.,* II, 207a).

824 The line has implications for the character of Sancho, also a son of Bermudo.

827-829 Bohordos. The *bohordo* is a "lanza corta arrojadiza, de que se usaba en los juegos y fiestas de caballería" (Alemany y Selfa, s.v.). "Quien en la plaça los bohordos tira, / Mata los toros i las cañas juega?" (Góngora, I, 234).

827 Nuebos. Sc. *bohordos* as short spears, or with change of meaning, spear throwers. Cf. Covarr., "ya puede ser que en algunas partes sean los mesmos bohordos los que tiran" (225b, 4-6).

828 In *El conde Fernán González,* 1012-1115, *villanos* disguised as *moros* kidnap Fenisa or try to do so in order to save her from an unwanted marriage to Bartol, while she is in love with Mendo. According to R. Ricard, quoted by Marcus, p. xviii.

n 23, this is "gesunkenes Kulturgut." Before, the *hidalgos* amused themselves with *torneos* between "*Moros y Cristianos.*" Cf. Lope, *Fiestas de Denia,* BAE, XXXVIII, 474. See also R. Ricard, "Otra contribución al estudio de las fiestas de Moros y Cristianos," *Miscellanea P. Rivet octogenario dicata* (México, 1958), II, 871-879. For the kidnaping the peasants are supposed to be dressed in "moriscos vestidos" (*Fernán González,* 290).

830-839 The concept of *Panem et circenses* is reflected here.

831 *Obsequias* today obsolete for *exequias.* "Por cruce con exequias se dijo *obsequias* en los SS. XVI y XVII" (Corominas, *Breve dicc.,* p. 515a). The modern *obsequio* made its appearance in the late seventeenth century according to Corominas, *loc. cit.*

837 Basallos. Lope conceives the relation between the Roman emperors and the Roman citizens according to the laws of the feudal relation of *señor* and *vasallo.*

838-839 An anacoluthon consisting of a subjunctive clause of intention and an infinitive with an elliptic preposition (*para*).

849-864 The terms *labrador* honorable, and *villano,* contemptuous, are contrasted. Although *villano* often has the etymological meaning "habitador del estado llano de alguna Villa, ù Aldea, à distincion del Noble, ù Hidalgo" (*Dicc. Aut.,* and Cervantes) and Lope also uses the noun in this way (cf. his play *El villano en su rincón*), Covarrubias seems to indicate that the depreciative meaning was much more widespread (see Covarr., Index, for a number of proverbs based on the negative meaning of *villano*; cf. also s.v. *villa* [1009a, 13-19]): "Los villanos matan de ordinario a palos o a pedradas sin ninguna piedad, y ultra de la muerte, es gran desdicha morir un hombre de prendas y hidalgo a manos de tan ruin gente. De villanos se dixo villanía, por el hecho descortés y grosero." *Labrador* is always used with respect by others (Cervantes, s.v., in one passage [*Quijote,* II, III, 184 v°] contrasted with *hidalgo*) and with self-respect by the farmer himself, such as Pedro Crespo in Calderón's *El alcalde de Zalamea,* Act III, who speaks of himself as the "labrador más rico / en todos aquestos pueblos" (*Dicc. Aut.,* s.v.). N. Salomon, *Recherches,* p. 809, quotes the Benavides passage to prove that "le sentiment qu'il a de son utilité social est ... l'une des bases concrètes de sa dignité et c'est pourquoi le 'labrador' théatral refuse parfois la qualification péjorative de 'villano.' " On p. 271, Salomon quotes lines 857-862.

861-862 Cf. "Pero, ¿cómo se comiera, / si no hubiera labradores? / ¡Oh sabia naturaleza, / qué bien lo trazaste así!" (*El servir a buenos,* BAE, XXXIV, 429 b-c, *apud* Arco y Garay, p. 861a).

863 Por palacio. An allusion to the *menosprecio de la corte y alabanza de la aldea* theme.

865-870 Cf. 2644-2645n. "Quien honra ha, honra da" (Rodríguez Marín, *Todavía 10.700 refranes más* [Madrid, 1941], p. 255a; Martínez Kleiser, no. 31.310. "Da honra quiene la tiene" (Martínez Kleiser, no. 31.309). "De los buenos es honrar, /

que no es posible que den / honra los que no la tienen" (Lope de Vega, *Fuenteovejuna,* 947-949). Sancho considers himself "hombre honrrado" (856). Therefore he can *dar honra* with his presence (865-866). He can claim to be *honrado* because of his conduct as a *bueno* (865). Even if he is of *estado bajo* he is entitled to this claim, since, as he ironically remarks, even the *negros* want to be called *morenos.* So also the *villanos* want to be recognized in their value, implied in the term *labradores.* The somewhat specious comparison is caused by the association with the metaphoric meaning of line 870.

874 Gallo. *Ser el gallo*: "Persona que en un sitio se impone a los demás y sobresale entre ellas." *Gallo* also has the meaning of "hombre presumido y bravucón" (Moliner, p. 1365b). "Soy gallo donde quiera" signifies aggressiveness and is found written on trucks in Colombia as a challenge to other drivers (Jennie Figueroa Lorza, "Onomástica de vehículos," *Thesaurus,* XX [1965], 361).

879 Se enperran. "Obstinarse, empeñarse en no ceder ni darse a partido" (*Dicc. Ac.*). The contempt for the *villano* found in Covarrubias (see 849-864n) is reflected here.

888 Sancho had left before Mendo returned to Benavides.

889-890 According to the honor code, a *villano* could not offend an *hidalgo.* When Frondoso threatens the Comendador in *Fuenteovejuna* with the Comendador's own crossbow the Comendador reacts as his *señor* but not as *agraviado.* In *Fuenteovejuna* and in *Peribáñez* "the sense of honor of a *villano* is still a novelty," remarks J. E. Gillet, (*Propalladia,* IV, 189, n. 1). In certain academic circles of Germany, among the so-called *Couleurstudenten* (students belonging to certain fraternities distinguished among themselves by adopting their own colors) only persons of the same social status can be challenged to a duel in case of offense, because they alone are in a condition to give satisfaction to the offended. All others are not *satisfaktionsfähig.* This code, however, was of much greater importance in Imperial Germany. The concept is satirically treated by Carl Zuckmayer, *Der fröhliche Weinberg,* in *Meisterdramen* (G. B. Fischer, n. p., 1966), p. 35. The play was performed for the first time on December 22, 1925 and was an immediate success.

891-894 Sancho bases his sense of worth ("soy hombre de cuenta") on the fact that he is in charge of "seis mil cabezas" — of cattle. This is a ridiculous claim in the eyes of the *hidalgos.* His royal blood is now being put to the test, but its manifestation is still in terms of *villano* pride.

897 Fanfarria. The word appears since Bartholomé de Villalba y Estaña, *El pelegrino curioso y grandezas de España* (1577), Ed. Bibliófilos Españoles (Madrid, 1889), II, 84, but he also uses *fanfarronerías* (II, 67). See *DCELC,* II, 486a. *Fanfarronería* is a later word creation, represented with two examples from the seventeenth century in *Dicc. Aut.* Covarr. has only *fanfarria.*

898-900 "If I were in the country, I'd knock him flat on the meadow, even if the ash club were as weak as a reed." *Dicc. Aut.* quotes Lope, *Viuda, casada, y* *doncella,* Act I, "midiendo el portal." Slabý-Grossmann, s.v. *medir,* "le hizo medir el suelo 'er streckte ihn auf den Boden.'" *Vega* for *tierra* or *suelo* or a similar word conveys the country atmosphere.

913 Frío. In its seventeenth century meaning of "soso, sin gracia." Cf. Américo Castro, Ed., Rojas Zorrilla, *Cada qual lo que le toca,* TAE, II, 1243n., quoting among other passages, Quevedo, *Zahurdas de Plutón,* BAE, XXIII, 311a, where *frío* appears also in connection with *truhán,* and a similar pun playing on the literal and the figurative meanings (cf. 911-912) is being made: "... Este frío es de que en esta parte [del infierno] están recogidos los bufones, truhanes y juglares chocarreros, hombres ... que están aquí retirados porque, si anduvieran por el infierno sueltos, su frialdad es tanta, que templaría el dolor del fuego." But Sancho seems to take *frío* in the meaning the word has in *sangre fría.*

916 Again the pun on *sol,* clear only to the audience, not to the characters on the stage.

949-960 *Siete Partidas* (Paris, 1846), II, 348, Partida VII, Título XI, Ley II: An offended person could challenge another person through a representative (*por otro*), but he had to be a *hidalgo.* There are four situations where one could do this, the fourth being "si ha à desafiar à otro home de menor guisa que él, et non lo quiere facer por si mismo desdeñandolo." This is approximately Payo's situation. He has been challenged by a *villano,* therefore he must send one of his *villanos.*

965 Subject of *medra* is *él* derived from *del* of the preceding line.

968 + *Abriendo ojos. Dicc. Ac.* s.v. *ojo* (p. 940b): "*Abrir uno tanto ojo.* fr. fig. y fam. 'Asentir con alegría a lo que se le promete, o desear con ansia aquello de que se va hablando.'"

973 *Curieno* is the protagonist of *La amistad pagada* or *La montañesa* (before 1604; perhaps 1599-1603 [Morley-Bruerton, p. 252], a play based on Pedro de la Vezilla Castellanos' epic poem *Primera y segunda parte del León de España* (Salamanca, por Juan Fernández, 1586). He is a Spanish hero, a *montañés,* who rose against the Romans. See Menéndez Pelayo, *Estudios,* III, 7-16.—*Alçides.* Patronymic of Hercules, son of Zeus and Alcmene, daughter of Amphitryon, son of Alcaeus.

983 *About* the test motif, see Int., p. 67.

995 Azeros. 'Ardimiento'; 'ánimo, desnuedo' (Mira de Amescua, Villaroel; cf. Fontecha, p. 3). "Mostrar ò tener buenos aceros es tener valor y fuerzas" (*Dicc. Aut.,* with an example from Quevedo).

1022 Haber lugar is a forensic phrase. "Como mejor haya lugar de derecho o en derecho. Úsase en los pedimentos para manifestar que, además de lo que pide la parte, quiere que se le favorezca en cuanto permite el derecho" (*Dicc. Ac.*). The formula for refusing a petition is *No ha lugar.* Cf. *Don Quijote,* I, 271: "Fermosa dõzella, no ha lugar, por aora, vuestra peticiõ" (Fernández Gómez, s.v. *lugar,* p. 615b). Since the law does not permit marriage between Sol and Sancho, it is easy for Mendo to say something which looks to Sol like a promise, but is not.

1028-1041 The sonnet belongs to Morley-Bruerton's type B, the sextet having the rhyme scheme CDE CDE (cf. Morley-Bruerton, p. 40). The theme is futility of love, expressed in commercial metaphors. In the quartets and the first tercet Amor is the debtor who does not honor his obligations. All he offers are empty promises. The metaphor boldly shifts in the last tercet, when Amor suddenly becomes the creditor, forever trying to recuperate his property but never succeding. No wonder, then, that he is naked (as the ancient image of Cupid is naked). The sonnet was published *suelto* again in *Rimas* (1602) as No. 103 but with variations: 1028 *mil años.* 1032-1036 *Muchas veces, Amor, me has engañado / con firmas falsas y esperanzas leves. / A estelionatos * con mi fe te atreves / jurando darme lo que tienes dado. / Hoy que llega mi. vida al trazo estrecho,* 1038 *no lo dudo.* 1039 *Cómo pagarás, Amor, si has hecho.* The content seems enigmatic to Montesinos, who first called attention to the appearance in the *Rimas* (1602) of sixteen sonnets which are found also in *comedias* and nondramatic works ("Contribuciones al estudio de la lírica de Lope de Vega," *RFE,* XI [1924], 298-311; reprinted in *Estudios sobre Lope* [México, 1951], pp. 220-232). "El texto de las *Rimas* hace la alusión aún más oscura," he adds. Could it possibly recall the stormy love affair with Elena Osorio?

1045 Señor. "In popular speech the article is sometimes omitted with *señor,* when a servant speaks of his master" (Keniston, 18.413).

1055 Enbarazas. "Embaraçarse, ocuparse, empacharse, detenerse en alguna cosa" (Covarr., 104a, 56-57).

1058 Read *tra/hes* (Poesse, p. 22).

1068-1111 Observe the alternative of *tú* and *vos.* Mendo speaks to Sancho in the second person plural in 1068, 1081, 1085, but shifts to *tú* in 1092, 1097, 1110. Similarly, Sancho addresses his master mostly with *vos,* as he should (Keniston, 4.422), but uses the second pers. sign. three times (1087, 1089, 1091). The psychological situation, severity, putting Sancho in his place, and emotional stress, explain the change for Mendo. Sancho shows his respect by using *vos,* but in a more emotional situation he uses *tú,* which does not "represent direct address" to Mendo, but refers rather to an "imagined situation" (id. 4.414).

1096 "Cena, por *scena,* como en muchas obras de los albores de nuestro teatro y en diversas imitaciones de la *Celestina*" (Rodríguez Marín, Ed. *Don Quijote* [Madrid, 1927], III, 403).

1098 *Levantar* "imputar y atribuir falsamente a alguno lo que no ha dicho o executado" (*Dicc. Aut.*) is the meaning closest to the extended meaning the verb has here. From *levantar* (*falso testimonio*) which is an insult to the person against whom it is directed, the meaning extends here to *agraviar.*

1099 Word play with the two meanings of *esposa,* 'bride' and 'manacles.' However, the latter meaning applies correctly only to the plural *esposas,* "usado siempre

* Estelionato: "Encubrimiento, al vender una finca, de una carga que la afecta" (Moliner).

en plural" (*Dicc. Aut.*) The pun is quite common in the *comedia.* See *El sufrimiento premiado,* 2887-88n, for numerous references.

1104 *Le* for the neuter *lo* as direct object is attested in the examples given by Keniston, 7.274, although none has a pronominal antecedent. Lope assigned this line to Clara; yet it is more easily understood when given to one of the four *villanos.* The printed texts made the change. For Clara the meaning would be an implied conditional "si fuese uno de ellos, no...aguardaría." The use of the vivid present indicative in the main clause "reflects a shift of point of view common in lively conversation, by which the conclusion ceases to be contingent upon the condition and becomes a real fact" (Gillet, *Propalladia,* III, 96, Note to *Epístola IV,* 59ff., quoted from Keniston, 31.42).

Act II

1117-1131 Sancho is the ford (*vado*) through which the river of offense (*río de afrenta*) can be crossed and the shore of vengeance and restored honor can be reached. The last part of the image (shore of vengeance) is only implied. A ford has first to be tested by the prudent traveler. When Sancho had passed the test by fighting off the four *villanos* at the end of Act I, Mendo let him withdraw from the fight (*el haberte retirado*). We understand *te* in *retirarte* as the personal, not the reflexive pronoun. Lope's wording is somewhat ambiguous. Note that the passage is marked for omission in the Ms.

1126 *In* the "Romance de Don Rodrigo" La Cava replies to Rodrigo's professions of love: "pienso que burla tu Alteza / o quiere provar el vado" (*Cancionero llamado Flor de enamorados* [Barcelona, 1562], eds. A. Rodríguez-Moñino y Daniel Devoto. *Floresta*: *Joyas Poéticas Españolas* [Valencia, 1954], II, f. 50r.

1141-1146 *La* (1141), *otra* (1142), *la* (1144) refer to *la cadena* (1138), forged by Sancho's loyalty towards Mendo (*tu fe,* 1141). Cf. "La palabra ò promessa que se dá de hacer alguna cosa, con cierta circunstancia, como de juramento ù pléito homenáge, de suerte que si no se cumple redunda en descrédito del que la dió" (*Dicc. Aut.*).

1153 Vía. This form, from *ver* rather than *veer* was frequent still in the literary language of the seventeenth century. See Gillet, III, 90 and Romera-Navarro, III, 35, both with bibliography and references to other texts.

1160-1166 Lope makes Sancho express a vague euphoric feeling of being of noble blood, conveyed by hyperboles such as "al doble / tengo alma de caballero" and "soy rey, si villano fui." It has been brought about by the influence of the environment, the house of the noble Don Mendo with the trophies of chivalrous pursuits such as the hunt exerting an ever-present influence upon Sancho's impressionable mind.

1166 Si 'si bien,' 'aunque.' Cf. Vélez, *Embuste,* 273n, with further references.

1188 Si has a meaning different from that in line 1166. The meaning is 'si es verdad que,' as in *Carlos V,* 524n. Sancho intends to say 'despite the unequal rank *I* shall fight Payo de Vivar.'

1202-1211 'The celestial sun, tired from much wandering, "goes to bed" in the West with just about any Indian, no matter how wretched. May my Sun (*Sol*) go to bed with these Indies which love her so much (*de entrañas*). There is no [Christian] slave in Fez who has as stern a judge as I have.' "En tierras estrañas," that is in Fez, adds to the misery of the suffering captive. Fez, Algiers, Constantinople are the typical places where Christian captives were held. Cf. Calderón's *El príncipe constante.*

1206 a embebida, before *acostar.*

1214-1231 Mendo indoctrinates Sancho with the laws of vengeance so that he will not have any compunction in killing a nobleman. A second reason is to prepare the audience for the rather unscrupulous way by which Laýn Téllez and Payo de Vivar are killed in revenge for the offense to Mendo. While the duel is the chivalric way of avenging an offense (Guillén de Castro's *Las mocedades del Cid*), unorthodox means of executing revenge are frequent in the *comedia*: *Peribáñez, Fuenteovejuna, El castigo sin venganza, El príncipe despeñado* (Lope), *El médico de su honra, A secreto agravio secreta venganza* (Calderón).

1247-1271 The lesson on Heaven's plan in arming animals but assigning a different task to the "animal de razón, que es el hombre" (1263-1264) reflects the common view of an hierarchically ordered universe, as expressed in the metaphor of the Great Chain of Being. For the general background see Otis H. Green, *Spain and the Western Tradition* (Madison, 1964), II, pp. 14, and 18, and chapters I, II, III, *passim*. Sancho's objections show the candor of the *rústico* as well as his primitive physical strength and courage.

1272-1276 A triple metaphor, the first two with anaphora and in chiastic arrangement. The *león* (Sancho) is hidden by the forest (*sayo*), the *rayo* (Sancho) by the cloud (*nube*). In the third member the simile becomes somewhat farfetched, when the sun (Sancho) is seen as hiding behind the horizon (*sayo*). Syntactically, the third member takes up the syntactical order of the first. For *rayo* as a simile for a valiant warrior, cf. Vélez, *Embuste,* 880n.

1295 Garlochas. Variant of *garrochas,* so noted in the *Dicc. Ac.* and in Cuervo, *Apuntaciones,* p. 586, together with *carlanca* for *carranca* ('dog collar with sharp points around it'). *Garrocha* 'banderilla para hostigar el toro' (Corominas, *Breve dicc.*).

1300 Yerro. A pun on *yerro* 'error' and *hierro* 'iron,' 'weapon.' Sancho dislikes the *trampa* Mendo is suggesting to him as unethical (*yerro*) and still would prefer to fight with his bare hands without arms (*hierro*).

1344 ascuras. Keniston, 25.581 gives examples for *a escuras, a oscuras,* and *ascuras.* For the last form he quotes Santa Teresa de Jesús, *La vida de la madre Teresa de Jesús escrita de su misma mano* (Bibliotheca romanica, Nos. 291-294), (Strasburgo-New York, n.d.), p. 63, 29: "como quien esta çiego u ascuras."

1345 For *las puertas del oriente abiertas* cf. Góngora, I, 24: "Tras la bermeja Aurora el Sol dorado / Por las puertas salía del Oriente." Two examples in Cervantes given by Fernández Gómez, s.v. *Oriente* (p. 738), one in Herrera, given by Kossoff, s.v. *Puerta* (p. 261). Sancho, regardless of where he was born, saw the light of day (both physically and figuratively) in Mendo's house.

1358-1361 The metaphor *dos cielos,* i.e. Mendo and Clara, is combined here with the Phoebus—Sol myth. The maiden Sol is now Phoebus who steers (*adiestra*) the horses of the chariot of the Sun (Sancho). Sol appears to him "con nubes y velos" because his marriage to her has not been approved yet.

1362 The infinitive *de no desnudarme* is dependent on *juro* to be understood before the oath *por vida dél y vuestra* (1357).

1372-1385 Sancho expresses the bewilderment of a young man who is not sure of his exact place in this static and hierarchical society. His *pensamiento* is *confuso* not only because he does not know who his parents are but also because he has a feeling that he might not be a *villano* after all. His *pensamiento* is also *atrevido* because he, who by all outward appearances is a *villano,* dares to challenge a high-ranking *caballero* close to the king himself. The metaphor *corte-cielo* and the concept of *el rey vicedios en la tierra* combined with Sancho's doubts about his origin leads to the comparison Sancho—Icarus and the competitive imagery of the last two lines of the sonnet. It is not incompatible with Lope's style that a peasant uses classical mythology, since the high-level form of the sonnet determines the style, not the "realistic" portrayal of the character reciting it. Cf. the famous discussion by the villagers of the neoplatonic concept of love and harmony in *Fuenteovejuna,* lines 357-444, although there is a concession to "realism" by indicating that the *villanos* got their knowledge from the sermons in church. See Leo Spitzer, "A Central Theme and Its Structural Equivalent in Lope's *Fuenteovejuna,*" *HR,* XXIII (1955), 274-292. The second quartet expresses in truncated form the same protest as Segismundo in his first monolog (Calderón, *La vida es sueño*). The animals placed at a much lower level in the Great Chain of Being know their father, but here the conclusion that 'only I do not know who my parents are' remains unexpressed.

1394 Traje 'cobertura.' "Se toma también por el vestido, que se usa para disimular, o desmentir la persona" (*Dicc. Aut.*).

1416-1418 Sancho feels *honrado* because he, a *villano,* is called upon to take revenge not only on a *caballero,* but on a *caballero* who has committed an *agravio* in the royal palace where no offense must ever be committed. In addition, Sancho has to seek out the offender in the palace, which brings him close to the highest pinnacle in the social structure of Spanish society, the king, from whom all honor issues.

1418 En palaçio. For the frequent omission of the definite article before *palacio,* see Vélez, *Embuste,* 96n, with bibliography.

1426-1440 This passage is hard to understand in this context. Mendo has been presented as a respectable old nobleman, by no means afflicted by the senility of a second childhood. The only explanation we may offer is that Sancho, in his rustic naiveté is looking for a reason for the *bofetón* which would make sense to him and he finds it in a general belief held among the simple folk.

1426-1433 (afrenta) An anacoluthon: The construction should be *he uenido a creher que, si ... , quando ... , darles vn boffeton no es ... afrenta.* The *que* (1433) is, strictly speaking, redundant, since it takes up the first *que* (1427).

1439-1440 The meaning is '[la venganza] es perdida sin este vil testimonio [sc. Sancho].'

1451-1470 One readily understands that the *autor,* editor, or printer found this rather undignified comparison of an old *caballero* with a rundown former battle horse, down-graded to a poor beast of burden now owned by a *villano,* unsuitable for publication. One wonders why Lope composed the passage in the first place. It is possible that in these lines as well as in the preceding one spoken by Sancho (1426-1435) Lope wished to provoke laughter about the naiveté of the peasants in the sophisticated audience of the Corte. The last line, however, "se ve / el buen yerro de la casta" pays the required tribute to the nobility.

1442 Note the change from *amor* to *honor* (by the typesetter, presumably) in M 9. Only *amor* makes sense here. The error is explained by the frequency of the rhyme *amor—honor,* because so many plots rest on the conflict between the two. An illuminating slip which reveals the standardization of plot structure in the *Comedia.* See 2765n.

1470 Yerro. "Se llama también la señal ò marca que se pone a los caballos, yeguas ... para que se conozca de qué casta son" (*Dicc. Autor.*, s.v. *hierro*). "Señal que se echa a los cavallos castiços y de raça" (Covarr., 687, 38-39).

1509 It is a historical fact that Count Melén González and his wife, Doña Mayor had a daughter, Elvira, who became the wife of Alfonso V. The offspring from this marriage were Sancha and Bermudo. Sancha married Fernando I, Count of Castile and León. See Int., p. 45.

1525-1526 The *endecasílabos sueltos* passage ends in *pareados,* as is usual with Lope (cf. Morley-Bruerton, p. 13).

1532 çifra. "Cifrarse. v. r. Reducirse, contenerse en poco" (*Dicc. Aut.*).

1535 Puesto que 'aunque'—*en çifra.* "Breve y compendiosamente" (*Dicc. Aut.*).

1537 *Cifrar* has the meaning of "compendiar, epilogar, abreviar, reducir muchas cosas a una" (*Dicc. Aut.*). Since the king is a child, he is for Payo the symbol of kingship rather than the king in person.

1538-1539 The contrast *firma-persona* means that the boy-king represents the royal power only as a symbol, he does not yet have the personality of a king.

1543 This phrase is a variant of the more common *poner alguna cosa sobre la cabeza* "recibirla con la mayor veneración y aprécio: y assi quando se entregan las Cartas ò Provisiones Reales en los Conséjos à los súbditos, en señál de obedecerlas y venerarlas, las ponen sobre la cabéza, y en la diligéncia ò requirimiento se dice la puso sobre su cabéza como carta de su Rey y señor naturál.... Venerámos las Reliquias de los Mártyres y Santos, buscámos sus cenizas y su polvo, y de oro y de crystál los adornámos, *sobre la cabéza* y sobre los ojos *los ponémos*" (*Dicc. Aut.*, s.v. *cabeza*). Denis has *Mud.* III.4.50. Two examples of *poner sobre la cabeza* in *Quijote*: I, II, 172 and II, III, 175v.

1561-1562 The Count is speaking to the *alabarderos*, who just had told him that Bivar and Iñigo Arista had drawn their swords in the king's palace.

1570 One must read *o años* to obtain a perfect line. Poesse, pp. 62-63, does not record a similar case.

1592 Girones. In the figurative sense it means "parte o porción pequeña de un todo." (*Dicc. Acad.*). In heraldry a *girón* is "una figura triangular, à modo de una punta, como si fuera un pedazo de tela cortado en triangulo" (*Dicc. Aut.*) Menendo González means to say that half of his ancestors are of royal blood.

1596 Leouigildo (568-586) was sixteenth king of the Visigoths. See Saavedra Fajardo, *Corona gótica*, BAE, XXV, cap. xiv, 322-324; *Cron. gen.*, I, 259a, 263a, nos., 462-470.

1596 Recissundo. Recesvinto (653-672), does not belong, chronologically or historically, with Leovigildo. Later on, in line 1925 Lope lists him properly with Wamba, his successor.

1599 Fronteras. "Frontero, de adj., 'situado enfrente' " (Moliner).

1604 To obtain an eleven-syllable line, *ynquieto* must be read with *ie* diphthong, but *aquieto* with *i/e* dieresis, as being at the end of verse. See Poesse, pp. 38-39, 44.

1622 Natural. "Señorío de vasallo o derecho adquirido a él por el linaje" (*Dicc. Acad.*, acc. 17). Lope uses here *quitarse del natural* in the sense of the pre-classic *desnaturarse*. Cuervo, 1112b, s.v. *desnaturalizar* (preclassic *desnaturar*): "Me desnaturo... de su señoria, é reynos, é tierras é de la naturaleza que con su merced tengo" (*Seguros de Tordesillas* [1439], 40 [60 I]). *Natural* occurs in the *Espéculo* by Alfonso el Sabio, 3.5.4 (*Opúsculos legales*, I. 85), quoted *loc. cit.*: "E desta hueste non se puede excusar con derecho—nin por ser enemigo del aquel rey, cuyo natural es, nin por se desnaturar dél."

1628 The following cities were under actual Moorish domination during the reigns of Bermudo II and his son Alfonso V: Córdoba (*Cron. gen.*, II, 447, no. 747; 449, no. 755); Valencia (*op. cit.*, 440, no. 751); Sevilla (*Esp. mus.*, IV, 400; 473); Toledo (*Esp. mus.*, IV, 420). Cuenca, Alcalá, Abila (Ávila), Nájara (Nájera) were within the range of Almanzor's incursions (*Cron. gen.*, II, 445-450, passim).

1630 Debo a leal. 'Debo a mí como a leal al rey.' Note that the printed texts omit *a*. Cf. *El Marqués de las Navas*, I (R. 52, 504): "Que debéis á ser quien sois." "Que un hombre de bien se debe a sí mismo" (Lope, *Prólogo* to Parte XVI (R. 52, xxvi). Examples taken from Cuervo, II, 806a.

1635 A quien. In the seventeenth century the relative pronoun *quien* can refer also to things. Therefore *quien* may depend on *brazo*, but it may also imply Iñigo who speaks about himself in the third person. The metaphor *alargar las riendas* makes the latter interpretation preferable. The construction can be considered as a kind of zeugma.

1660 *En cass.* This apocopated *sayagués* form occurs also in Torres Naharro, *Com. Calamita,* Introito, 215. Gillet notes that the DH quotes many examples.

1670-1671 "El que fue de la boca del rey" refers to the *oficio de boca,* that is "cualquiera de los cargos que tienen relación con la mesa de los reyes" (*Dicc. Acad.,* s.v. *oficio*).

1676 Echadizo. "El que viene engañosamente embiado con secreto por alguno otro, para llevar luz de lo que les está bien saber" (Covarr., 491b, 17).

1677-1678 "¿No sabes que aquél tan digno de fama, inmortal hijo de Philipo, cuando alguno venia ante él y le informaban de alguna cosa contra el que estaba ausente, acostumbraba cerrar el un oido, y preguntando que por qué lo hacía respondió, que dejaba aquel oido para oir al culpado cuando viniese?" (*Comedia Thebayda,* ed. Madrid, 1894, p. 311).

1687-1708 The conversation between El Conde and Laín is supposed not to be heard by Sancho. It is a *diálogo aparte.* There are no stage directions either in the autograph or in the printed editions to indicate the situation on the stage.

1691 Cubrir de is an analogous construction to *cubrir con* to indicate "lo que sirve para resguardar ú ocultar" (Cuervo, *Construcc.,* II, 663b).

1701 Le refers to Payo de Vivar.

1732-1733 Lope recalls here the famous line from the *romance* "Buen conde Fernán González" (Durán no. 704; Wolf no. 17); "Mensajero eres, amigo, no mereces culpa, no," which is "un antiguo proverbio con que la poesía épica castellana proclamaba habitualmente la inviolabilidad del mandadero según el derecho de gentes" (R. Menéndez Pidal, "Notas para el romancero del Conde Fernán González," *Homenaje a Menéndez y Pelayo,* I, 460). Menéndez Pidal lists several other occurrences of the phrase, in the *Romance de Bernardo del Carpio,* in *El Rodrigo,* in the *Crónica general* and in the *Alexandre* (art. cit., p. 460n.). Various versions of this *frase proverbial* are recorded by Martínez Kleiser, nos. 40.639-40.642. Literary occurrences: *Celestina,* Ed. Cejador, I, 182-183; *Entremés de los refranes,* Ed. Cotarelo, in *Colección de entremeses,* I, 178; *Don Quijote,* II, 10, where the line from the *romance* "Buen conde Fernán González" is quoted. Lope, *El remedio en la desdicha* (Ac. XI, pp. 845-846) "A ti no debo culparte, / que eres, en fin, mensajero."

1738 Más 'rather.'

1738 + The subject of *mete* is Laín, *él* refers to Sancho.

1761 Rayo as a metaphor for an enemy expresses both respect and fear. See *Embuste,* 880n. Lope still has some respect for Payo. *Estrago* is exclusively pejorative.

1793 For the elliptic construction see note below the text.

1798 Sangre de Rodrigo. The reference is of course to Rodrigo, last king of the Goths. The phrase indicates no more than *sangre de los godos* in a general sense, not that Count Melén Gonzálcz is a direct descendant of Rodrigo.

1805 Sin tassa. *Quijote,* II, III, 139v: " ... sinq̃ me ponga tassa en los días ni en el tiẽpo." *Op cit.,* I, II, 51v: "Fénix en la amistad, magnífico sin tassa." (*Voc. Cerv.,* s.v. *tasar, tasa.*)

1811 A curious, but perfectly logical consequence of the code of honor. The offender's honor is not impaired, no matter how unprovoked the *agravio* committed by him may have been. The offender's death is the only way to wipe out the offense and to restore the honor, of the *agraviado* (cf. 1817-1818).

1822 Hablar en 'hablar de.' Cf. many references in Fontecha, and *Dorotea,* I, note 41.

1831 Visto. "Quando se ve perseguido de los cazadores, no huye, mientras conoce que le vén, antes se vá retirando, poco a poco y con passo grave, hasta que pierde de vista à los cazadores, que entonces huye acceleradamente" (*Dicc. Aut.,* s.v. *león.*) Cf. also Pero Mexía, I, 282: "Paresce que tiene el león honra y presunción como hombre, porque cuando siente que le veen ir, no alarga el paso ni hace mudanza huyendo. E yendo por matas o por do no puede ser visto, va huyendo a todo correr."

1832 The reference is of course to the story of deceit, rape, and vengeance that took place between Tereus, Procne, and Philomela. When pursued by Tereus, Philomela was changed into the nightingale. In the original version Procne became the nightingale and Philomela the swallow. Covarr. 917, 16-18 s.v. *ruiseñor,* quotes Martial, Lib. 14, who gives the later version, the one generally found in Spanish literature. *Filomena* (or *Filomela*) becomes a synonym for *ruiseñor.* Herrera in his *Anotaciones* (pp. 430-432) discusses the two versions of the story (see Kossoff, *Vocabulario,* s.v. *Filomela*). Lope told the story himself in three *cantos* in *octavas* in his *La Filomena* (1621).

1833 Cf. Covarr., s.v. *cisne,* 426, 60-63: "Escriven del cisne que, no embargante su condición mansa y suave, provocado del águila le haze rostro y se defiende."

1834 Lope adds the standard *topos* about the "çisne que cantando muere," although it is not pertinent here.

1835 This line is not clear. Probably Lope by mistake wrote *de* instead of *da.* The princeps so changed the text.

1836 Essenta. From the basic meaning 'libre de alguna carga o servidumbre,' 'lo que está escombrado y sin embaraços' is developed here that of 'orgulloso.'

1839 Ampara. The theme of honor gives dignity (*ampara*) to the "graves historias." The normal meaning of *amparar* 'favorecer,' 'ayudar' is somewhat extended here.

1841-1842 Cf. Mat. xxvi. 27, John xviii. 22.

1861 For the present subjunctive after a preterite, cf. Keniston, 33.98, 33.983: "A present subjunctive is occasionally found after a past tense ...," as here when "the concept of the subordinate clause continues to have force in the present."

1891 Because he had the dagger hidden in it.

1893 **Guardamangel.** "Cámara que en los grandes palacios estaba destinada a despensa" (*Dicc. Acad.*).

1897 **Secretario.** Used metaphorically for the original meaning of "persona a quien se comunica algún secreto para que lo calle" (*Dicc. Acad.*). Again a reference to the dagger hidden in the *zurrón.*

1900-1911 A rather anachronistic description of a seventeenth century royal palace; cf. particularly the ironic remarks in lines 1906 and 1911.

1906 **Baldío.** As hard, as untilled and untillable as marble. "Baldío, la tierra que no se cultiva. Hombre baldío, el que no tiene ocupación." (Covarr., s.v. *balda,* 187b, 23-24).

1920-1927 The string of names of Gothic kings of old, whether authentic or invented, evoked feelings of national pride. In *El conde Fernán González,* Ed. R. Marcus, 2765-2772, appears "une cascade / de noms sonores" of "los más ricos hombres / de limpia sangre." The following figure also in *Los Benavides*: Lara, Laínez, Meléndez, Mendo.

1920 **Teodiselo.** Teudiselo or Theudisclo (548-549) was the twelfth king of the Visigoths. *Cron. gen.,* I, 252, no. 446.

1921 **Atanagildo.** Fourteenth king of the Visigoths (554-567). Elected for the purpose of checking *Roman* infiltration. See Saavedra, cap. xiii, 318a. *Cron. gen.,* I, 258-259, nos. 459-460.

1922 **Ricaredo** (586-601) was the eighteenth king of the Visigoths. *Cron. gen.,* I, 263-265, nos. 474-477.

1922 **Gundemiro.** Gundemaro (610-612) was the twenty-first king of the Visigoths. *Cron. gen.,* I, 267a, 268b, nos. 482-484.

1923 **Sisebuto.** Twenty-second king of the Visigoths (612-621). *Cron. gen.* I, 268b, no. 484. **Sisenando.** Twenty-sixth king of the Visigoths (631-636). *Cron. gen.* I, 275b-276a, nos. 496-498.

1924 **Çintilo.** Chintila (636-639) was the twenty-seventh king of the Visigoths. *Cron. gen.* I, 276b-277, nos. 499-501. **Tuelgas.** Tulga (639-642) was the twenty-eighth king. *Cron. gen.* I, 277b-278a, nos. 502-503; Saavedra, cap. xxiii, 352a; Mariana, XXX, 160a.

1925 **Reçisundo.** Recesvinto (649-672) was the thirtieth king of the Visigoths. See Saavedra, cap. xxv, 355a; *Cron. gen.,* I, 280-281, nos. 507-509. **Banba.** Vamba or

Wamba, was the thirty-first king of the Visigoths (672-680). *Santo* refers to the miraculous events of his coronation that indicated divine approval. Saavedra, cap. xxvi, 357-365; *Cron. gen.*, I, 294-298b, nos. 526-536.

1926 See 2301-2302n.

1926 El desdichado Rodrigo was the thirty-fifth and last king of the Visigoths (710-711) and seducer of La Cava, Count Julian's daughter. Saavedra, cap. xxx, 374-387; *Cron. gen.*, I, 309-310, no. 557. See 2301-2302n.

1927 El venturoso Pelayo. He is the famous king of Asturias (718-737) who defeated the Arabs in the battle of Covadonga and so initiated the *Reconquista.* Mariana XXX, 188-195; *Cron. gen.*, II, 321-323, nos. 566-569.

1936-1955 This part of the *relación* repeats in narrative form what the spectator had seen acted out on the stage before (1659-1758). This is a structural weakness, although it is difficult to imagine how it could have been avoided.

1944 The subject of *metiesse* is the fictitious Payo de Vivar.

1948-1951 Another anacoluthon. There is no main verb. *Abriendo* takes the place of *abrimos.*

1958 Cosso refers here to "el sitio o paraje en que se enjaulan los toros para correrlos en alguna fiesta" (Cuervo, *Apuntaciones*, 529). Cuervo, *loc. cit.* quotes *Mirad a quién alabáis,* Act. I. sc. xiv; Parte XVI (Madrid, 1622), fol. 72, 73v: "En una mujer resuelta / No hay que ponerse delante, / Que es detener una flecha, / Un toro al salir del coso."

1968-1971 Note the shift of tenses and mood in these comparisons. 1968: "The imperfect is used with the force of the conditional perfect" (Keniston, 32.34). Many examples in Gillet, III, 125. 1969: The vivid present indicates "a change which is especially easy when the whole concept is expressed hypothetically" (Keniston, 32.161). 1971: The preterite refers back to an actual fact in the past, expressing "a definite action or state in the past," preserving the aorist function of the Latin perfect (Keniston, 32.4).

1980-1994 Again narrative repetition of what was dramatically presented before (666-753).

1991 Hijo natural: "El que es habido de mujer soltera y padre libre, que podían casarse al tiempo de tenerle." *Hijo bastardo*: "El de padres que no podían contraer matrimonio al tiempo de la concepción ni al del nacimiento" (*Dicc. Acad.*).

1998 Ynterrompe. *Interromper* is a Castilian variant of *interrumpir,* not an Italianism. Cervantes uses it and the verb occurs also in *La Celestina* (cf. *Quij.*, Ed. Rodríguez Marín, 1927, II, 254, 10; VI, 253, 10). Fontecha, p. 200, also quotes Villegas, *Erótica y amatoria,* Clás. Cast., XXI, 87.

2010 Xerxes. For Xerxes as the symbol of immense power, see *Carlos V,* 2078n. Modern history remembers him rather as the Persian king who was defeated by the Greeks at Salamis, 480 B. C.

2011 Constantino. "Constantinus Magnus... primus ex Roma imperatoribus Christi cultum sectatus... Multa alia praeclara fecit, sed nihil memorabilius, quàm quòd Romani imperii sedem Byzantium transtulit, quam vrbem à suo nomine Constantinopolim appellavit" (Stephanus, f. 109v).

2024-2032 Word play with *León,* the name of the kingdom (2025), the sign of the zodiac (2027, 2028), and the king of León (2029). In *si soy León* (2024) the meaning is ambivalent, referring both to the animal and to the king of León.

2040 Pessar del rey Bermudo. *Pessar* is a noun. Many oaths of this pattern quoted in Gillet, III, 364. See also *Carlos V,* 1741n, on *pesar de mí.*

2048-2051 The sun imagery continues. The excessive heat of the sun (Sancho's intense love for Sol) produces thunderstorms with rain (his tears). In line 1997 Sancho gave a different reason for his crying.

2056-2069 The theme of the sonnet is *soberbia* (quartets) and *desengaño* (tercets). The second quartet elaborates on the content of his *altos pensamyentos,* building around the name of his beloved *Sol. Competían con sus extremos* 'were striving with all their might,' that is with all the "manifestations exagérées et ardentes de ses sentiments" (Denis, p. 340, s. v. *extremar*). The sonnet was republished by Lope in his *Rimas* (1602), no. 101. See Jörder, p. 276, and Montesinos, *Estudios sobre Lope de Vega* (Madrid, 1951), pp. 230-231.

2074 Arrogante. In the nonpejorative sense of 'gallardo, brioso!' (Cf. 2078). Cf. Cervantes, *Amante liberal,* IV, 41v: "... este moço altivo por su riqueza, arrogante por su gallardía". *Persiles,* II, VI, 51: "Y tú arrogante moço que agora tocas o estás para tocar los márgenes y rayas del deleyte". Also, Góngora, II, 81. Well documented in Alarcón.

2089 Remediarme. Sol, who does not know yet that she is Sancho's sister, assumes that he is now able to "remedy" her status as a foundling by marrying her. Cf. *Dicc. Aut.,* s.v. "Se toma tambien por poner en estado à una doncella, especialmente casandola."

2100 Lo. The antecedent is *venzido.*

2102-2105 Sancho's *tristeza* is motivated by the fact that it was a sort of treacherous victory (*no mui honrrado*), but also by the fact that he has not yet told Mendo about his misgivings. *Sino que* can have the meaning 'but' introducing a main clause (Keniston, 40.894). The example closest to this passage is from Pedro Mejía, *Diálogos o coloquios* (Iowa City, 1930), 97, 2: "Tan claro es esso como estotro que auemos dicho, sino que el nunca quiso escucharme bien."

2112-2185 After Sol has expressed the concern of the woman in love about Sancho's coolness toward her and his apparent state of depression (*tristeza,* 2101), in 43 lines (2070-2112), it is Sancho's task to explain his attitude, that is, to tell Sol that they are brother and sister, children of King Bermudo and Clara. Lope has constructed a masterfully built-up tension toward the moment of truth (2180-2185).

The passage is divided into two parts: I, Sancho's speech (2114-2153) and II, dialog between Sancho and Sol (2154-2185). The tension, or perhaps the deliberate delay in revealing the news, is skillfully created by a series of metaphors linked in chainlike fashion in such a way that each subsequent metaphor is created by taking up a concept expressed in the preceding one (2117). I. (a) We have first the metaphor of the sun, used as an oxymoron by means of the contrast *abrasar-helar, día-noche* (2114-2125). (b) This contrast is emphasized by Sancho's metaphorical identification with Dark Norway (2126-2129). II. (a) By antithesis to the sun we are led back to the earth (*tierra,* 2133), where the main concepts of loss (*perder,* 2131) and flight (*azor,* 2133; *huir,* 2136) are introduced (2130-2137). (b) The key concept of loss is developed. Sancho lost his victory because it was a victory without honor and he lost Sol (2138-2153).

Sancho owes Sol an explanation of why he has lost her. (a) There is first wordplay around the standard image of the metaphorical language of love, the word *herida.* Sancho has not suffered a physical wound and the wound of love is closed forever. He is *sano* in both respects (2154-2162). (b) Does Sancho have to flee? No, this is not the reason for the loss either. This section is built around the contrast *antes-después* (2169) triggered by Sol's question "¿Es que alguien viene / tras ti?" (2163-2164). (c) The truth is finally revealed: (1) Sol is Sancho's younger sister (2174-2181) and (2) King Bermudo and Doña Clara are their parents (2182-2185).

2121 Subject of *descoje* is *sol. Descoger* 'to spread out.'

2122-2125 Frank G. Halstead, "The Attitude of Lope de Vega toward Astrology and Astronomy," *HR,* VII (1939), 205-219, concludes that Lope's "knowledge of astronomy and astrology was a scientific one and... completely in conformity with the general beliefs of his age" (p. 214). In line 2123 Sancho indicates that he no longer plays the role of the moon nor that of dawn in relation to his Sol.

2126 escura. *Escuro* also in *Carlos V,* 2348. See note with reference to Corominas, III, 592a, 38.

2133 De la misma tierra. The *azor* "vuela por bajo" (Covarr., 39a, 11). Yet, these words look like a filler forced upon Lope by the tyranny of rhyme. Note that the printed texts replaced the two *redondillas.*

2206-2209 Pun on *Bermudo—mudo* (although the sense would require *muda*). The change of *parlero ser* to *poder y ser* in the printed texts ruins it.

2209 Bermudo is the subject of *pudo, parlero ser* direct object of *dejar, te* is dative of interest.

2216-2217 For the transitive use of *porfiar* cf. *Quijote,* I, II, 275v: "...no carece de misterio el porfiar vna cosa tã contraria...." We have not found any example of *arrepentirse* used as a transitive verb. Perhaps Lope forced the normal usage to create a parallelistic construction of an almost proverbial nature.

2232 Cf. the title of Calderón's play *No hay burlas con el amor.*

2242 **De tu acuerdo.** The phrase is ambivalent. It can be understood as adverbial ('with your consent') and as the prepositional object of *sale* (2243).

2247 Cf. the proverb "El hombre fuego, la mujer estopa, viene el diablo y sopla."

Act III

2285 + The names of the *segadores* have an Italianate and pastoral flavor, although the setting and the topic of their conversation refers strictly to their immediate situation.

2301-2302 Los pecados / de la Caba y de Rodrigo. In his extensive account of the well-known story of the seduction of La Cava by Rodrigo, King of the Visigoths, Saavedra points out the difference of opinions in the chronicles: "... don Rodrigo Jimenez dice que estaba desposada con el Rey, pero no entregada; Lucas, obispo de Tuy, que la había recibido por mujer y la trataba como amiga, con quien concuerda la *Crónica general* del rey don Alonso el Sabio. Algunos son de opinion que Florinda [La Cava] no era hija sino mujer del conde don Julian ... (cap. xxx, 375b)." Mariana treats La Cava exclusively as daughter of Julian and sympathetically stresses the fact that she was the victim of Rodrigo's violence. It is important to note that Mariana heavily underscores the idea of guilt, as in Lope's text. See XXX, 179-180.

2304-2305 Hablar de and *hablar en* used in the same sentence.

2307 Haza. "porción de tierra labrantía o de sembradura" (*Dicc. Acad.*).

2314-2318 Lines 2314-2315 are to be understood as a challenge (*reto, desafío*). '[But if they come] they might be conquered by us in no time (*más que de passo* "de prisa, precipitadamente, con violencia" [*Dicc. Acad.*]) and be led away as prisoners (*de trahilla* 'on the leash [*traílla*]) to the town.'

2319 Este perro. Zelín (cf. 2292).

2325 Reboçado al rostro vn manto. The more common construction would be *reboçado el rostro con un manto,* as in 2323 + and in Cerv., *Galatea,* IV, I, 174. However, by analogy with *cubrir, vestir* one finds the construction whereby the object with which one covers oneself appears as the direct object of *rebozar* and *arrebozar*: "Arrebocéme un capotillo que llevaba" (Espinel, *Escudero,* 1.22 [R. 18.421b]) and the past part. as in *Celestina,* 6 (R. 3.31b): "Lleves rebozado un paño." Cf. Cuervo, I, 634a-b, s.v. *arrebozar*.

2328 Tray. For this form, frequent in Lope, see *Carlos V,* 1091n. and Vélez de Guevara, *Embuste,* 2193n.

2350-2352 Thessaly is the classic land of witchcraft. Cf. Lucanus, *De bello civili,* VI, 438-440: "Thessala quin etiam tellus herbasque nocentes / Rupibus ingenuit sensuraque saxa canentes / Arcanum ferale magos." Góngora, II, 238 speaks of the "Thesalo conjuro."

2364 Manadas. "La porción de hierba, alcacér, trigo, ù otra cosa, que se puede coger con la mano" (*Dicc. Aut.*, with an example from *El labrador de Madrid,* Act I).

2366 açi / acá. Read *hacia acá.*

2387 Parezer. 'Apariencia.'

2388 Sin ocasión. "Se toma tambien por tiempo oportuno, sazón y coyuntura" (*Dicc. Aut.*).

2391 'Ahora está Elena en tal condición que da contento contemplarla.'

2396-2407 In this *seguidilla* Lope is at his best as a dramatic lyric poet because of the perfect integration of the lyric theme with the action. There are three metaphors: death as a sickle, death as a new sickle, life as wheat to be mowed down by death and tied into bundles by death. These metaphors suggest in the listener imprecise and vague allusions and associations. The *segaderuela,* the *hoz nueba* are associated with Sancho who is, at the same time, warned of the danger of his mission (*segad passo y no os cortéys*). The center stanza may be thought of as suggesting Sancho, Payo de Vivar, and man in general. Formally, the *seguidilla* consists of two stanzas of four lines, lines 1 and 3 consisting of eight syllables and rhyming in *-éys,* 2 and 4 of five syllables with assonance in *e-a,* framing a regular *redondilla.* With the exception of the first line, the third stanza is a repetition of the first.

2397 Segaderuela. Endearing diminutive of (a) *segadera* "hoz para segar" (*Dicc. Acad.*), (b) *segadera* = *segadora.* The latter meaning is not listed in *Dicc. Aut.*, and given as "desusado" in *Dicc. Acad.* Lope probably plays with both meanings, although the second is the more obvious one.

2412 Vestida refers to *orilla* (2410).

2421-2422. A chiastic construction: *Dichoso el sentido que permite tal profundo y sano sueño. Dichoso el suelo que sostiene tal cuerpo.*

2433-2442 The plot construction is faulty here. There is no evidence that Sancho knows that he killed the wrong man and that his own honor as well as his grandfather's is therefore still unredeemed.

2443-2447 El (2443) refers to his *traje rústico, aquesta* to Elena, the beauty he is following. Since he was in love with Sol in his rustic outfit, the new girl, who can only be the moon, lower when compared to the sun, cannot feel offended. After all (*pues que*), the soul inside this outfit is lowering its (social) standard when serving the moon (instead of the sun, as it formerly did).

2472 The double meaning of *león* is obvious.

2493-2497 A brief glimpse of the conventional pastoral *locus amoenus*. Cf. Curtius, pp. 200-205, Engl. ed., pp. 195-200.

2499 **De mi padre** is evidently a slip for *hermano* (cf. 2518-2519). The printed texts made the correction. The same error occurrer in 2518-19, but Lope caught it and changed the text. See the note below these lines.

2505 It is not true that he has seen no one around (cf. 2373). He has to tell this lie to be consistent with the first lie of the bear he had chased away to save Elena's life.

2506 **Anssí,** that is, in her huntress' outfit. Actually, however, the peasants did recognize her (cf. 2353, 2378).

2515 **De firme a firme.** This phrase expresses the concept of completeness by means of the prepositions *de—a* and the repetition of the adjective or noun, as in *de largo a largo, de cabo a cabo, de parte a parte, de banda a banda,* all found *passim* in Correas (Madrid, 1924), pp. 555-558, ed. Combet, pp. 683-685, in the section "Fórmulas i Frases en partikular" (Combet, p. 597).

2524 **Satisfaçión.** The word has an ironical double meaning here. Elena uses it in the sense of *premio* for Sancho who has, allegedly, saved her from the bear. Sancho, of course, does indeed seek *satisfaçión* (*venganza*) from her brother, but he does not know yet that (1) he has killed the wrong person and (2) that Elena's brother is none other than Payo de Vivar.

2525 **Ya mi alma no procura.** Sc. *satisfaçión.*

2526-2527 'Because I would obligate you to service [toward me] instead of obligating your beauty.' The poignant antithesis of the nouns *serviçio—hermosura* is difficult to render in English.

2528-2532 This *quintilla* is incomplete. See critical apparatus.

2535 **Llebarla tienes.** With the infinitive preceding *tener,* with or without the preposition *de,* the phrase expresses futurity and, as here, necessity (Keniston, 34.813; Bello-Cuervo, 710).

2537 Although Sancho completely subscribes to the *hidalgo*'s concept of honor as concomitant with nobility, here the other concept of honor as reward for virtue enters into play. This concept suits Sancho who does not at this moment wish to reveal his newly found identity as a young nobleman. His new status does not permit him to accept a chain as a material reward for his alleged bravery. However, he asks for work as a *segador* (2550-2552). The *villano* and his labors are honorable; accepting a chain for noble action would be degrading. For the "two faces" of the concept of honor, see Gillet, IV, 193-197.

2564 It is unusual that Elena answers the question *¿por quién he de preguntar?* with a noun indicating a thing. The use of the relative pronoun *quien* for things is well documented (Keniston, 15.224; Fontecha, 302), but not for the interrogative *quién.*

2574 Payo de Vivar wanted to be the *ayo* of the boy king, but was frustrated in his plan (1621-1631). The *ayo* is Count Melén González. Lope is careless about his plot here. Note the inaccuracies about Elena being the daughter or the sister of the owner of the castle (2499, 2518) and the statement by Sancho implying that his grandfather's honor is still stained, although he believes he has killed Payo de Vivar (2433-2442).

2592 Passea refers to the periodic incursions of the Moors.

2622-2652 During the whole dialog Sancho uses the technique of *engañar con la verdad,* first with the *caballo de Troya,* then the *fiador, fiar* metaphor; he speaks on two levels. In 2624-2626 Sancho shifts the metaphor from the association *caballo de Troya,* standing for treachery, to the burning of Troy, standing for the flames of his love. Elena, although still somewhat suspicious (2633-2634), takes Sancho's *pagar* and *fiar* metaphor as referring to her brother's obligation toward Sancho because he has saved her from the bear.

2642 El fiador is Laín.

2644-2645 Those who enjoy the social position to bestow honor upon others, must themselves have honor, cf. 865-870n. Yet, here the implications of this common concept are deeply ironical. It is Payo who *tiene,* has in his possession, Mendo's honor since he robbed him of it. He has to return it (*dar*).

2649, 2651 The shift from *tú* to *vos* indicates the shift from enigmatic double talk to deadly seriousness.

2681 The *puer—senex topos* is found in late antiquity, the Bible, and in various religions, an archetypical projection of the collective subconscious of the (unattainable) ideal of the fusion of the strength of youth with the wisdom of old age. See Curtius, pp. 106-109, Engl. ed., pp. 98-101. The *topos* appears again in line 3135.

2694 Pariente. "Nombre que daba por escrito el rey de España a los títulos de Castilla sin grandeza" (*Dicc. Acad.*).

2730-2731 The inference made by Lope that Mendo de Benavides was related to the mother of Alfonso V, cannot be proven historically. The first señor of Benavides may possibly be traced back to Alfonso VII. See Int., pp. 50-51, notes 53-59.

2737 Humildes. It is unusual to see *humilde* applied to himself by a *noble,* although of the lower untitled nobility. Cf. Covarr., 705 a 6: "Hijo de padres humildes, el hombre común, que no es noble." Note that the printed texts change *humildes* to the colorless *algunos* which seems to show that someone had been disturbed by this use of *humilde.* "Deste señor son vasallos mis padres, *humildes* en linage" (*Don Quixote,* I, II, 151).

2742 Raçón pides. Cf. Alarcón, *Los empeños de un engaño,* III.12.49 (Denis, *Lexique,* p. 588): "Don Juan pide razón 'une chose raisonnable'." In Alarcón's *El* *semejante, a sí mismo,* II.14.9 *pedir razón* means 'demander raison, des explications.' Covarr., 894a 1 has "*hazer la razón* 'hazer lo que es justo'."

2747 Este sc. *remedio* (2444).

2765 Acad. and Ag write *amor* for *honor.* A similar confusion occurred in *Carlos V en Francia,* 60n, and in the text of Vélez's *Embuste acreditado,* 363, 578. *Amor* and *honor* are standard rhyme words and represent standard emotions and dramatic conflicts.

2796-2797. To place the personal pronoun before the infinitive is not uncommon during the sixteenth century when a stressed element, here *que,* precedes the infinitive. Cf. Keniston, 9.6, 9.62.

2829 Iñigo is not discouraged by this allusion and confesses his love in the next line. Lope does feel, though, that all this goes a little too fast and has Iñigo add "Mirad qué poco me alargo."

2864 Zulema. The *Crónica general* gives a lengthy account "De como Culeyma rey de Cordoua mató a todos los que se le querien alçar, et de como lidiaron el conde don Sancho et Çuleyman con Mahomat Almahadi; et comol uencieron" (II, 454a, no. 766). Later, the count, expecting greater profits, joined forces with Hissem against Zulema. See Mariana, II, 238-239. For don Sancho see 2909-2910n.

2879 Se alçaron con él. Alzarse con "lo mismo que tomar o quitar alguna cosa quedándose con ella sin acción ni derecho" (*Dicc. Aut.*).

2881 Darle. *Le* refers to Zulema (cf. 2894).

2896, 2897, 2917 Huelgen, cuelgen, cuelge. This is Lope's preferred spelling for the present subjunctive of the verb in *—gar.* Cf. *El sembrar,* Ed. Fichter, p. 176, and *Carlos V,* line 604n.

2901 Castilla. Castilla and León are merged here in Lope's mind. The two *condados* were joined only under Alfonso V's son, Fernando I (1035-1065). See also 3219n.

2920 An echo of the proverb *moros en la costa?* It can signify danger or reproach. The phrase *moros en casa* is still used today in Spain when the conversation turns on a topic the children in the house should not hear (source: native informant).

2949-3003 Sancho's speech is an excellent example of the device called *engañar con la verdad,* achieved by the different meaning *segar el trigo* has for Payo and Sancho: literal for the former and metaphorical for the latter. It violates verisimilitude that the intelligent Payo de Vivar should not become suspicious of Sancho's double-talk. The easy skill with which Lope developed the metaphor must have delighted and flattered a sophisticated audience and their feeling of intellectual superiority over the duped character on the stage. Cf. Otis H. Green, "Se acicalaron los auditorios," *HR,* XXVII (1959), 413-422.

2949 Asturiano. Since Lope took so much pride in the Asturian origin of his family, from the valley of Carriedo, "in the mountains of the province then called the Asturias of Santander" (Rennert, *Life of Lope de Vega* [Reprint, New York, 1937], p. 1), we may be justified in sensing here a reflection of Lope's own feelings, identifying with his character.

2968 De que tarde [la siega], with obvious double meaning.

3013 Lanchas. "Piedra estendida y de poco grossor .... Lanchazo, el golpe que se da de plano con ella" (Covarr., 751b 32). Sancho, the *labrador,* throws stones, not *lanzas,* as the *caballeros* do. The printed texts changed to the *lectio facilior.*

3053 Contradize. *Contradecir* 'impugnar,' not *con palabras* as the *Dicc. Aut.* defines the verb, but with hostile action. " ... Si tuviese por bien de pasar el estrecho, que ellos en ninguna cosa contradirían a su voluntad" (Mariana, *Hist. Esp.* 16.11. [R. 30.475[2]], quoted by Cuervo, *Dicc.,* II, 485b).

3054 Allega. Cuervo, *Dicc.* I, 389b gives many examples for *allegar* 'llegar.' (*intrans*), among them two by Lope.

3068 Atlante, symbol of the king who carries the burden of government on his shoulders, in this case the boy-king's father Bermudo II, *el gotoso. Alçides,* the alternate name for Hercules, is a symbol of vigor, strength, and valor. Such a king or, at least, a regent in his prime is lacking. Payo may very well think of himself as such a regent.

Letter, line *a.* Keniston, 7.45 records cases in which "the initial *o* of *os* is elided after final *o.*" Valdés, *Diálogo de la lengua,* 368, 30: "digos que ... no tengo regla." *Op. cit.,* 359, 4 "aviendos de mostrar ... lo que quiero dezir."

Letter, line *h.* The year 979 is not historically accurate. See Int., pp. 43-44, notes 33-37.

3084-3085 A pun on the *barba cana* of the Conde Melén González and the *barbacana* of Payo's castle. *Barbacana* 'obra avanzada o aislada para defender puertas de plaza, cabezas de puente, etc.' (*Dicc. Acad.,* s.v.). *Su* refers to the conde.

3088 Fernán Ximénez is answering Elena's question. The conde's personal interest or affection for Mendo is immaterial; he acts with *la voz del rey.* Correas, Ed. Combet, p. 235a: "Ni pierdo ni gano, levántome a mi mano."

3094-3095 Elena shows the Amazonian trait of the *mujer varonil.* Cf. Athena and Brunhilde of Greek and Germanic mythology, and Camilla in Virgil, *Aeneid,* XI. After her brother's death she challenges Mendo and Iñigo Arista to a duel (3430-3431).

3098 Açetasse. The past subjunctive after a present tense is used "to express an idea less vividly or less directly than a present subjunctive would do" (Keniston, 33.97).

3111 Traspontín. *Traspontín, trasportín, traspuntín*: "Cada uno de los colchoncillos ... que se ponen atravesados debajo de los colchones de la cama" (*Dicc. Acad.,* 1956, s.v. *traspuntín*).

3135 Another instance of the *puer—senex topos.* Cf. 2681n.

3153 **Por oras.** "Por instante, de un momento a otro" (*Dicc. Acad.,* s.v. *hora, instante*).

3187, 3190 The association between Hercules and Sancho's club was obvious for the audience of the seventeenth century.

3197, 3200 For *senor* without the tilde see *Carlos V,* 1560n. and Professor Fichter's review of this edition in *HR,* XXXII (1964), 365; he points out that Lope omits the tilde "occasionally in other autographs" and cites two examples.

3204 The point of comparison is, of course, sweetness.

3213 **Cobralle.** "Recuperar, volver a tomar o poseer" (Cuervo, *Dicc.,* with many examples).

3219 Around the year 1000 there was a contrast between *leonés* and *castellano,* but not between *leonés* and *español.* The aspiration of a united Spain, however, did exist. "Sancho García III, el Mayor, of Navarra, called himself *Hispaniarum Rex* as early as the eleventh century" (Gillet, III, 743, note to Torres Naharro, *Comedia Aquilana,* IV, 264). The expression *leonés y español,* then, represents an intensification from the more limited *leonés* to the all-embracing *español.*

3230-3234 Iñigo Arista has an advantage over *la fama* because she comes down to earth *rompiendo el roxo arrebol* only of the lesser Aurora, whereas he takes leave from the *sol,* read *Sol.*

3237-3239 'If justice (*raçón*) is divided, small is the share which this fight will assign to your enemy.' Justice is on Yñigo's side.

3243 Iñigo Arista, Rey de Pamplona (end of eighth to early ninth century), was the founder of the Iñiga dynasty. The kings of Pamplona began to use the title of King of Navarra at the beginning of the twelfth and exclusively in the following century (*Dicc. hist.,* II, 55a, 629b-630a). According to McCready, *Heráldica,* pp. 249-250, various coats of arms are reported for the early times of the Reino de Navarra or Pamplona, one being "un escudo roxo, sembrado de aristas" (Zurita). Rodrigo Mendes Silva (1675) explains that "el Rey Don Iñigo Arista [era] de tan belicosos brios contra los Mahometanos Turbantes, que viendolos, se encendia, qual arista, en el voraz elemento, y assi las colocò ardientes de oro sembradas en colorado." We suggest that Lope chose the name Iñigo Arista simply to enhance the aura of early Spanish medieval semilegendary history. This character is not meant to be the historical figure. In the stage direction 789 + he calls him Iñigo de Lara. The Condes de Lara were "una noble y poderosa familia castellana que juega un papel importante en la Edad Media" (*Dicc. hist.,* II, 486a), best known, of course, through the legend of the Siete Infantes de Lara. Note that the Laras are a Castilian family, whereas the Iñigo Arista family belongs to Pamplona and Navarra. This is of no importance in Lope's historic-poetic world of early Spanish medieval times. Nor does it matter that Sol is a Leonese woman. She wants to inspire Iñigo with the symbol of her favor as his *dama* and obtained—somehow—

"ese girón de Nabarro," to give to him. Note that the printed texts omitted this stanza. The *girón* is a *pendón* or *guión* 'pennant.'

3252 **Entretiene.** Entretener "Detener por algun espacio de tiempo, para diferir, suspender y dilatar alguna operación" (*Dicc. Aut.*).

3253-3255 Each of these two sentences makes sense in itself, but not the two together. *Porque* particularly causes difficulty.

3261 **Baya armar.** *A embebida,* as in "vengo [a] hablar," *El sembrar,* Ed. Fichter, 1918; see editor's note to 735. Cf. Keniston, 41.32.

3270 **Por memoria.** 'Because I shall remember you during the battle.'

3301-3317 The same delight in splendid pageantry but on a much larger scale is evident in *Carlos V,* 1967-2126, the description of the Emperor's solemn entry in Paris. Emblems, flags, uniforms, and ceremonial garb are described throughout this long passage in *romance.* The lines from *Carlos V,* discussed by McCready, *Heráldica,* pp. 31, 164, occur in this passage.

3305-3314 McCready, *Heráldica,* p. 145, discusses lines 3306-3307 (reading, of course, *lises blancas,* with *Ac.*) in the chapter "Armas imaginarias": "Lope emplea estas armas, o algunas muy parecidas, en otras obras. Son frecuentes ... los escudos que tienen lises, habiéndoles de diversos colores," e.g. in *La hermosura de Angélica* and *La firmeza en la desdicha.* McCready offers no comment on the following stanza.

3307 **Francas.** "Francesas," as in *Jerusalén conquistada* (*Obras sueltas,* XIV, 243) and Pérez de Montalbán, *Cómo se vengan los nobles,* BAE, XXXIX, 435c. Cf. also Covarr., 60c b22: "se toma por qualquier natural de Francia, los quales llamamos francos."

3310 **Ante.** "Cuera de ante es la piel del búfalo adereçada, en forma que el hierro no la pueda passar si no es con gran dificultad; y llamáronse de ante, porque se ponen delante del pecho..." (Covarr., 124a 53).

3357-3363 The sequence of the dialog seems very loose. In 3357 Payo de Vivar expects Sancho to be back at any moment. In the next line Elena expresses fear of Sancho's death, which is confirmed by Payo. In 3359 *aquí* refers to Sancho's encounter with the Moors. M 9 evidently was puzzled too and replaced the two *quintillas* with one which eliminates Payo's contradictory statements.

3376 The use of *le* for the direct neuter object pronoun *lo* is very unusual. There are no cases recorded by Keniston, 7.26 for the neuter "with indefinite force, no antecedent expressed or implied."

3408 **Fiar de** is not listed in the modern dictionaries consulted (*Dicc. Acad.,* Moliner). It is reported for Alarcón by Denis, s.v. "De agüero no hay que fiar," *La industria y la suerte,*" I.13.65; "Fiad de mi cuidado," *Ganar amigos,* I.7.32. (In the other example noted, *op. cit.,* I.6.14 the verb is the reflexive *fiarse.*) Cervantes,

El gallardo español, v, 3v°, "de vos fío" (cf. Fernández Gómez, *Vocab. Cerv.,* s.v.); also Góngora (Alemany y Selfa, s.v.); Herrera (Kossof, s.v.).

3424 **Pareze alguno.** The preposition *a* is often omitted before words beginning with *a,* especially unstressed *a* (Keniston, 41.32).

3430-3431. Cf. 3094-3095n.

3434 **Mentís.** "Estos *mientes* o *mentises* ... eran ... también fórmulas de provocación para reñir" (Rodríguez-Marín, note in his edition of Cervantes' *Rinconete y Cortadillo* [Clás. Cast., 1928; cover: 1932], p. 197).

3446-3450 The compensation of the lost brother-protector with a worthy husband is a striking parallel to the solution of Jimena's predicament in Guillén de Castro's *Las mocedades del Cid.* Here, of course, the marriage of Elena and Sancho is not central to the main plot, as the Cid—Jimena conflict and its solution is in Castro's play.

3474 Cf. 2896n.

3486 Cf. 790n.

3510-3511 A comma is required after Clara. None of the printed editions collated has it. The actor can, of course, through proper phrasing, avoid the meaning that Sancho is Clara's grandson, but the reader may hesitate a moment and wonder whether Lope remembered his own story correctly. For a similar situation cf. 3540-3547n.

3513 **Bueno** refers to Mendo's *hidalguía* and *honra* (now restored). He would not exhort his fellow *hidalgos* (cf. 3458) to pay homage to a person not of royal blood.

3530 **Parecer** for *parecerse* appears in *Dicc. Aut.,* but no longer in *Dicc. Acad.* It was common in the Golden Age (cf. Vélez, *Embuste,* 771n.).

3540-3547 There must be a comma after *ocasión.* None of the printed editions collated has it. Sancho reminds his listeners of two facts: first that the king was captured by a strong contingent of Moors, second, that he is the bold and strong man who killed Laýn in León. Therefore they should not be surprised that he attacked the Moors, killed many of them, and liberated the king. Cf. 3510n.

3554 **Verdad.** Sancho's *fidelidad* springs from his grandfather Mendo's true being, i.e. that of a nobleman. Cf. the formula of noble pride *soy quien soy* and the definition of *verdad* in the *Dicc. Acad.*: "Conformidad de las cosas con el concepto que de ellas forma la mente." Cf. Leo Spitzer. "Soy quien soy," *Nueva Revista de Filología Hispánica,* I (1947), 113-127.

3558-3559 The reference to the shoulders fits Atlante only.

3567-3568 *Fiar* in the meaning of *confiar* 'depositar en uno.' 'I relied on my favorable opinion [of him] when I entrusted him [with the defense of] my honored blood.' The syntax is rather loose. *Fié* has both the prepositional object of *fié en mi opinión* and the indirect object *le*. *Que más que* 'No question about it since....'

3573 **Fuesses.** "Especially common in the prose of the sixteenth century is the use of the past subjunctive after a present tense to express an idea less vividly or less directly than a present subjunctive would do" (Keniston, 33.97). Compare *seas* of the preceding line with *fuesses*: the former expresses a real desire whereas *fuesses* has more the character of a polite recognition of what Sancho would deserve to be if the legitimate heir and king were not alive.

3574-3575 Cf. "De tal árbol tal fruto" (Torres Naharro, *Com. Seraphina,* III, 136), see Gillet's note on this proverb. Here the *honor* concept is extended to inanimate nature through personification (note the personal *a*). When the Conde says "se coge ansí" we must imagine that he actually takes the boy king from Sancho's arms. Cf. the preceding stage direction.

3595-3596 For an illustration of the coat of arms of the Benavides see McCready, *Heráldica,* p. 101. It is based on the description given by García Carrafa, XV, 214: "De oro, con un león rampante de gules, fajado de plata, puesto sobre un palo de gules. Bordura de plata con ocho calderas de sable." "Un 'bastón' es lo mismo que 'palo,' y 'arrimado a un bastón' equivale a 'puesto sobre un palo' " (McCready, p. 97). In *Jerusalén conquistada* (*Obras sueltas,* XV, 267) the *fajas de león* are mentioned: "aquel del manto de color celeste / es señor del solar de Benavides: / mira con el bastón, que el mundo mandas, / el suyo, y tu Leon partido a vandas" (quoted by McCready, *ibid.*). Tirso, *La prudencia en la mujer,* lines 610-613, 632-634 gives a more detailed description of the escutcheon of the Benavides, also quoted by McCready, p. 279: "Como mi puerta ennoblece / el barrado león / que en campo de plata ofrece / a mi sangre el real blasón ... mostrando a mis sucesores / la nobleza de un león rojo / en sangre de dos traydores."

3601 *Iñigo Arista, sangre de Lara.* Cf. 3243n.

3604 **Villamañán.** Town located in the province and diocese of León; military headquarters of Valladolid; / judicial registry of Valencia de D. Juan. See Madoz, *Dicc. geo.,* XVI, 180.

3605 **Mansilla.** Town located in the province of Logroño. See Madoz, *Dicc. geo.,* XI, 188.

3605 **Valencia de Don Juan.** Town located in the province of León. See Madoz, *Dicc. geo.,* XV, 451b.

3605 **Val[ençi]a.** In the play *Quien más no puede* (Sept. 1, 1616) the protagonist, conde Henrique, a Navarran count, is at the end rewarded with the Condado de Valencia de Don Juan. Actually these *condes* are of Portuguese origin and according to local documents obtained the title in 1387; it was confirmed in 1392. Fernández de Bethencourt, II, 129, indicates that don Martín III Vázquez de Acuña was the first Count of Valencia de Campos. However, this assertion is based on Castilian and Portuguese chronicles and histories, and not on documents. But archives and Bethencourt agree that the Condes were of Portuguese extraction. "Como se ve, en ninguna parte se da origen navarro a los Condes de Valencia de Don Juan por lo que es *puramente fantástica la comedia* ...." González Palencia, ed. *Obras de L. de V.*, Ac. N., IX, xxviii.

3610 Más ... que. Keniston, 26.411 defines the distinctive difference between the use of *que* and *lo que* after a neuter collective of quantity as follows: "In general it may be said that when *que* is used, the verbal concept of the first element [here *dar*] is contrasted with the verbal concept of the second element [here *pedir*]; when *de lo que* is used, the amount or degree of the same concept of the first clause is compared with a fixed amount or degree of the second concept, which is established by the *lo que* clause. But the distinction between the forms of expression is often slight, though definite."

d m v o s. We interpret these letters as *deo, matri virgini, omnibus sanctis.* We follow Fichter, Ed., *El sembrar,* p. 233 in reading *matri* and not *Mariae,* "in keeping with Lope's own practice when spelling the word out." Lope used M only once for "Maria" but combined with "Mater." The abbreviation at the end of *El sembrar* is "l d m V o s," which is "the one that Lope had employed quite regularly down to 1608 and possibly 1610." In our play the "l" for *laus* is not used, or so it seems. However, the letters of invocation are written in the center of an extensive rubric which could be interpreted as an elaborate letter "l." At any rate, the text without the "l" can be understood as the dative of dedication. It was Lope's custom to write pious ascriptions, "usually under the first line [as here] either abbreviated with its initial letters ... or spelled out in full, or partly abbreviated and partly spelled out" (Fichter, *loc. cit.*) These statements are substantiated by detailed references to the texts.

Bibliography

Aguado Bleye, Pedro. *Manual de historia de España.* 3 vols. Madrid, 1947-1954.

Alemany y Selfa, Bernardo. *Vocabulario de las obras de don Luis de Góngora y Argote.* Madrid, 1930. (The references are to the edition of R. Foulché-Delbosc, *Obras poéticas de don Luis de Góngora.* 3 vols. New York, 1921).

Almella, Diego López de. *Valerio de historias eclesiásticas* (1541). Ed. 1793.

Alonso Cortés, Narciso. *El teatro en Valladolid.* Madrid, 1923.

Alvarez Quiñones, Eugenio. "Historia y leyendas en los lemas heráldicos," *Hidalguía,* IX (1961), 347-368.

Amezúa, Agustín G. de. *Una colección manuscrita y desconocida de comedias de Lope de Vega.* Madrid, 1945. Reprinted in part in his *Opúsculos histórico-literarios.* Madrid, 1951, II, 364-417.

———. *Lope de Vega en sus cartas.* 4 vols. Madrid, 1935-1943.

Andrés, Alonso, O. S. B. "Documento inédito de Alfonso IX." *Hispania,* [Madrid], VIII (1948), 136-139.

Anonymous. "Essay sur le théatre espagnol." *Variétés Littéraires.* Nouvelle édition. Paris, 1804. IV, 232-273. See also s.v. *Variétés Littéraires.*

Arco y Garay, R. del. *La sociedad española en las obras dramáticas de Lope de Vega.* Madrid, 1942.

Argote de Molina, Gonzalo. *Nobleza de Andaluzía* (1588). Ed. Jaén, 1957.

Asín Palacios, M. *Contribución a la toponimia árabe en España.* Madrid, 1944.

Astrana Marín, Luis. *Vida azarosa de Lope de Vega.* Barcelona, 1935.

Atienza, Julio de. *Nobiliario español. Diccionario heráldico de apellidos españoles y de títulos nobiliarios.* Madrid, 1948.

Aubrun, Charles V. *La Comédie espagnole: 1600-1680.* Paris, 1966.

Autographen aus der Sammlung Karl Geigy-Hagenbach und anderem Besitz. Auktion am 30. und 31. Mai, 1961 in Marburg. Haus der Bücher A. G., Basel, Bäumleingasse, 18.—J. A. Stargardt, Marburg, Bahnhofstrasse 26.

Autographensammlung von Karl Geigy-Hagenbach, with *Nachträge.* Limited edition, privately printed. 1929.

Baedekers Autoführer Spanien und Portugal. Stuttgart, 1955.

Ballesteros y Beretta, Antonio. *Historia de España y su influencia en la historia universal.* 9 vols. Barcelona, 1920.

Barrera y Leirado, Cayetano Alberto de la. *Nueva biografía de Lope de Vega, Obras de Lope de Vega,* I. Madrid, 1890.

Bello, Andrés y Rufino José Cuervo. *Gramática de la lengua castellana.* 18th ed. Paris, 1916.

Benavides. *Escrituras y privilegios del monasterio de Benavides de la Orden Cisterciense* (1217-1409). MS. Biblioteca Nacional, unnumbered.

Benavides, Antonio de. *Memorias de D. Fernando IV de Castilla.* Contiene la colección diplomática que comprueba la crónica arreglada y anotada. 2 vols. Madrid, 1860.

Benavides, Diego de. *Memorial en que representa la antigüedad, calidad y servicio de sus casas.* MS. Biblioteca Nacional, no. 3-73177. Madrid, 1660.

Bruerton, Courtney. "The Chronology of the *Comedias* of Guillén de Castro," *HR,* XII (1944), 89-151.

Cancionero llamado Flor de enamorados. Eds. Antonio Rodríguez-Moñino y Daniel Devoto. *Floresta. Joyas Poéticas Españolas,* II. Valencia, 1954.

Castro, Américo. "Alusiones a Micaela de Luján en las obras de Lope de Vega," *RFE,* V (1918), 256-292. Reprinted in Rennert y Castro *Vida de Lope de Vega.* 2nd ed. Salamanca—Madrid, 1968, pp. 401-430.

Castro, Guillén de. *Las mocedades del Cid.* Ed. V. Said Armesto. Clás. Cast., 4th ed. Madrid, 1945.

Catálogo de la exposición bibliográfica de Lope de Vega. Madrid, 1935.

Cervantes, Miguel de. *El ingenioso hidalgo Don Quijote de la Mancha.* Nueva ed. crítica de F. Rodríguez Marín. 7 vols. Madrid, 1927-1928.

———. *Rinconete y Cortadillo.* Ed. Francisco Rodríguez-Marín. Clás. Cast. Madrid, 1928 (cover: 1932).

Chronica Adefonsi Imperatoris. Ed. Luis Sánchez Belda. Madrid, 1950.

Clavería, Carlos. "Reflejos del 'Goticismo' español en la fraseología del Siglo de Oro." *Studia philologica. Homenaje ofrecido a Dámaso Alonso por sus amigos y discípulos con ocasión de su 60° aniversario,* I (Madrid, 1960-1961), 357-372.

Comedia Thebayda. Libros raros y curiosos, XXII. Madrid, 1894.

Corominas, Joan. *Breve diccionario etimológico de la lengua castellana.* Madrid, 1961.

———. *Diccionario crítico etimológico de la lengua castellana.* 4 vols. Madrid, 1954-1957.

Coronica General de España. Eds. Florián de Ocampo (I-II) and Ambrosio de Morales (III-X). 10 vols. Madrid, 1791-1792.

Correas, Gonzalo. *Vocabulario de refranes y frases proverbiales.* Ed. Louis Combet. Bordeaux, 1967.

———. *Vocabulario de refranes y frases proverbiales.* Ed. M. Mir. Madrid, 1924.

Covarrubias, Sebastián de. *Tesoro de la lengua castellana o española.* Ed. Martín de Riquer. Barcelona, 1943.

Cuervo, Rufino José. *Apuntaciones críticas sobre el lenguaje bogotano.* 7th ed. Bogotá, 1939.

———. *Diccionario de construcción y régimen de la lengua castellana.* 2 vols. Paris, 1886-1893.

Curtius, Ernst Robert. *Europäische Literatur und Lateinisches Mittelalter.* Bern, 1948. Engl. ed., New York, 1953.

Del Arco, Ricardo. "Lope de Vega." *Historia de las literaturas hispánicas,* ed. Guillermo Díaz-Plaja (Barcelona, 1953), III, 217-259.

Denis, Serge. *Lexique du théâtre de J. R. de Alarcón.* Paris, 1943.

Diccionario de historia de España desde sus orígenes hasta el fin del reinado de Alfonso XIII. 2 vols. Madrid, 1952.

Diccionario de la lengua castellana... 6 vols. Real Academia Española. Madrid, 1726-1739 (known as *Diccionario de Autoridades*).

Diccionario de la lengua española. 18th ed. Real Academia Española. Madrid, 1956.

Diccionario de literatura española. Revista de Occidente. Madrid, 1953.

Diccionario histórico de la lengua española. A-aga, 7 fasc. Madrid, 1960-1966.

Diez Melcón, Gonzalo. *Apellidos castellano-leoneses (Siglos IX-XIII, ambos inclusive).* Tesis doctorales VII. Universidad de Granada, 1957.

Dozy, R[einhart]. *Histoire des Musulmans d'Espagne.* Ed. E. Lévi-Provençal, Leyde, 1932.

———. *Recherches sur l'histoire et la littérature de l'Espagne.* 2 vols. Paris, 1881.

Durán. See *Romancero general.*

Enciclopedia Pictórica Duden. New York, 1943.

Enciclopedia universal ilustrada europea-americana. 70 vols. Barcelona, 1914-1930.

Entrambasaguas, Joaquín de. "Madrigal al bofetón." A lecture delivered in 1962. *Índice Cultural Español,* 1962, pp. 708-709.

Epistolario de Lope de Vega Carpio. See Amezúa.

Esp. musul. See Lévi-Provençal.

Estienne (Stephanus), Charles. *Dictionarium historicum ac poeticum.* Lutetiae, 1561.

Faxardo, Juan Isidro. *Títulos de todas las comedias que en verso español y portugués se han impreso hasta el año del 1716.* Copia mecanografiada del MS. 14706 de la Biblioteca Nacional de Madrid, en la Biblioteca de la University of Pennsylvania.

Fernández Gómez, Carlos. *Vocabulario de Cervantes.* Madrid, 1962.

Fernández-Núñez, Manuel. *Folklore leonés. Canciones, romances y leyendas de la provincia de León, e indicaciones históricas sobre la vida jurídica y social de la Edad Media.* Madrid, 1931.

Figueroa Lorza, Jennie. "Onomástica de vehículos," *Thesaurus,* XX (1965), 357-370.

Floresta. Joyas poéticas españolas. Eds. Antonio Rodríguez-Moñino and Daniel Devoto. II, Valencia, 1954; VII, Valencia, 1963.

Flórez, Enrique and Manuel Risco. *España sagrada.* 51 vols. Madrid, 1784-1793.

Fontecha, Carmen. *Glosario de voces comentadas en ediciones de textos clásicos.* Madrid, 1941.

Foulché-Delbosc, R. "Los Romancerillos de Pise," *RHi,* LXV (1925), 160-263.

Fucilla, Joseph. "The Test of Courage in the Cid Legend: A Foreign Importation," *Philological Quarterly,* XXX (1951), 86-89.

Las fuentes del Romancero general. Ed. Antonio Rodríguez-Moñino. 12 vols. Madrid, 1957.

García Carraffa, Alberto y Arturo. *Diccionario heráldico y genealógico de apellidos españoles y americanos.* 82 vols., Madrid, 1919-1959.

Geigy-Hagenbach, Karl. *Album von Handschriften berühmter Persönlichkeiten vom Mittelalter bis zur Neuzeit.* Basel, 1925.

———. See *Autographen* and *Autographensammlung.*

Gillet, Joseph E. "*Propalladia*" *and Other Works of Bartolomé de Torres Naharro.* 4 vols. (Vol. IV, ed. and completed by Otis H. Green). Bryn Mawr and Philadelphia, 1941-1961.

———. " 'So la luna.' Notes on the Life and Death of a Spanish Idiom," *Estudios Hispánicos. Homenaje a Archer M. Huntington.* (Wellesley, Mass., 1952), pp. 193-217.

Góngora. See Alemany y Selfa.

González, Julio. *Alfonso IX.* 2 vols. Madrid, 1944.

Goyri de Menéndez Pidal, María. *De Lope de Vega y del Romancero.* Biblioteca del Hispanista, I. Zaragoza, 1953.

Gracián, Baltasar. *El Criticón.* Ed. Miguel Romera-Navarro. 3 vols. Philadelphia, 1938-1940.

Green, Otis H. "*Se acicalaron los auditorios*: An Aspect of the Spanish Literary Baroque," *HR*, XXVII (1959), 413-422.

———. *Spain and the Western Tradition.* 4 vols. Madison, Wis., 1963-1966.

Grillparzer, Franz. *Sämtliche Werke.* Ed. Alfred Klaar. 16 vols. "Studien zum spanischen Theater." Vol. XIV. Leipzig, n. d.

Halstead, Frank G. "The Attitude of Lope de Vega toward Astrology and Astronomy," *HR*, VII (1939), 205-219.

Historia de España. Ed. Ramón Menéndez Pidal. 19 vols. Madrid, 1935-1966.

Historia Silense. Eds. Justo Pérez de Urbel and A. González Ruiz-Zorrilla. Madrid, 1959.

Jörder, Otto. *Die Formen des Sonnets bei Lope de Vega.* Beiheft 86 of the *ZfRPh.* Halle, 1936.

Keniston, Hayward. *The Syntax of Castilian Prose, I. The Sixteenth Century.* Chicago, 1937.

Kossoff, A. David. *Vocabulario de la obra poética de Herrera.* Madrid, 1966.

Lafuente, Modesto. *Historia general de España.* 25 vols. Madrid, 1887-1891.

Lausberg, Heinrich. *Handbuch der literarischen Rhetorik*: *Eine Grundlegung der Literaturwissenschaft.* 1 vol. in 2. Munich, 1960.

Laza Palacio, Manuel. *La España del poeta de Mío Cid. Comentario a la crónica de Alfonso VII.* Málaga, 1964.

Lesage, Alain René, *Œuvres choisies.* Paris, 1810.

———. *Histoire de Gil Blas de Santillane.* Ed. Auguste Dopony. Vol. II. Paris, 1935.

Lévi-Provençal, E. *España musulmana.* Tr. Emilio García Gómez. *Historia de España,* IV. Ed. R. Menéndez Pidal. Madrid, 1950.

Lévi-Provençal, E. *España musulmana — Instituciones y arte.* Tr. Emilio E. García Gómez. *Historia de España,* V. Ed. R. Menéndez Pidal. Madrid, 1957.

Lida, María Rosa (See also Malkiel, María Rosa Lida de). *El cuento popular en la literatura española.* Buenos Aires, 1941.

Lope de Vega. Five Plays. Newly Translated by Jill Booty. Ed. with an Introduction by R. D. F. Pring-Mill. New York, 1961.

López de Almella, Diego. See Almella.

López de Haro, Alonso. *Nobiliario genealógico de los reyes y títulos de España.* 2 vols. Madrid, 1622.

López de Leçana, Martín. *Nobiliario de linajes de España.* MS. Biblioteca Nacional, unnumbered.

López Martínez, Celestino. *Teatros y comediantes sevillanos del siglo XVI.* Sevilla, 1940.

Lucan. *The Civil War* (*Pharsalia*). Loeb Classical Library. Cambridge, Mass., 1951.

McCready, Warren T. *La heráldica en las obras de Lope de Vega y sus contemporáneos.* Toronto, 1962.

Madoz, Pascual. *Diccionario geográfico, estadístico, histórico de España y sus posesiones de Ultramar.* Madrid, 1850.

Malkiel, María Rosa Lida de. *Juan de Mena, poeta del prerrenacimiento.* Mexico, 1950.

Marcus. See Vega Carpio, Lope Félix de. *El conde Fernán González.*

Mariana, Juan de. *Historia general de España.* BAE, XXX-XXXI. Madrid, 1950.

Martínez Kleiser, Luis. *Refranero general ideológico español.* Madrid, 1953.

Medel de Castillo, Francisco. *Índice general alfabético de todos los títulos de comedias que se han escrito por varios autores, antiguos y modernos*; *y de los autos sacramentales y alegóricos, assi de don Pedro Calderón de la Barca como de otros autores clásicos. Madrid, 1735.* Ed. John M. Hill, *RHi,* LXXV (1929), 144-369.

Menéndez Pelayo, Marcelino. *Estudios sobre el teatro de Lope de Vega.* 6 vols. Santander, 1949.

Menéndez Pidal, R. *Historia y epopeya.* Madrid, 1934.

———. *El idioma español en sus primeros tiempos.* Colección de Manuales Hispania. Serie B. Vol. II, Madrid, 1927.

———. "Notas para el romancero del Conde Fernán González," *Homenaje a Menéndez Pelayo* (Madrid, 1899), I, 429-507.

———. *Orígenes del español.* Madrid, 1950.

———. *Reliquias de la poesía épica española.* Madrid, 1951.

———. *Romancero tradicional.* 2 vols. Madrid, 1963.

———. See *Primera Crónica General.*

Mexía (Mejía), Pero (Pedro), *Diálogos o coloquios.* Ed. M. Mulroney. Iowa City, 1930.

———. *Silva de varia lección.* 2 vols. Madrid, 1933-1934.

Moliner, María. *Diccionario del uso del español.* 2 vols. Madrid, 1966-1967.

Montesinos, José F. "Contribución al estudio del teatro de Lope de Vega," *RFE,* VIII (1921), 131-149

Montesinos, José F. "Contribución al estudio de la lírica de Lope de Vega," *RFE*, XI (1924), 298-311. Reprinted in *Estudios sobre Lope* (México, 1951), pp. 220-232.

Montoto y Rautenstrauch, Luis. *Personajes, personas y personillas que corren por las tierras de ambas Castillas.* 2 vols. Sevilla, 1921-1922.

Morel Fatio, Alfred. *Etudes sur l'Espagne.* 4 vols. Paris, 1890-1925.

Morley, S. Griswold and Courtney Bruerton. *The Chronology of Lope de Vega's "Comedias."* New York, 1940. Spanish edition, *Cronología de las comedias de Lope de Vega,* Madrid, 1968.

Núñez, Hernán. *Refranero español.* Valencia, n.d.

Obras de Lope de Vega publicadas por la Real Academia Española. 15 vols. Madrid, 1890-1913. — Nueva edición por E. Cotarelo y Mori. 13 vols. M., 1916-1930. (Abbreviation used Ac. N.).

Parker, Alexander A. "The Approach to the Spanish Drama of the Golden Age," *Diamante,* VI, Hispanic and Luso-Brazilian Councils, London, 1957. Reprinted in *Tulane Drama Review,* IV (1959), 42-59.

Pérez de Urbel, Justo. *Historia del Condado de Castilla.* 3 vols. Madrid, 1945.

———. *Sampiro, su crónica y la monarquía leonesa en el siglo X.* Madrid, 1952.

Pérez de Urbel, Justo and Ricardo del Arco, *España cristiana. Historia de España,* VI. Ed. R. Menéndez Pidal. Madrid, 1956.

Pérez Pastor, Cristóbal. "Nuevos datos acerca del histrionismo español en los siglos XVI y XVII (Segunda serie)," *BH,* VIII (1906)-XVII (1915).

Los pliegos poéticos de la colección del Marqués de Merbecq (siglo XVI). Ed. Antonio Rodríguez-Moñino. Madrid, 1962.

Poema de Mio Cid. Ed. R. Menéndez Pidal. Clás. Cast. Madrid, 1913.

Poesse, Walter. *The Internal Line-Structure of Thirty Autograph Plays of Lope de Vega.* Bloomington, Ind., 1949.

Primavera. See Wolf.

Primera Crónica General de España. Que mandó componer Alfonso el Sabio y se continuaba bajo Sancho IV en 1289. Ed. R. Menéndez Pidal. 2 vols. Madrid, 1955.

Pring-Mill, R. D. F. See *Lope de Vega. Five Plays.*

Puyol, Julio. *Orígenes del reino de León y de sus instituciones políticas.* Madrid, 1926.

Reichenberger, Arnold G. "The Autograph Manuscript of Lope de Vega's Play *Los Benavides,*" *The Library Chronicle,* XXVIII (1962), 106-108.

———. "The Cast of Lope's *Los Benavides.*" *Homenaje al Profesor Hill* (Valencia, 1968), pp. 161-176.

———. "Competitive Imagery in Spanish Poetry," *Annali dell'Istituto Universitario Orientale, Sezione Romanza* [Naples], IV (1962), 83-97.

———. "Herodotus in Spain," *RPh.* XIX (1965-1966), 235-249.

Rennert, Hugo Albert. *Bibliography of the Dramatic Works of Lope de Vega Carpio based upon the Catalogue of John Rutter Chorley.* New York-Paris, 1915.

Rennert, Hugo Albert. *The Life of Lope de Vega (1562-1635)*. Glasgow, 1904. Reprint, New York, 1937.

———. *The Spanish Stage in the Time of Lope de Vega*. New York, 1909.

Rennert, Hugo Albert and Américo Castro. *Vida de Lope de Vega* (*1562-1635*). Madrid, 1919. Second edition with "Adiciones por Fernando Lázaro Carreter," Salamanca-Madrid, 1968, pp. 515-561.

Restori, Antonio. *Ancora di Genova nel teatro classico di Spagna*. Genova, 1913.

———. "Review of Academy Edition of *Obras de Lope de Vega, Vol. XI*," *ZfRPh*, XXX (1906), 216-235.

Ricard, R. "Otra contribución al estudio de las fiestas de 'moros y cristianos'," *Miscellanea P. Rivet octogenario dicata*, II (Mexico, 1959), 871-876.

Risco, Manuel. *Historia de León*. Madrid, 1792.

Rodríguez Marín, Francisco. *Más de 21.000 refranes castellanos no contenidos en la copiosa colección del Maestro Gonzalo Correas*. Madrid, 1926.

———. *Todavía 10.700 refranes más*. Madrid, 1941.

Rojas Zorrilla, Francisco de. *Cada qual lo que le toca*. Ed. Américo Castro. Teatro Antiguo Español, II, Madrid, 1917.

Romancero general. Por Luis Sánchez, a costa de Miguel Martínez. Madrid, 1600.

Romancero general. Ed. Agustín Durán. 2 vols. BAE, X, XVI. M., 1849-51.

Romera-Navarro. See Gracián.

Romera-Navarro, Miguel. *Registro de lexicografía hispánica*. Madrid, 1951.

Rosa de romances. See Timoneda, Juan de.

Saavedra Fajardo, Diego de. *Corona gótica, castellana y austríaca*. BAE XXV. Madrid, 1866.

Sabugo, Nemesio. "A orillas del Orbigo," *León*, III (April 1957), 19-21, 34.

———. "Benavides," *Archivos Leoneses*, XVIII (1955), 139-147.

———. "Jornadas del rey Alfonso IX," *Archivos Leoneses*, X (1956), 101-107.

———. *Pórtico a la presencia de Benavides de Orbigo*. León, 1959.

———. "El pueblo y el solar de Benavides," *Archivos Leoneses*, VI (1952), 5-29.

———. "El topónimo y el apellido Benavides," *Archivos Leoneses*, III (1949), 144-156.

Salazar de Mendoza, Pedro. *Origen de las dignidades seglares de Castilla y León*. Madrid, 1657.

Salazar y Castro, Luis. *Los comendadores de la orden de Santiago*. 2 vols. Madrid, 1949.

Salomon, Noël. *Recherches sur le thème paysan dans la "Comedia" au temps de Lope de Vega*. Bordeaux, 1965.

Sampiro. See Pérez de Urbel.

Sánchez Albornoz, Claudio. *La España musulmana*. Buenos Aires, 1946.

Sánchez Candeira, Alfonso. "Sobre la fecha de la muerte de Alfonso V de León," *Hispania* [Madrid], VIII (1948), 132-135.

Sandoval, Fr. Prudencio de. *Historia de los Reyes de Castilla y León*. 2 vols. Madrid, 1792.

Schack, Adolfo Federico. *Historia de la literatura y del arte dramático en España.* 5 vols. Madrid, 1885-1887. First German ed. 1845-1846.

Schaeffer, Adolf. *Geschichte des spanischen Nationaldramas.* 2 vols. Leipzig, 1890.

Las siete partidas del rey Alfonso el Sabio. 2 vols. Paris, 1846.

Simonet, Francisco J. *Historia de los mozárabes en España.* Madrid, 1897-1903.

Slabý, Rudolf J. and Rudolf Grossmann. *Wörterbuch der spanischen und deutschen Sprache.* 2 vols. Leipzig, 1932.

Spitzer, Leo. "A Central Theme and Its Structural Equivalent in Lope's *Fuenteovejuna,*" *HR,* XXIII (1955), 274-292.

———. "Soy quien soy," *Nueva Revista de Filología Hispánica,* I (1947), 113-127.

Stephanus. See Estienne.

El sufrimiento premiado. Atribuida en esta edición, por primera vez, a Lope de Vega Carpio. Ed. Victor Dixon. London, 1967.

Sumario de los reyes de España, por el Despensero Mayor de la Reyna Doña Leonor, mujer del Rey Don Juan el Primero de Castilla. Ed. Eugenio de Llaguno Auricola. Madrid, 1781.

Tesoro lexicográfico. Ed. Samuel Gili y Gaya. Madrid, 1947—.

Thomas Aquinas. *Summa theologiae.* Biblioteca de Autores Cristianos. Madrid, 1955.

Tiemann, Hermann. *Lope de Vega in Deutschland.* Hamburg, 1939.

Timoneda, Juan de. *Rosa de romances.* Eds. Antonio Rodríguez-Moñino y Daniel Devoto. *Floresta. Joyas Poéticas Españolas,* VIII. Valencia, 1963.

Tirso de Molina. *Obras dramáticas completas.* 2 vols. Madrid: Aguilar, I (1946), II (1952).

———. *La prudencia en la mujer.* Eds. A. Huntington Bushee and Lorna Lavery Stafford. Mexico, 1948.

Torres Naharro, Bartolomé de. See Gillet, "*Propalladia.*"

Tuy, Lucas de. *Crónica de España.* Ed. Julio Puyol. Madrid, 1926.

Unamuno, Miguel de. *Obras completas,* III. Ed. Manuel García Blanco. Barcelona, 1958.

Valbuena Prat, Angel. *Historia de la literatura española.* 3 vols. 4th ed. Barcelona, n.d.

———. *Historia del teatro español.* Barcelona, 1956.

Variétés Littéraires, ou Recueil de Pièces, tant originales que traduites, concernant la Philosophie, la Littérature et les Arts. Nouvelle Edition, corrigée et augmentée. 4 vols. Paris: De l'imprimerie de Xhrouet, 1804.

Vega Carpio, Lope Félix de. See *Lope de Vega. Five Plays.*

———. See *Obras...*

———. *Obras escogidas.* Ed. Federico Carlos Sáinz de Robles. 3 vols. Madrid: Aguilar, 1955. *Los Benavides,* III, 697-734.

———. *Carlos V en Francia.* Ed. Arnold G. Reichenberger. Philadelphia, 1962.

———. *El conde Fernán González.* Ed. Raymond Marcus. Paris, 1963.

———. *La Dorotea.* Ed. Edwin S. Morby. Berkeley, 1958.

Vega Carpio, Lope Félix de. *Fuenteovejuna* in *Diez Comedias*. Eds. José Martel and Hymen Alpern. 2nd ed. by Leonard Mades. New York, 1968.

———. *La gatomaquia*. Ed. Francisco Rodríguez Marín. Madrid, 1935.

———. *La inocente sangre*. Ac., IX. Madrid, 1899.

———. *El peregrino en su patria*. Madrid, 1604.

———. *Los Prados de León*. Aguilar ed., I, [369]-405.

———. *El primer Fajardo*. Ac., X. Madrid, 1899.

———. *Quien más no puede*. Ac. Nueva, IX. Madrid, 1930.

———. *Los Ramírez de Arellano*. Ed. Diana Ramírez de Arellano. Madrid, 1954.

———. *El sembrar en buena tierra*. Ed. William L. Fichter. New York, 1944.

———. See *El sufrimiento premiado*.

———. *Los Tellos de Meneses*. Aguilar ed., I, [407]-440.

———. *Los Vargas de Castilla*. Ac., X. Madrid, 1899.

Vélez de Guevara, Luis. *El embuste acreditado*. Ed. Arnold G. Reichenberger. Granada, 1956.

La vida y hechos de Estebanillo González. Ed. Juan Millé y Giménez. Clás. Cast. 2 vols. Madrid, 1934.

Vidania, Vincencio de. *El rey N. S. Don Francisco de Benavides representa los servicios heredados y propios y los de sus hijos*. Naples, 1696. MS. Biblioteca Nacional, no. 3/59037.

Virgil, *Aeneid*. Loeb Classical Library. Cambridge, Mass., 1950.

Weiner, Jack. "The Introduction of Spain's Golden Age Theater into Russia (1672-1800)." Instituto Universitario Orientale, Napoli. *Annali, Sezione Romanza*. XI (1969), 193-223.

Wilder, Thornton. Personal communications.

———. "Lope, Pinedo, Some Child Actors and a Lion," *RPh*, VII (1953), 19-25.

Wolf, F. J. y C. Hofmann, eds. *Primavera y flor de romances*. Berlin, 1856.

Zuckmayer, Carl. *Meisterdramen*, n.p., 1966. *Der fröhliche Weinberg*, pp. 9-64.

INDEX TO NOTES

Numbers refer to lines unless preceded by "p.," indicating page number

Facsimile of the Autograph Manuscript

Kat. Nr. 2616

Los Benavides –

Comedia original manuscrita

de

Lope de Vega.

0 1 2 3 4

INCHES

Los q̃ hablan en este Acto primo

Payo de bibar barrios — Avendaño

~~Cayn tellez~~ — ~~Alvarado~~ talavera

Fernan Ximenez — Mudarra

Yñigo de Lara guebara — Alcocer

Mendo de Benavides bazqz — miguel ~~Ruiz~~

Sancho villano ~~s^r pinedo~~ pinedo

Sol labradora ~~s^r Juana~~ Juana

+ D. clara hija de Mendo ~~s^r geronima~~

Melen gonzales Conde — ~~[illegible]~~ [illegible]

D. Mayor su muger — ~~[illegible]~~ Salcedo

Alfonso quinto. el rey niño — ~~[illegible]~~ geronima

Vn Alabardero

Elvira

Leonido vaquero.

Acto Primero.

Payo de Vivar y Mendo de Benavides hablen dentro.

Pa. yo le tengo de llebar.
Me. hazen mil ynconvinientes
de pretenderle asentar.
Pa. si el es el rey villano / M. mientes
Pa. toma / M. a mi / Pa. aqui de Vibar.

Lain Tellez salga. La. detenganse caballeros.
Mendo salga. Me. a mis canas di el cobardes.
Payo salga. Pa. a tus canas y a tus fieros
Fernan Ximenez y Yñigo de Lara. Me. dexadme nadie le guarde
pruebe mi blanco azero.
Pa. los azeros y las canas
y aun las esperanzas vanas
en blanco se quedaran.
Me. todos de tu parte estan
por tus hermosas hermanas
Pa. esto sufro / Fer. q le quieres
Pa. matarle / Yn. dexale estar
q en viñas y en parezeres
tienen licencia de hablar
los viejos y las mugeres
Pa. por mis hermanas a mi
Me. pues el defenderte a ti
q me las quitado el honor
en q consiste traydor
Pa. en ser yo quien soy y quien se

moor

Me / yo soy mejor q tu, ynfame

Pa / tu mientes / Me / q no quereys
q aquella sangre derrame
cosa q os hablarme hazeys
cosa q a todos lo llame
a un moço dexays la mano.
para afrentar un Anziano
y a un viejo de justo favor
con q va a cobrar su honor
quereis detener en vano.
No tengo pariente aqui
y todos los q aqui estays
a entender me days ansi
q donde Reyno os alcays
pues os alcays contra mi
Payo de Vivar pretende
llevarse el Rey de seys años
adonde matarle entiende
sino es q a Moros estraños
como otro Joseph le vende
yo q el llevarle defiendo.
temo de Jacob q entiendo
q como a padre adorastes
de la fee q le jurastes
la lealtad os encomiendo.
q este contraer despues
del Reyno el blanco vestido
con sangre de alguna res
sera por Rey elegido
y honrra en todos [illegible] los pies
yo pues por querer tan bien
hermanos como Ruben
q dexays a Joseph niño

Ortiz — 2

~~Estas afrentas vengo~~
~~que un boffeton me den.~~
Complices soys, esto es cierto.
en la traycion soys hermanos.
mas mirad que aun siendo muerto
os diran los castellanos
que sabeis de Rey niño muerto.
~~que lo que es el boffeton~~
no es afrenta en ocassion
que tanto mi honor declara
sino que escrivio en mi cara
mi lealtad y su traycion.
los dedos que en ella pones
dizen ~~[illegible]~~ de honor los nuebos
en estos cinco renglones
que Mendo de Benavides
libro al Rey de dos trayciones.
~~y como para saber~~
~~el dueño qual es su esclavo~~
~~le suele hierros poner~~
~~los que de ymprimir acabo~~
~~[illegible] me fuerzan a ser~~
per advertida que el que escrive
guarda el papel y escritura
de que el tiempo la derribe
y que la pluma no dura
pues basta cortar la [illegible]
Mi cara sera el papel
y asi vivira la fama
de afrentas que os puesto en el
Mas ay della ynfame llama
que espera el corte cruel.   Vayasse

[illegible]

Pa. Assi le dexays partir
de mi presençia ofendida
Cay. si q es menos mal morir
q la afrenta reçiuida
viue dexando viuir
Fern. ami no me han pareçido
las razones tan ligeras
como las abeys sentido
q siempre pa las veras
sin passion quando se oydo.
no disputo de la afrenta
q no tiene hijos mendo.
q la tomen a su cuenta
Aunq della su hija entiendo.
q como es razon la sienta!
pero si al Rey Payo lleba
y alla en su tierra muriesse
aunq se haga lo q deba
porq en fin aunq le pesse
la muerte todo lo prueba
q diran los castellanos.
y aun nro Reyno leones
sus propios deudos y hermanos
sino q por tu ynteres
le dieron muerte tus manos
Aora bien miraldo bien
q aqui se podra tan bien
guar Alfonso seguro
y antes de ber este muro
sera los suyos hazen
dareys en esta ocasion
el lan q Rey espera

9.

~~[crossed out]~~

notable satisfaçion
del saber q ~~[blot]~~ de Leonora
Cria este nuebo Con.
y sin esto hazerlo debes
por q despues q le llebes
Mendo con esta Manzilla
querra passarse a Castilla
y nos retara de Alebes

Ynigo. Payo de bibar no ay cosa
mas facil al moço o viejo.
q el consejo ~~Pa~~ es ley forzosa
Ynigo ni otra mas dificultosa
q saber tomar consejo.
por lo propuesto se caydo
en q si al Conde le llebas
no solo culpado as sido
enganado hagas lo q llebas
A hidalgo tan bien naçido
sino q por nra cuenta
corre tanbien esta afrenta
Mira lo q ynporta mas
Layn en el golfo donde estas
corre la lealtad tormenta
de mi sucçedido el mio desto
o dentro en Leon le cria
como Fernan te aconseja
por q a bezes la hidalguia
con el ynteres forzeja.
Sin ~~[crossed out]~~ esto y fama alguna
~~[crossed out]~~ della enbidia se escapo
y mas quando la fortuna
al dueño della subio.
~~[crossed out]~~ qual dizen, sobre la luna

Pues no estas de hazienda falto
y tal sangre te dió el çielo
no quieras estar tan alto
q no miraras al suelo
sin notable sobresalto.

Payo) Caballeros yo pensava
q al Reyno gran bien hazia
en q a don Rey q guardava
y q el viejo Mendo hablava
con enuidia q temia,
y a [illegible] de bra yntenzion
[illegible]
estoy mas desengañado.
digo q en esta ocasion
estava mas bien guardado
vn Leon de otro Leon.
y con vro parezer
si viene a galizia en bar
por el Conde y su muger
q estos le saben criar
y esta bien en su poder
q Melen gonzales es
vn espejo del balor
de aquel godo Montanes
y la gran doña Mayor
tiene la embidia a sus pies
entanto le esperaremos.
oh mas justo os pareze
los Condes aguardaremos

Fer) Payo de bibir mereze
q mi Cabezas le demos
bamos hidalgos a dar
traza en estas Amistades

Layn) mal se podran acabar
si a Mendo no perdades

q passe bolando el mar

Fer: des mui tercio / La / es mui honrrado

~~es pariente~~

Fer: no es un hombre / La / esta agrauiado

Pa: es pariente de xalde

q yo soy agora alcalde

y el es un ombre asentado.

Entrense y salga en una aldea doña Clara hija de Mendo de Benavides y una villana llamada Sol.

Clara: dexa ese vil pensamiento

Sol amiga y no te asombre

oyr palabras de un hombre

de quien haze burla el viento

q aun es agora temprano

para quererte casar

Sol: como me podre librar

si ya le he dado la mano

Clara: como esas manos dan ellos

y como estos lazos rompen

Sol: eso es quando ynterrompen

su estilo, y se burlan dellos

Aqui no ay cosa en contrario

desta senzilla amistad

q en una simple verdad

no ay credito necesario

Vos soys mi ama, y me sabeys

criado, yo os he seruido

y por esto he merezido

que descansar me mandeys

yo os he tenido por ~~[illegible]~~ madre

ni otro padre conozi

despues q estos cielos vi

sino a Mendo [illegible] padre

segun eso a nadie [illegible]

pedir merced [illegible]

viiii

Clar. Juntaremonos los dos
q yo sola, no me atrebo.
Mi padre estara en la corte
por muerte del Rey Bermudo
algun tpo q no dudo
q alla su persona ymporte
q aun q estaua retirado
en Benauides su aldea
pareçiera cosa fea
y yndigna del hidalgo onrrado
faltar en esta ocasion
q como tan niño queda
Alfonso no abra quien pueda
tener la furia a Leon
lo q puedo hazer por ti
es escriuirle vna carta
y q con ella se parta
Sancho, si el lo quiere ansi

Sol. como si el lo quiere, estoy
perdiendo el seso por ver
quando llamarme muger
a boca llena podra
entra a escriuir y dile
q se ponga de camino

Clara. pues apercibase el pollino
y las alforjas q suele
q ~~[illegible]~~ a escriuir voy, pues te agrada

Sol. pollino para tres leguas.

Cla. si no alguna de esas yeguas
puede ensillar / Sol. / mas no nada.
A pie le vendra mui ancho.
esto es hecho, q plazer

Entrese doña Clara

+
Sancho entre
mui rustico
con Abarcas

pardios no abramas que ver
verme muger de sancho
en mentando al Rocin de roma
San. quieras tu agora dezir
que aun que no siente venir
luego en turubando le asoma
Sol mia yo juro al sol
[crossed out]
que a los dos juro al ygual
pues si el es el celestial
eres tu el sol español
que alla donde agora estaua
y unas enzinas rompia
el corazon me dezia
que tu boca me nombraua
bolbe la segar pardios
con el plazer que senti
que si tu no hablas de mi
alguien habla de los dos.
[crossed out] corri, y en esta ocasion
mi nonbre entre labios hallo
sirviendome de caballo
mi propia ymaginacion
en la [crossed out] soledad que moro
donde apenas passa un hombre
miro al sol por que es tu nombre
como un yndio le adoro
y por tus ojos sol mias
juro, perdona, es costumbre
que no me da tanta lumbre
aunque llegue al medio dia
que de los ojos serenos
y de sus rayos sabias

q si el me alumbra no mas
tu me abrasas por lo menos
y e q me tiene por necio
de verme en tu sol arder
parame negro por ver
q le miro con desprezio
Mas dexando estas razones
el señor viejo a venido?
Sol. no porq anda dividido
leon entre mil leones
en este punto le hablado
a doña Clara / San. / a q efecto
Sol. al de casarme / San. / es concepto
de mi pensamiento hurtado.
Sol mia q respondio
Sol. como ella mañosa ha sido
y casarse no ha querido.
pardiez, Sancho, dixo, no,
q estas q no se casaron
y sin varonil calor
a aquella sabrosa flor
de la mozedad passaron.
aborrezen en estremo
quantes es marido y muger.
San. son un no cesse de arder
en el fuego, en q me quemo
No la respondan a todo
quanto pida, en mil recados
no la digan sus criados
y Mendo del mismo modo.
No la digan quando pida
si ay q comer aun q rabie
Nos, quando alguno la agravie
halle quien su agravio ympida

6

No la diga [illegible] aunque es mi dama
[illegible]
En quien le fuere a casar
ni si se quiere acostar
halle sin pulgas la cama
No halle el campo florido
cuando quisiere salir
ni si se quiere vestir
le traiga el sastre el vestido
No tenga un manto ni saya
como saya ni un sayuelo
ni halle ningun consuelo
[illegible] ni [illegible] el cielo
[illegible] desta vida vaya

Sol — que atufado y desabrido
te pones de qualquier cosa
[illegible]
oy es Sol tu amada esposa
y heras de Sol marido
San — dixe que si / Sol / si / San / pues no arde
adonde yo siento arder
si pidiere de comer
halle una messa gallarda
si respondan sus criados
a quanto pedir les quiera
y de la misma manera
Mendo y los demas llamados
si alguno la agrabia halle
quien le mate y si se casse
digasi sucessos en casa
en la yglesia y en la calle
halle la cama mullida
cuando quisiere [illegible] acostarse

Ynes.

Si al campo quere alegrarse
salle de su alcoba floridos
para vestir y calçar
sobre tela y terçiopelo
y salle quando vaya al çielo
las puertas de par en par

todas esas bendisiones
q le cayan podra ser
debaxo de mereser
otras mil, por mil razones
pero en su gusto, y nposible
es de casarse pareçe
por q escusa q aborreçe
con el estremo posible
la estado toda sumida
en este error, aunq casado
de algun honrrado marido
en estremo persuadida
y de su padre qual sabes

San

q dixo en fin, q sol se vio
suya, si Mendo queria
y esto con palabras graves
y q porque el se tardaba
en la muerte de Bermudo
le escriviria San no dudo
q oy mi esperanza se acaba
oy llega la posesion
de aqel mi esperado bien
y le dan el parabien
mis penas al coraçon
oy q con tal gloria y palma
hallan sus bienes perdidos
juegan cañas los sentidos
y corre toros el alma

Dirase q digo locuras
pero bien q dexa el seso
ni espera firme el fuego
ni tiene prendas seguras
quien ha de llebar la carta

Sol. yo le he dicho q tu yras

San. pues como no me la das
para q luego me partas?

Sol. no ~~esta escrita~~ ha escrito / San / o grande dilacion

di q en paz de mis enojos
Agua dare de mis ojos
y papel del coraçon.

Sol. y estara escriviendo y creo
q por ventura cerrando

San. lo q cierra estoy pensando
q abre puerta ami desseo
y no puerta como quiera
sino de prision adonde
ha seys años q se esconde
esperança tan ligera
dala me dios q vna resma
en tan pequeño lugar
ha de poder encerrar
todo el fuego q me quema
o quien la pudiera abrir
pero grande yerro hare
q en la respuesta sabre
lo q le enbia adezir

Sol. en q yras / Sa / en estos pies

Sol. Vna yegua me mando
q tomasses / Sa / yegua yo

Sol. quantas son las leguas / Sa / tres

Sol. y tras de buelta / San / no quiero
pensar q me has estimando

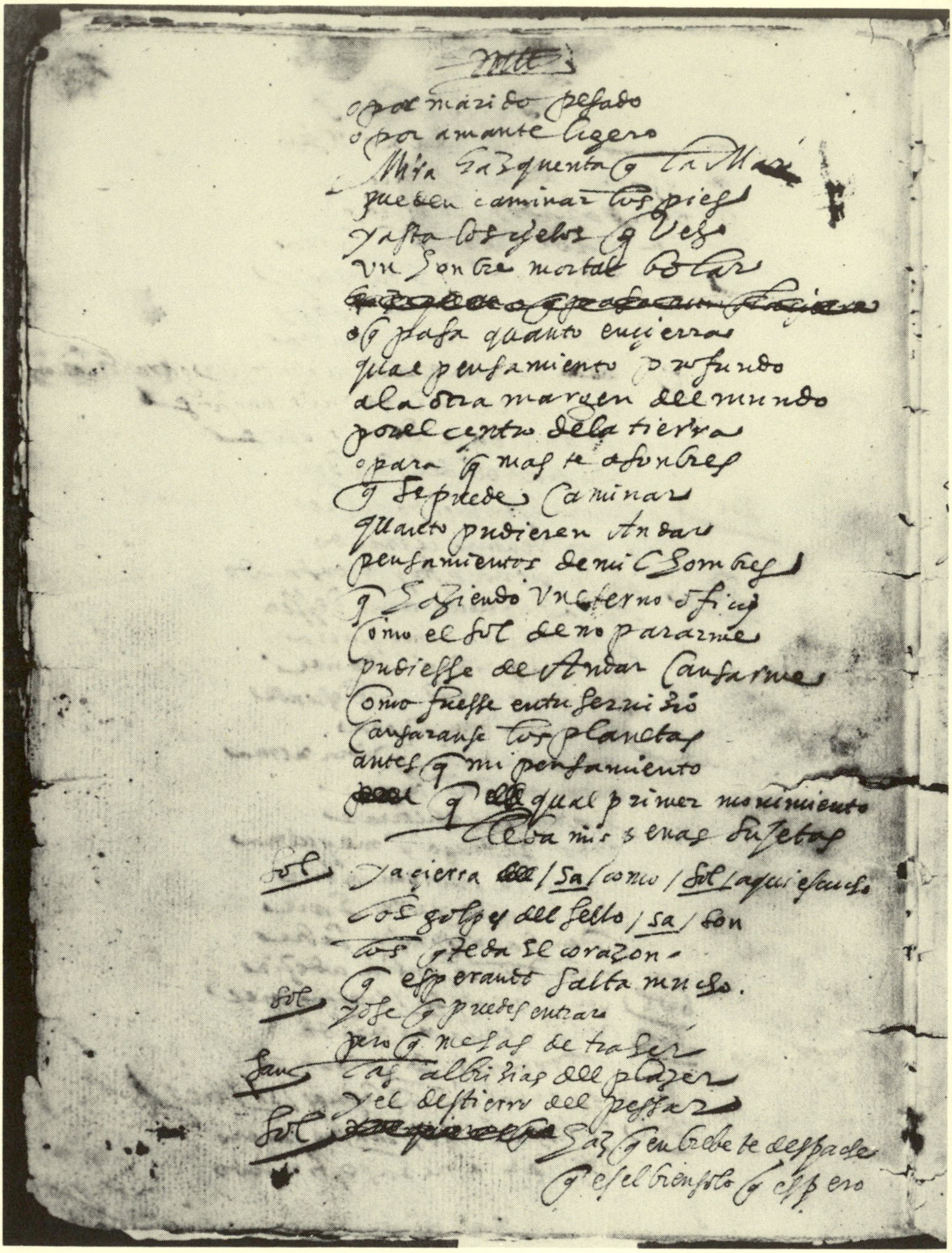

~~Mtt~~

o por marido pesado
o por amante ligero
Mira sin quenta q la ~~Ma~~
pues sen caminar los pies
y hasta los cielos q veo
vn hombre mortal bolar
~~[illegible]~~
o q pasa quanto encierras
qual pensamiento profundo
ala otra margen del mundo
por el centro dela tierra
o para q mas te asombres
q se puede caminar
quanto pudieren andar
pensamientos de mi hombre
q siendo vn eterno ofiçio
como el sol de no pararme
pudiesse de andar cansarme
como fuesse en tu serviçio
cansaranse los planetas
antes q mi pensamiento
~~[illegible]~~ q el qual primer movimiento
lleva mis senas sujetos

Sol. ya çierra ~~[illegible]~~ / Sa / como / Sol / aqui escucho
los golpes del sello / Sa / son
los q te da el coraçon
q esperando salta mucho.
Sol. Sol q puedes entrar
pero q me has de traer
Sau. las albriçias del plazer
y el destierro del pesar
Sol. ~~[illegible]~~ Sa. q en breve te despache
q es el bien solo q espero

San. Con todo traserte quiero
dos sortijas de acabache
Fol. esas ya las tengo yo
son otras amarabillas
San. y traserte (Fol) vna garganttilla
de leones (San) eso no
q me la defenderan.
como esas manos yngratas
mas si a tal cuello los atas
yo se q se amansaran

Entrense y salgan
Mendo de Benavides
y Ramiro escudero

Ra. pareçeme q vienes con enojo
pues q desde leon a Benavides
vna palabra sola no has hablado
son negoçios del Rey los q suspenden
tu alegre rostro y condiçion afable
q tienes Mendo mi sr. q tienes
en tres leguas sr. tres mil suspiros
y no deçir vna palabra sola
q es esto de venir mirando al çielo
q es esto de tirarse de las barbas
esas honrradas canas vas sembrando
por camino tan solo y tan desierto.
Me. q fruto esperas de sembrar tus canas
Ramiro quando vn honbre, quando viejo
quando vn hidalgo como las visto, sembrando
sus canas por el suelo desta suerte
regandola primero con sus lagrimas
bien es desesperar q espera fruto
yo lloro al Rey, no me preguntes nada
Ra. pues por el Rey tan grave sentimiento
Me. si q fue vn justo prinçipe Bermudo
y deja vn hijo, niño de seys años
Ra. alegrate señor q ya no es tiempo
de çelebrar su muerte con suspiros.

el niño viuira, guardele el çielo
y quando sabe Ser^a tiene grande
y mucho mas en el entendimiento
yo me adelante con liçençia tuya
para que doña Clara mi señora
me de qual suele albriçias / Me / no le digas
mi sentimiento, mas que bueno vengo

Ra. pues disimula si deçirlo tengo

+ Vayase este

Me. Honrra quien sabe lo que vos bien sabe
que no viue aunque viua quien no os tiene
Afrenta quien os tiene bien le viene
que en la satisfaçion la vida acabe
Aunque es ~~[illegible]~~ hermoso ~~[illegible]~~ el sol ya vemos abe
que huyendo dél, de noche ~~[illegible]~~ se mantiene
la vida es dulçe pero no conuiene
~~[illegible]~~
al pecho noble donde Afrenta cabe
Honrra nuestra perdí prenda tan cara
ya no soy noble hidalgo, soy villano
con los que nobles son no me consientas
Relox han echo ya mi triste cara
que como en ella me pusieron mano
por oras me señala mis afrentas

+ doña clara y Ramiro

Cla. señor mio / Me / salte allá
Ramiro y la puerta çierra

Ra. esto al fin secreto ençierra
valame dios que sera.

+ Vayase este

Cla. dadme mi señor la mano
que es esto, como no lo haçeys
lo que otras vezes soleys
~~[illegible]~~ quando os gano por la mano
de mi ya os condeys que es esto

Mtt. 9

Como no hablays mi señor
en vra Viba, a mayor
confusion me habeys dispuesto.
Jesus vos lienzo en los ojos
padre mio, señor mio
soys vos aql cuyo brio
oy muestran tantos despojos
porq como en otras puertas
de mil hidalgos honrrados
de cabezas de benados
se ven las piedras cubiertas
A donde el osso [illegible] peludo
el aguila y el Milano
el [illegible] pardo lobo Asturiano
y el [illegible] Jabali colmilludo
Sacar [illegible] labor a los Arcos
teneys vos Moros pendones
hasta cessar los balcones
destas ventanas y Marcos
por sus cabezas [illegible] feas
hubierays dado en clavallas
no habia puertas ni murallas
en esta, ni en beynte aldeas
hasta en Moros barbacanas
llebais de sangre despojos
y aqui en agua de mis ojos
venis a laber las canas
estraño mal me descubre
no hablais, si no hablays con ellos
pues diceys q entienda dellos
lo q la boca me encubre
q os puede haber sucedido.
no hablais q gran desconsuelo
pues echareme en el suelo
a padre, a hijo, a marido.

Me Ay con q fuerza me pides
cla no ay aqui nombre q os quadre
pues nos cays hijo mi padre
Hed Mendo de Benavides
Me Hija tu tienes la culpa
de aquesta mi pena fiera
cla y o señor de q manera
para q os de mi disculpa
Me Si tu te vbieras cassado
por dicha tubiera vn nieto
por quien tubieran respecto
al rostro q estoy desonrrado
demas de q no pudieras
ser mi yerno tan villano
q offenderle agena mano
Mas q a su padre, sufrieras
No te has querido casar
dexas me sin sucession
y en edad q vn ynfanzon
pudo mi rostro afrentar
cla q es afrentar padre mio
o quereys q pierda el seso
decidme presto el sucesso
q me cube vn yelo frio
Me El famoso Rey Bermudo
vencido de Alarbe Monstro
q ~~llaman~~ Algagib los Moros llaman
y el Rey Almanzor nosotros
el cruel q a sangre y fuego
entro en el templo ~~[illegible]~~ famosso
del q fue patron de España
de dios primo y Apostol
de q lleuo sus campanas

~~asentado por despojos~~
~~puesto en la mezquita~~
~~de su profeta engañoso.~~
~~Y entre marmoles que igualar~~
~~del año los dios todos~~
~~sobre un andamio~~
~~con la cubierta de plomo~~
~~y habiendo puesto a Almehique~~
~~su hijo notable asombro~~
~~Abultasin se llama~~
~~y reyna en Cordoba solo~~

Y habiendo reedificado
la yglesia como debido
del sancto patron gallego.
terror de Alarbes y Moros
y habiendo los nobles cuerpos
de sus padres generosos
a las Asturias de oviedo
llevado en hidalgos hombros
y el cuerpo de san Pelayo.
puesto en el Altar glorioso.
del que dixo Ecce Agnus dei
Antes que el otro, Ecce homo
Murió dexando su reyno
entre dos opuestos polos
Un niño y una Muger
que son Teresa y Alfonso.
Payo de Dinar un hombre
hidalgo y sangre de godos
ya por solar conocido
ya por esto notorio
a quien nombro a mi enemigo
con su calidad le nombro

q le haze le agrabió mucho
q. se tiene al dueño en poco.
Dixo Clara q. queria
llebarse el niño y tomolo
por la mano, aunq. el lloraua
q tiene seys años solos
para crialle en su tierra
como algun villano tosco
q no se si tiene villas
se q tiene montes y sotos
yo entonzes assi el muchacho
q como suelen del coco
huia de aquel hidalgo.
y fixaua en mi los ojos
besele y dixe Rey mio
ya sabeys q yo os conozco
no lloreys q aqui estareys
porq vn leon vsea en otro
buelta el Rey dixo Viba
villano yo entonzes loco
del furor, soltando el niño
mientes le hombre respondo
pero apenas de mi boca
la voz afrentosa arrojo.
quando ya del agrauiado
la mano siento en el rostro
Alli con el desatino.
de caso tan afrentoso
fuera de mi y en mi agrauio
la mano a la espada pongo
y con estar en serada
a las cabezas q corto
tantas q de sus turbantes
Carlos hizo quando mozo

la mano turbada apenas
temblando qual hoja de olmo
al viento, tener podia
de la guarnizion el pomo.
Sacola tenida espada
cubierta de orin mohoso.
y como no reluzio
viendo q la tubo en poco
pusieronse de por medio
Layn tellez, Blasco Osorio
y Yñigo de Lara Arista
fernando y su primo Antonio
no vengo desagraviado
por el referido estorbo
ni espero q pueda estarlo,
viejo sin hijos y solo.
Ay hija q no has querido
casarte, pues de tu esposo
quiza saliera un Mudarra
q los abrasara a todos

Lara
Atenta padre a tu historia
y llorando con el alma
para no romper los hilos
de tu afrenta y mi desgracia
hasta su fin no he querido
sacar tu desconfianzas
del centro donde la tienes
en brazos de mis palabras
animarte a siento mi padre
y q perdiste la esperanza
de vengarte, porq en fin
hijos y nietos te faltan
pues tenla q aunq no son
legitimos en tu casa

~~[illegible]~~

Buen padre tienen tus nietos
hijos de tu hija Clara
Bermudo Rey de Leon
Andando una vez a caza
ese de quien cuentas muerto
tan dignas alabanzas
me vio una noche en el bosque
en una humilde cabaña
donde vino a recogerse
sin gente huyendo del agua
conozile y conoziome
el dixo que por tu cara
y yo porque ay en los Reyes
de Dios que esta semejanza
Acariziele y serbile
cenó sin messa y toallas
leche fresca y seca fruta
x y durmio entre pieles blancas
verdad sera que me dixo
el Rey de la mañana
que en su vida habia tenido
mejor cena y mejor cama.
pareziole bien al Rey [illegible]
tanto que a tu cassa honrrada
aunque ay de Leon tres leguas
vino en ocasiones varias
No le supe resistir
que fui mal aconsejada
de su poder y mis años
que uno fuerza y otro engaña
x Pari dos hijos que ~~[illegible]~~ tengo
~~[illegible]~~ y que oy el cielo los guarda
hermanos del Rey que tienes
Criza para tu venganza

Diome de Rey de ~~[illegible]~~ ser mi esposo
su fee y palabra jurada
como veras por sus firmas
en vn legajo de cartas
pero no lo cumplió el Rey
y yo señor por esta causa
tube [illegible] secreto el sucesso
Aun no descubierto a Amas
los dos muchachos q vn dia
te truxo aquella serrana
y q has criado a tu vsança
y oy sirben a tu labranza
son tus nietos padre mio
hijos del leon de españa.
Sancho es tu nieto señor
otro Rey don Sancho Abarca
Sol es muger esta dexo
porque su lengua des Armas
pero Sancho de Benavides
es hombre y podra tomallas
seys años ha q se quieren
pero sin saber se aman
son hermanos, q es mucho
q no se lo diga el alma
y no esta Sancho en Benavides
q fue a llevarte vna carta
pero como no te halle
traheralo el sol de su hermana
a este descubrir puedes
tu afrenta, si afrenta llamas
saber vn moço entre tantos
puesto la mano en tus canas
q yo te juro q sera
mas vengador q Mudarra
de la afrenta de su padre
y los infantes de Lara.

Me

Me — Si tan es posible / cla / esto es cierto

Me — ay hombre mas venturoso,
pues en lo que me has descubierto
de vn mar tan ympetuoso
vengo a tomar dulce puerto
sancho es mi nieto / cla / es sin duda

Me — y sol tambien / cla / si señor

Me — oy mi llanto en gloria muda
que el ser hendas de mi honor
no esta mi sangre desnuda
quando pense que ~~mi~~ en el suelo
vn tronco de tantas famas
conuertido estaua en yelo
veo propagar dos ramas
a conpetir con el cielo.
o clara quiero abrazarte

Clar — ven señor por vida mia
que quiero prendas mostrarte
de aquel venturoso dia
que de vn rey pensaua honrrarte
y mira como ha de ser
el deçir este suçeso
a sancho / Me / que eres muger
y has callado, estraño exçeso
tu ser quisiste vençer
trazaremos como sea
~~[illegible]~~ que al ver sera justa ley
para no haçer cosa fea
si lo es tiene de rey
se lo ha quitado el aldea

cla — ten del mejor esperanza

Me — como dire tu alabanza
~~[illegible]~~ dandome en esta ocasion
vn sol para suçesion
y un sancho para vengança

Vayanse.

+ chirimias y entren Payo de bibar Layn tellez Fernan ximenez Ynigo de lara y Arias el conde Melen gonzalez y su muger doña Mayor y el Rey niño en medio de los dos.

Con. Jurado el niño Rey nobles hidalgos
por Galicia Leon y las Asturias
me quedare conde si es vro gusto
en la Ciudad o llebare conmigo
a Lugo donde viui o a Santiago
que en esto no saldre de vro boto
y assi melo aconseja la condesa
Pa. ylustre conde honor del godo ynperio
en cuyo pecho sus Reliquias viuen
Leon pide que aqui se quede Alfonso
y aun el paresce que lo pide y quiere
Al. si señor conde, si por vida suya
que mi hermana me dize que no vaya
Con. Plazeme mi buen Rey, aqui estaremos
aqui tendrays vna criança y corte
Al. dios os guarde cubrios / Ma. que hermosura
bendiga el cielo o vien tales reys a nos
Con. Caballeros el Rey tiene su asiento
besalde la mano como es justo
y jurara tanbien como los godos
de guardarnos las leyes que tenemos
Lay. ponelde esta corona en la cabeza
y esta espada si puede sustentalla
Fer. yo le tendre la mano / Lay. y este cetro
Xi. aqui esta el libro / Pa. Jurays Rey Alfonso
que a los godos guardarays las leyes
y sobretodo las de dios / Al. si juro
Pa. mil años viua el Rey Alfonso / Todos. Viua
Al. mirad si ay mas que hazer porque me canso
Con. besar tu mano y bendezir tus años

+ sientan el niño en vna silla sobre vnas gradas.

Toquen chirimias y bayan besandole la mano.

noche

Con pues esto e hecho mas por cunplimiento
q porq entienda el rey a q se obliga
llebarle quiero a descansar y dalgos
mientras salgo podreys aqui esperarme
vamos Mayor / Ma / e hecho q la tenido

Con del tal padre nacio tal sangre tiene

Pa sa remos fiestas / ymi / las q tu quisieres

Lay tablados manda hazer a esta noche
tiraremos bohordos q abra n rebos
por la mañana con disfraz morisco
y por la tarde correremos toros

Fer razon sera para alegrar el bulgo.
triste por las obsequias del Rey muerto
q aliviar la republica oprimida
con fiestas es razon y ley de estado
q el pueblo entretenido no murmura

ymi esa costunbre fue de los Romanos

La los cesares con gastos exsesivos
alegravan a bezes sus basallos
porq no murmurasen oprimidos
y esforzarlos tanbien con su presencia

Un alabardero / Un villano esta aqui con una carta
q dize q a benido de una aldea

Pa q aldea / ala / benavides / Pa / benavides
di q la desala no quiere / Pa / di le q entre

ymi carta y de benavides / fer / q me maten
sino es de Mendo aqueste desafio

Lay no te reçelas / ymi / di le q no entre

Pa dexalde entrar / San / atrevimiento e sido
mas ya q dentro estoy perdon os pido

Pa q es lo q quieres villano

San no soy villano señor

Pa pues quien eres / san / labrador

Metan los condes al niño / ...

Sancho entre con la carta y nas alforjas y un baston

Como vos soys cortessano /
Pa — q differenzia hos hallado
enel vno yotro nombre
San — q el q es villano, es muin hombre
Pa — yel labrador / San / hombre honrrado.
he labrador en su aldea
siembra lo q comeys vos
q lo habeis de ser por dios
quando no ay a quien lo sea
q aun el Rey no comeria
si el labrador no labrase
pero por palacio passe
vna mala cortessia
siempre dan honrra los buenos
de q la tiene la da
porq hasta los negros ya
se quieren llamar morenos
y yo lo debo de estar
porq dos soles me queman
Pa — que aun estos viles no teman
~~de~~ responder y de hablar
Pero ~~nadie~~ este debe de ser
el gallo aquien encomienda
Mendo su onor y Hazienda
q vendrale a deffender
Lay — Sin duda q es de los bravos
poca deffensa le offrezes
q estos le enserraran a vezes
como suelen a los esclabos
Pa — vellaco villano di
sabes q le he dado yo
a Mendo vn bofeton / San / no
se le diera yo ati

alce el palo Sancho

Pa — Matarelle / San / Haçeos alla
Mendo es hombre q viniera
quien esa afrenta le hiziera
Nu — donde estas / san / en la corte estas
Pa — esto hu... / fer / si este es loco
y hombre baxo q te afrentas
San — no soy sino hombre de quenta
y no me tengais en poco
Lay — q quentas / San / seys mil cabezas
de obejas vacas y cabras
Lay — bien lo dizen tus palabras
San — q cortesanas bobezas
q fanfarria palaciegas
pues asse q en la campaña
aun q el hueso fuera caña
le hiziera medir la vega
Mendo mi señor dalti
vn bofeton, si creyera
q era verdad te metiera
este en el alma. / Pa / tu / sa / si
q no te tiras q hablo
mui deveras / pa / eres loco
San — cuerdo soy / Nu / muestralo poco
Pa — pues quien eres / San / soy el diablo
Pa — o q tal era el villano
para truhan / Sa / escogido
pero sabia de ser oydo
solamente en el verano
Pa — q eres mui frio / Sa / en estremo
aun q siempre al sol estoy
mas mirad q vn hombre soy
villano y q al sol me quemo
si esto es burla de palacio

en mi uida en el entre
donde esta Mendo y me yre
q no vengo muy despazio
Pa este villano es fingido
viene a alguna trayzion
y a bengar el bofferon.
con pensar muy atreui~~[illegible]~~do
quierole prender / San / de veras
a Mendo aveys afrentado
Pa si por dios / Sa / quien / Pa / yo / San / y le aveys dado
vn bofferon. / Pa / q te alteras
San si es Amo seas quien fueres
tus ~~[illegible]~~ mientes como traydor
y aun q pobre labrador
reto quanto fuiste y eres
reto tu persona vil
tu alma vida y entrañas
tu capa espada y hazañas
tu pensamiento sutil
tus palabras y tu ~~[illegible]~~ mano
tus barbas y tus cabellos
y mas vezes q son ellos
te llamo ynfame y villano
Tay q notable confusion
este es demonio o es hombre
San hombre soy y tengo nombre
mis padres no se quien son
Pa aquien sirbes / Sa / a mi Amo
Pa quien es ~~[illegible]~~ / Sa / Mendo q me pides
Pa donde estas / Sa / en Benavides
Pa tu nombre / Sa / Sancho me llamo.
Pa Mira yo soy caballero
y es respetado en mi honor
renir con vn labrador
q asi fue de estrana el fuero

~~Me~~

baxarme no puede ser
ni tu te puedes subir
como podremos venir

San: pues hazme hidalgo y en placer
nombra un hombre de tu hazienda
~~[illegible]~~
qual es la baxeza mia
y ssenala campo y dia
q yo vendre ala contienda

Pa: bien dizes, pues ven aqui
el Miercoles alos dos
~~[illegible]~~

San: q me plaze / Pa: pues adios

San: Adios, ay de el y de ti
Alla veras lo q medras
A mi señor bofeton
por vida de sol, Leon
q no aya piedra con piedra

Vayase este abriendo los dos

Pa: si alguna cosa me ha movido a escandalo
de quantas oy ~~[illegible]~~ es la pressente

Cay: yo pienso q ha salido Cucieno
otra vez delos Montes asturianos

Fer: Cucieno es poco di, Cayn, al q es

Pa: quiero hazerle seguir / Cay: pues vamos todos

Pa: este hombre tiene sangre delos Godos

todos se bayan y entren Mendo y clara

Me: q te tienes por tan fuerte

Cla: el es hombre de balor
bien puede bessar, señor
q dara a binar la muerte

Me: Mira hija q aunq tiene
sangre noble se ha criado
entre el campo y el ganado
y q probarle conviene
aquella real grandeza

tendra eclipsadas las lumbres
q en efeto las costumbres
mudan la naturaleza
Rustico me ha parezido
es porq no le has tratado
Clar
Me luego en haviendo llegado
vengan Elicio y Leonido.
y traygan quatro vaqros
fuertes para lo q sabes
cla quando de probarle acabes
conozeras sus aceros
Me q es tan robusto / cla / es gallardo
en fin q le han de prender
pues yo se bien q ha de ser
en el, vn nuebo Bernardo /
Sol entra
Sol A mi señora / cla / o Amiga
Sol oye aparte / cla / q me quieres
Sol ya sabes q a las mugeres
la pena de otras obligan
has hablado a mi señor?
cla agora le boy a hablar
Sol pues aqui quiero aguardar
dile señora mi Amor
dile besandole las prendas
dile q si mas se tarda.
me enflaquezco mucho / cla / aguarda
y harelo q me encomiendas
parte con el ... bre
cla q te pareze señor
de mi sol / ~~[illegible]~~
Sol o estrella mia
saboreze me este dia
si tiene estrellas Amor
ya estan hablando de mi.
ved como me mira he visto

Clara es tu vida es tu espejo
quien duda que alcanze el si
señor me mira, Ay mi dios

Me. que verguença pero vaya
pues luego que lugar aya
le podran castar todos
ven conmigo a lo que digo

Vayanse Mendo y d. Clara

Sol. Ay selo juntos se van
pero de mi parte estan
que le han reydo conmigo.

Amor seys años ha que me has jurado
pagarme aquella deuda, en plazos breves
mira que nunca pagas lo que debes
que eso solo no tienes de hombre honrrado.
Muchas vezes en pajas me has pagado
que de mal pagador tanto te atreves
que todo es viento y esperanzas leves
quanto me rinde en fruto mi cuidado.
Amor oy llega el plazo al punto estrecho
si en palabras me traes y en engaños
que te echare en la carzel temo y dudo.
Mas que podre cobrar Amor si has hecho
pleyto de acreedores por mil años
y en buscando tu hazienda estas desnudo.

Sancho entre

San. bien he menester pordios
haber topado contigo

Sol. pues que tenemos amigo

San. esta aca señor / Sol. / los dos
agora estauan conmigo
Clara selo ha comenzado
a dezir, y yo sospecho
que el viejo muestra buen pecho
como no te has alegrado
como mas fiesta no has hecho

es porq̃ cansado vienes.
Jesus q̃ tristeza tienes
ni me hablas ni me abrazas
San — solo mi sol te enbarazaras q̃
en solicitar tus bienes
yo vengo de todo ageno
Sol — q̃ ta es desatinado
San — o pues yo bengo mui bueno
para [illegible] amores / sol / q̃ has topado.
q̃ vienes ceso vn veneno /
San — no se, dexame / sol / q̃ es eso.
quando tu contanto exceso
de furia, me hablas a mi

+ Elicio y con ministro vi llanos y otros tres o quatro con palos y Mendo y S. Clara

Elic — ya sancho ha llegado / Me / ansi
pues baya ala carzel presto.
San — q̃ es esto? / Me / traydor villano
vos habeys dado en ladron.
San — miente qualquier hombre anciano
q̃ diga en esta ocasion
q̃ hoy ladron / esto es llano.
Me — yo miento? / Sa / no digo vos
pero quien lo dize miente
~~[illegible]~~ y dos, si lo dixen dos
Me — y si beynte / san / mienten beynte
y ciento y cien mil por dios
Me — La cadena de mi hija
Sa — yo no he visto tal cadena
cla — mas falta / Me / q̃ sol / vna sortija
Me — y del diamante / cla / es buena
Me — y no quereys q̃ me aflixa
San — No diga tal mi señora
demas q̃ yo vengo agora

de Leon y de Guzmán
Me. bien pareys aperçebidos
ved si se arrepiente y llora
San. q es llorar si me apretasses
los ojos es ynposible
q vna lagrima sacasses
Cla. q el es gallardo / Me. y terrible
San. mi sangre aunq me matasses
Me. donde has puesto la cadena
San. a fee q la pagaes buena
de saber os menti do aquatro
por vos en el real teatro
casi en la postrera cena
Me. tu por q / Sa. por çiertos [illegible]
q os lebantaua vn vicar
Me. prendelde / Sa. esta la esposa
q me pensauan echar
Me. a silde / Sa. a fee q es hermosa
Me. llegad / Sa. alço el palo, o no,
Me. muera o prendelde / Sa. aguardad
Cla. eso no le aguardo yo.
San. aber prendedme llegad
Eli. ay / Leo. diote / Eli. aqui me alcanzo
Sol. aun no sabeys lo q alcanza
assi pagais mi ~~[illegible]~~ esperanza
Sa. calla sol q ventras mi
Me. espera si yo q enti
funda el cielo mi venganza

Sacudiendo se entre.

Fin del prim° Acto.

Del Prim.° Benavides

Acto 2.°

P.°

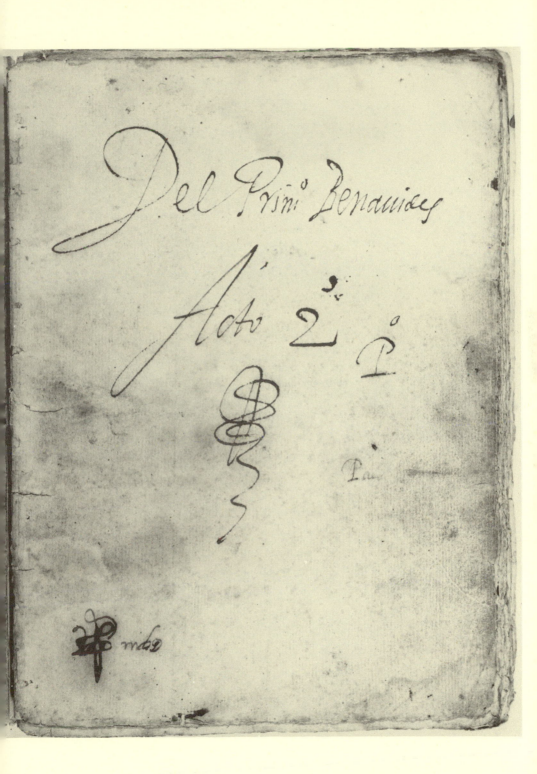

Los que hablan en este 2º Acto

Mendo Ca[r]dques

Sancho d'oviedo

clara geronima

Sol

Payo

Amigo

Cayn

fernan

d. Alfonso

El Conde

alabarderos

~~Acto~~

Acto 2º

Mendo y Sancho.

que solo para probar
si soy hombre que a otro puedo
en campo desafiar
me quisistes poner miedo

Me. tus fuerzas quise ~~[illegible]~~ tentar,
~~[illegible]~~
~~[illegible]~~
~~[illegible]~~
que como el que passa un río
tienta al vado el hondo frío
quise tentar tu valor
por ver si tienes honor
para que cobres el mío
y el saberte retirado
Sancho, del fuerte esquadrón
para tal effeto armado
~~[illegible]~~ no tiene mas ocasión
que querer tentar el vado
si tienes y mi honor es
un grande río de afrenta
que nace en quien me la das
si tu vado no se tienta
no puedo passar allás
y por esto Sancho mío
prebengo tu fuerza y igual
a mi honor, y al desafío
que sería mayor mal
ahogarme passando el río

Jhs

San — En effeto yo no suelte
la cadena. Me — ni lo pienses
q por esta causa sea
sino es q me recompenses
la q me ha dado tu fee.
San — Si, porque no ay otra en mí
sino es que pedís aquí
la de aquella obligazión
de serviros en razón
de q en vro umbral nazí
y aun por esto estoy corrido
q dexéis q vos sin nombre
venga vro honor perdido
porq basta ser un hombre
en vras puertas nazido.

Niño — Me — ~~[illegible]~~ admiraba que bellas
donde ~~[illegible]~~ el lobo, el oso, vi...
y aun q clabados por ellas
por dios señor q creía
q eran nazidos en ellas.
Y assí agora pensar quiero
q allí de algún osso fiero
nazí en vra puerta noble
q aunq animal tosco al doble
tengo alma de cavallero.
Echome mi madre allí
y fue q me trasplantó
de la tierra en q nazí
en la vra adonde yo
soy rey si villano fuí
huérfano me habéis criado
ya q soy grande he venido

mil vezes grande cuidado
q puesto os e servido
[illegible] q debo no e pagado.
huelgome en parte q aora
de Vl Alma [illegible] satisfaccion
[illegible] q ale[illegible]
y conozca mi yntencion
[illegible]
si fue Payo de Bibar
señor el q os afrento
[illegible] yo le sabre castigar
q ya se lo dixe yo
en mas onrrado lugar
Verdad sea q admirado
aceto mi desafio
pero q do concertado
q saliesse un ygual mio
en campo, alto o aplazado
Pluguiera a dios q yo fuera
su ygual, pero si el agrabio
ninguna ley considera
yo os traere su barba, y la
la lengua, y la mano fiera
solo os pido q enboluiendo
me veis aqui por muger
q es un sol en q me enciendo
y siempre vengo a ber
en mi pena amaneziendo
* Ya sois de mi mal testigo
hazed o fuerte español
[illegible]
pues a vengaros me obligo
q una vez sola, este sol
venga a anochezer conmigo.

~~Mbl~~

El del cielo con andar
de tantos cursos cansado
en uno y otro lugar
no ay Indio tan desdichado
con quien no se va [illegible] a acostar
duerma este sol una vez
en estas Yndias de entrañas
que no ay esclabo de Fez
que tenga en tierras estrañas
tan riguroso juez.

Me x Sancho el premio tienes cierto
si ygnoras ~~[illegible]~~ leyes de agrabio
que ser ~~[illegible]~~ contrario muerto
es mui justo desagrabio
~~en~~ en cubierto o descubierto

~~si el que offende mire bien~~
~~como se guarda y si es sido~~
~~donde la culpa le ...~~
~~que no tiene se offendido~~
que menor ... ni aquien
dixo que el ofensor
escribe en papel la furia
y el ofendido en su honor
escribe en marmol la injuria
donde se guarda mejor

~~pues que basta matar~~
~~como quiera al que offendió~~
~~si el no se quiere guardar~~
~~no tengo que pensar yo~~
~~[illegible]~~

tu responderas armas dobles
debaxo de aquesse sayo
cielo para ... nobles
porque sas de matar a Payo
entre sus parientes nobles

Mil 3

4 clara entre — Estan las armas ay
Clara / clar Si señor aqui
4 Vnasar mas — estan las armas a punto
San para q señor pregunto.
pues yo sin armas nazi
Me Dizo no ay q replicar — 4 Armenle
[illegible] la gola
peto y espaldar
q no sera esta bez sola
la q espero verte armar
y no crea [illegible] naido
[illegible] armas [illegible] q no [illegible] ha tenido
Animal tan vil el suelo
q armas no le diesse el cielo
con q se aya defendido
cuernos tiene el toro llenos
el jabali, el ciervo no menos
el leon vñas con q rompa
[illegible] el elefante su trompa
y [illegible] las serpientes venenos
San pues señor si eso es Assi
no me dio [illegible] naturaleza
las Armas de yerro a mi
sino manos y cabeza
[illegible] pies y dientes como a ti
estos no [illegible] me bastan Me no
q al animal de razon
q es el hombre Armas le dio
conforme a su condizion
y assi desnudo nazio
quiere q busque se vestido
armas y defensa y qual
pues con discurso ha nazido

Puesto el animo
naze del vna vez vestido.
~~y restas armado acaa ponte~~

Sobre las armas el sayo
cubra este leon del monte
cubra ~~[illegible]~~ esta nube este rayo
y este sol, este orizonte
y r armado te conuiene
para q puedas salir
de los amigos q tiene
~~[illegible]~~ de vengarme y morir
mas de peligro me viene
Armado vn hombre resiste
y el corazon si le armas
con mayor orgullo se viste
porq es virtud de las armas
esforzar al q las viste
el cauallo q es medroso
en oyendo la trompeta
tiembla y huye; el generoso
no ay otro con q acometa
mas arrogante y brioso.
Las armas en el sargento
cobardes si se de dezillo
con esfuerzo y mouimiento
y fuerzas y [illegible]
~~[illegible]~~
~~[illegible]~~

Fau

~~[illegible]~~
tu sabes llebar vna daga
encubierta y un baston
con todo mucho me estraga
este yerro de corazon
quiera Dios q no le haga
en tal yglesia el dia
el Cura a todos dezia

que dauid se las quito
quando al Gigante benzió
quitaldas por vida mia
Me. Sancho dauid era Santo
y por milagro de dios
le derribo con vn canto
y pues no soys santo vos
sin ellas no podreys tanto
lleualdas y ~~[tachado]~~ andaos os quie
en leon esta vibar
mataldo / San / que desbrie
de mi llorando. / cla / es pensar
que su contrario se rie
fuesse Mendo, y tu detras
San. Sancho llorays tambien
quien soy yo? / cla / vn hombre de bien
San. si lo soy sesselo mas
y mas si tengo porquien
y por vida de ellos dos
que vna cosa me digays
porque me han venido antojos
de saber si algo encerrays
en estos viles despojos
y no os pese, si soy vano
porque como soy villano
soy malicioso en estremo
cla. pues que es lo que piensas / San / temo
cla. dilo / San / que soy vro hermano
cla. de que suerte / San / no podria
en alguna villaneja
hazerme Mendo algun dia
cla. Mal el alma te aconsejas
aun que alumbrarte porfia
Mendo tu padre / San / pregunto

✠ Vayase Mendo

~~[illegible]~~

Como oy conto el villano
por q̃ poner su honor siento.
con tanto gusto en mi mano
algo tiene deste punto
Confiesso el ser ~~[illegible]~~ de atrevido
pero como yo e nacido
a fuerças / y en estas puertas
vi las del oriente abiertas
pienso q̃ mi padre ha sido

Cla. q̃ quiera mendo q̃ calle
algo debe de ynportar
quiero callar y agradalle

Sancho No ay mas q̃ pensar
de q̃ naciste en caualle
pero si ~~[illegible]~~ las manos fieras
cortas de aquel cavallero
su hijo heras, q̃ esperas
haz lo q̃ hizieras, si fueras
su hijo. / San / vengarle espero
y por vida del y vra
q̃ de sol, q̃ entre dos cielos
bien esta, el sol q̃ me adiestra
aunq̃ con nubes y velos
su hermoso rostro me muestra
de no desnudarme el peto
q̃ mendo me ha puesto aqui
hasta vengarle / cla / en effeto
pensaste ser su hijo / sa / si

Cla. basta el onrrado conzeto
parte a Leon, en tomando
tus armas, y dios te guarde 4 Vayase

San ~~[illegible]~~ llorando me van dexando
mi sol solamente arde
mas q̃ era llober llorando

[illegible]

Confusso y atrevido pensamiento
adonde vos q a mi baxeza quadre
si no vi padre ni conozco madre
donde le lleba el lisonjero viento.
Sabe todo animal su nasçimiento
y assi es razon pues q conoze padre
q ~~[illegible]~~ el caballo relinche, el perro ladre
y brame el toro con sobervio aliento
Alfonso es sol, y su palaçio es çielo
aquel es la tierra, a estas armas alas
ycaro ya q voy subido en ellas.
Detente pensamiento, enfrena el buelo
porq si ~~[illegible]~~ el çielo con la frente ygualas
corridas te amenazan ~~las~~ estrellas.

✠ Sol entre con un baston y una daga

Sol — Este baston y esta daga
Sancho me dio mi señor
para q te diesse / San / es traga
este baston el señor
q le quiere q satisfaga
muestra el azero q es bien
q aqui en el pecho le esconda
y muestra el palo tambien
por q al traje corresponda
de las armas q no ven.

Sol — Donde vas / San / pardiez alma mia
q ya siempre quenta te doy
de que qualquiera niñeria
a matar un hombre voy
y lleba el plazo un dia
q eso de saberme prendido
el señor me ha probado
por ver si soy pareçido
al villano en q he naçido
~~[illegible]~~
y al dueño ~~[illegible]~~ q me ha criado.

[illegible]

esto es seruir y pagar
donde [illegible] seruir de comer
llendo me a ha mandar +
en quiriendo fiesta hazer
cabrito o baca matar
y yo y tanbien carnizero
que me ha subido de oficio
a el punto y lugar postrero
pues le boy a hazer seruicio
de matar un caballero
verdad es que boy honrrado
porque este vil y nefanzon
en palacio le ha asentado.
Sol — como [illegible] diole un bofeton
de treynta deudos guardado
Sol — o perro [illegible] mira a que honbre
de tanto [illegible] nonbre y balor
Sol — bien sabian de su nonbre
temblar hazen y el Almanzor
San — no ay cosa que mas me asonbre
y assi he venido a creher
que si los viejos mui viejos
a la edad suelen bolver
de los niños, quando [illegible] es esos
de los padres suelen ser
[illegible] y darles un bofeton
no es en aquella sazon
afrenta, que a mi concepto
no es afrenta darle a un viejo
pues cassi muchachos son.
Mas como aqueste demonio
de honor tiene y nro duciba
esta junta y matrimonio
de honrra y vengança, es perdida
sin este vil testimonio
yo no se que sea justa
vengança, si que a mi amor
me ha causado tal disgusto

Mtr. 6

Ver q̃ afrente a mi señor
a mano de vn hombre injusto.
q̃ vox a matartele / sol / parte
Sancho de mi alma y vida
q̃ aunq̃ el perderte y llorarte
es cosa tan conozida
quiero llorando animarte
Sabes como considero
este noble viejo Anziano
q̃ fue tan buen caballero
como a un caballo ligero
en casa de vn cortessano
q̃ quando a ser viejo llega
a algun villano se entrega
q̃ a palos con el camina
trayendo el trigo y la harina
[illegible] con vista humillada y ziega
y el q̃ con jaez bordado
medir la plaza solia
de blanca espuma bañado
a la misma cada dia
viene de leña cargado.
Nadie a conozerle basta
tanto le tpo acaba y gasta
q̃ no pareze el q̃ fue
pero en effeto se vee
el buen perro de la casta
ten lastima Sancho mio
pues eres mozo gallardo
deste buen viejo ya frio
como de la sangre aguardo
en q̃ se abrassa tu brio
villanos somos y gente
pobre, pero no tenemos
otro padre finalmente
pues por mi q̃ le queremos
sin honrra / San / o muger valiente

quien sino tu me dixera
tales razones / sol / yo creo
q las dixera qualquiera
q a tu honrrado desseo
espuelas y alas [struck out] pussiera /
No gastes tu camina
sal / [struck out] a dios [struck out] mi sol ymagina
q has sido como trompeta
por q para q acometa
me anima tu voz divina

Entresse y salgan / del Bivar / ynigo de Arista / Layn Teller / fernan ximenez

Payo / pa / Propone el s.or conde su partida
con el Rey a galicia en esta junta
lay / las razones q ha dado son bastantes
y ninguna en contrario no lo parese
fer / es tu opinion tan pertinaz en esto.
q ya te mira el conde con enojo
creyendo q ha naçido de tu embidia
q no de q leon le vida a vozes
pa / si yo tubiera embidia caballeros
y el gobierno del Rey tener quisiera
bien veys q por el conde no embiara
q vino a leon por boto mio
sera del Rey la ausencia de ympor-
tancia de q se entiende q te lleva
con animo arrogante y sedicioso
de q criandose niño en su casa
la cobre amor y por muger la tenga
q un sabio dizen q le ha dicho al conde
q sera doña Elvira por lo menos
Reyna en leon y q tendra dos hijos
bermudo se vivo [blot] el otro doña sancha
de quien vendran los Reyes de castilla
hasta un fernando q su linea acabe

[illegible] 7

* Ym. Cuando el conde le case con su hijo
que sabe el conde al rey, no es de su sangre
Pa. otras ay mas de cerca Yñigo Arista
Ym. si mas ninguna en todas las Asturias
mas limpia ni leal que la del conde
Pa. mira bien lo que dizes / Ym. / y tu mira
lo que dizes que yo no soy tan viejo
como el de Benavides que afrentaste
Pa. lo que yo digo Arista es que mi sangre
es noble / Ym. / y yo que lo es mas la del conde
Pa. miente qualquiera que eso sustentare
Ym. con la espada respondo a los villanos
Pa. y yo tanbien con ella les castigo
Rey. tenedos / Ym. / como tenedos / Rey. / tenganse digo

El Rey niño / con una espada

Al. A caballeros que es esto
Rey. Ym. el Rey es / Ym. / Rey y señor
aunque niño a mi furor
vos solo soys monte opuesto
[illegible] Mi agrabio se enoje y gasta
con veros que es justa ley
porque en esto soys Rey
y en esto que soys Rey [illegible]
como su cetro y corona
que esta en su forma y confirma
en vos se viste la forma
sino se viste la persona
y aun que se vengar mis enojos
era tanbien noble ley
como a la cara de mi Rey
os pongo sobre los ojos
Al. Como en palacio desnudas
las espadas / Ym. / si señor
porque se busca señor
adonde le ponen dudas

y para q̃ se os acuerde
debeys agora pensar
q̃ todo se a de buscar
en el lugar q̃ se pierde

Sacad la espada al q̃ yerra
castigad, y mi es la ley
no saca en su casa el Rey
la espada sino en la q̃ yerra
por mi corona real
q̃ me e enojado | Con | señor
todos os tienen amor
pero yo soy mui leal
abid los dos q̃ quieren

El conde y dos alabarderos

llebaros de aqui | co | Diuar
deçis y Arista | ala | lugar
| Con | q̃ assi al Rey alteren

Señor vos estays presente
y esto se consiente aqui
pues si no fuera por mi
q̃ fuera de aquesta gente
mirad conde lo q̃ es esto
y castigad los culpados

| Con | o daños bien enpleados

| Ser | q̃ bale | lay | notable excesso

y vayasse el niño mui grabe

| Con | deçidme lo q̃ fue | ser | ninguna cossa
| lay | sobre vn caballo señor | Con | caballeros
deçidme la verdad, nadie me engañe
q̃ por vida del Rey | la | palabras fueron
sobre q̃ al Rey no llebes a galiçia
q̃ Payo de Ribera lo contradiçe
y ymigo arista lo deffiende | co | Diuar
Diuar, de q̃ a tenido tanta enuidia
si no digo mejor tanta soberbia
q̃ tienes tu q̃ ver con el Rey niño

dexote acaso por tutor su padre
fuiste testamentario de Bermudo
eres su sangre tienes parentesco
con la casa real por algun lado
q ynquietas estos Reynos q pretendes
No te llebaste tu no ha muchos dias
ala aspereza de tus montes altos
y ala pobreza de tus cortas villas
pues como a mi lo contradizes, sabes
lo q en Galizia soy, y sabes q tengo
de la sangre Real tantos girones
q asi cubren la mitad del sayo.
q es esto Payo de Vinar q es esto.

Pa. yo soy Vinar honrrado caballero
sangre de Leovigildo y Recisundo,
y no deudo del Rey q el Rey lo es mio
mis villas nada deben alas tuyas,
antes por ser fronteras delos moros
estan ricas y honrradas de su sangre
cuyas piedras tanbien tienen la mia
yo te llame al gobierno y la criança
del Rey, donde no mas de tabla he sido
No ynquieto el Reyno q antes le aquieto
porq pida q vaya en el su principe
y no soy arrogante ni enbidioso
pues enbidia de ti fuera escusada
q al Rey q tienes entus braços, tengo
dentro del alma con mayor firmeza
y arrogançia no se q sea ninguna
desmentir vn pariente de tu casa
si dizes q eres mas q yo pienso tanto!

Cond. o furioso villano mal nazido
prendelde | Pa | y a esta dicho lo q ynporta
prendedme por la punta desta espada

cond. dexalde, porq vean vn exenplo

de Magnanimidad en mi persona
mas como en fin que gobierno y aptro
lugar tiniente de mi Rey, temiendo
q no entres ~~en el Reyno~~ por dos Años en el reyno
Pr noble por dos Años, ni por beynte
jero del natural q dellos tengo
me quito y me despido para siempre
no soy leones ni godo ni Asturiano.
de mis castillos soy y de mis villas
si el Rey Cristiano no me diere sueldo
Cordoba tiene Moros y Sebilla
Cuenca, alcala, Toledo, Avila y Nauarra
yo boy contento de q al fin le dexo
lo q debo a leal y si el Rey niño
Vayase Payo — Con el me abra menester, yo al Rey muy poco.
estraña es la soberbia deste loco.
y mi esa quienciones yo la castigara
si el Rey no tubiera puesto al brazo freno
a quien la rienda alargo te agrabio
Fer Amigo e sido de Vivar, mas viendo
q su ciega yntencion va declarando
fundada en ambicion deste gobierno
q en embidia del conde me declaro
de su deco y por su enemigo / [illegible] y todos mismos
y si de deudo suyo tengo parte
como el del Reyno dexa la q tiene
yo de su sangre la q tengo dexo
y mi sabien Mendo, sabien viejo, sabien ydalgo
sabien señor de Benavides / ca siempre
me encubristes hidalgos este casso
C fue verdad q le hizo Payo affrenta
y mi porq no le prendiesses lo he callado
y porq con palabras y promessas

9

A todos engañados nos tenía.
Con. O quán mal lo sabe hazer, caballeros,
y mas con un hidalgo tan honrrado;
partid, Yñigo, vos a Benavides,
y dezilde que venga luego a verme,
que yo pondré remedio en su deshonrra,
que un hombre como Mendo ynporta al Reyno,
y es afrenta de todos que él la tenga.
Yn. Yo voy por él. Con. Hazed que luego venga.

Vayanse y salga Sancho con un [illegible] a las espaldas

San. Para que no se puede entrar
en casa de los buenos reyes,
tanta licencia han de dar
al que puede con dos brazos
un palmo de tierra arar,
como al que de oro el remate
de la espada y puño y cruz
[illegible] a cicate
al suelto potro andaluz
los lazos sangrientos bate;
tanto a su justicia provoca
como el que fue [illegible] de la boca
del rey, el que [illegible] tiene
pan [illegible]
por el honor que le toca.
Con. ¿Qué es esto? ¿Ha aqueste villano
ha venido aquí otra vez?
[illegible] es llano.
San. Siempre pone el buen juez
sobre un oydo la mano.
Oyr nos tiene a fee mía.
Con. Que es lo que [illegible] el Rey y porfía.
Mendo le enbia a saber
lo que Payo piensa hazer,
y él viene a servir de espía.

Con. Querria se Mendo vengar

que es lo que buscas buen hombre

San. busco a Payo de Bibar

Con. espia es sin duda de hombre
y a le ha venido a buscar
ya que ha venido con es
palabras en que ha mostrado
que cubre de aquella piel
algun coraçon honrrado

Con. de tan noble dueño es he
querra Mendo desafio
que apostare que tienes
... su passado brio
deso el villano viene

Cay. que el yntento mio
yo dire que ~~...~~ soy Bivar
porque el desafio me de
que el le debe de aguardar
en el puesto que dize y re
dome le pienso abraçar
y llamarle de tu parte
que no le podras traer
sin engaño. / Con. / di que aparte
quieres hablarle y saber
de lo que quiere avisarte

Cay. buen hombre el que el otro dia
dixo que offendido havia
a Mendo era hermano mio
que por yr al desafio
hablava en figura mia
yo soy Payo de Bibar
dame el recado que traes
que quiero a Mendo buscar
que es lo que miras, no caes
~~[illegible]~~
en que ayer te quisse hablar

San. Bien me acuerdo yo q os vi
pero aql q estaua aquí
no es Dibar el q afrento
a Mendo / Lay. no sino yo
señores soy Dibar / Todos. sí
San. y tú por mi vida eres
el q diste el boffeton
a Mendo / Lay. sí q me quieres
San. sacame deste currón
esta carta y no te alteres
q no sé por dios si es cosa
q te ha de causar pessar
Lay. quien duda q es afrentosa
San. el mensajero Dibar
tiene disculpa forzossa
a quien la espalda le traygo
el currón, por q las manos
le cansan q a pie he venido
Cue. traygamos los villanos
mas el pie q del vestido
Con. es la carta / Lay. sí / Con. sacalda
y labrisco sin protecsto
San. busca el papel por la espalda
yo tu muerte pues he hecho
si fue o no traysion, juzgaldo
Lay. Ay q me han muerto sea traydor
Sa. Caballeros yo he vengado
oy a Mendo mi señor
deste villano afrentado
q soy hijo de su honor
Con. prendadle / San. mal conozeys
el pecho q traygo armado
y el duro fierro q veys

mete la mano en el currón y él le baxa y saca la daga del pecho

Cele

cayga

+ dos alabarderos o tres

fer. o pobre hidalgo engañado
con. Muera / San / soys tres ni seys
con estos no mas ~~[illegible]~~ me ympides
~~[illegible]~~ q me baya si aqui estoy
para retrato de ultrajes
Con. eres noble o humilde / Sa / soy
soy Sancho de Benavides

+ vayase este

fer. es gra notable / con / estraña
fer. no puede hablar Layn / con / no
fer. o Rayo, ~~[illegible]~~ Rayo de España
~~[illegible]~~
Con. pobre Layn q pago
sin culpa su ynfame hazaña
fer. fiero villano / con / espanto
fer. con q fingido reposo
ordenava la benganza
con. si la guarda no le alcanza
el hizo un echo famoso
ved lo q puede su honor
fer. la traza de Mendo a sido
con. la culpa a sido el error
de creer Layn fingido
tomar nonbre de un traydor
esse cuerpo desdichado
haced q adentro se lleve
fer. y bien q sea declarado
q basta el nonbre de un aleve
a el veneno de un honrrado

+ entren Ynigo Arista Mendo de Benavides doña Clara

Ynigo. desterraros el qual dize
y el conde a llamarte enbia
para ordenar su castigo
Men. crezio la desonrra mia
desterrando a mi enemigo
ya no podra mi benganza
o clara tener lugar
sino es q Sancho le alcanza

D. cla. yo pienso q puede estar
mas segura tu esperanza
y no creas del villano
q sin la venganza buelba
ni a estoxe al baston la mano
hasta q en polbos resuelba
la suya de aquel tirano.
y ni. q responde Mendo? Mes. digo
q ijo de Arista amigo.
q digas al señor Conde
q por mi su honor responde
pues es sangre de Rodrigo.
y q mire si es razon
q vn honbre qual yo afrentado
buelba sin satisfacion
a estar cubierto y sentado
delante vn Rey de Leon.
dile todo lo q basta
q el desterrarme es hidalga
mas justa y piadosa ley
q no ha de tener vn Rey
honbres sin honrra en su cassa
q mande luego llamar
a Dibon q me afrento
pues esta honrrado Dinar
q no es bien q quede yo
ver de mi afrenta el lugar
sirba se del no de mi
y ni. no le respondas assi
pues quiere satisfazerte
~~...~~
Me. no puede haber sin su muerte
satisfazion para mi

[illegible]

tu testigo de mi afrenta
sabes q debo vengarme
y a este gesto del Conde atentas
Porque [illegible] en mi afrenta ablarme
hazer que [illegible] diz mi afrenta
yñi — pues no quiero replicarte
q el traerte ala memoria
tu afrenta fue para honrrarte
yñi — dios te conceda victoria
Conde queda / Me / y Conde parte
Yñigo de Baya — que hombre yo claro / no sintio sus afrentas
[illegible]
Si vn perro ladra, a quien herirle quiera
la honrra haze al [illegible] leon [illegible] q visto espera
Cantando el [illegible] su agrauio afrentas
Mata a quien [illegible] ofender su honor y afrenta
el blanco cisne [illegible] que cantando [illegible] muere
de vn hilo [illegible] el toro mas que a quien le hiere
brama y empina la cerviz essenta
la persona mas barbara y desnuda
siente la afrenta y desto vimos llenas
graues historias q el honor ampara
y dios humano, tengo por sin duda
q sintio con estremo entre sus penas
[illegible]
ver ofendida [illegible] su diuina cara

San — Creo q a buena ocasion
Sancho entre — abre señores llegado.
si el mensajero [illegible]
[illegible], en razon
del honor q os han quitado
[illegible]
vn descontento a Leon
yo le tope en el camino
y [illegible] del supe alo q vino

Hincase de rrodillas

Mas no le dixe el suceso
dadme estos pies q. os los beso
qual hijo, aunq. soy indigno
q. desto [illegible] como
vros pies me [illegible]
quando como veys los tomo
como señor me mirays
la mano q. presta en el pomo
y vos señora porq.
huis de mi, q. no se
si el obedeceros yo
q. me negueis merezco
vos la mano y el el pie
Cerrad Mendo vro fuerte
y no os esteys tan despacio
ni suspenso desta suerte
porq. dentro del palacio
he dado a Ribar la muerte
Me / Muerto a Ribar / Sau / di señor
delante el gobernador
y otro cavallero honrrado
q. bolviendo me han sacando
las [illegible] honor
las armas dobles me han echo
con el Angel de la guarda
señor notable provecho
q. tambien botes de alabarda
roto el peto y justo el pecho
pero hallaronle mas fuerte
q. las armas / Me / corre clara
q. el castillo cierre advierte
el portero / cla / hazaña rara
dexame abrazarte fuerte

Jhs

San. De Serna mientras acaso
el suceso a mi señor.
Cla. Voy con notable contento
Me. Di, de ssenssa de mi honor
como ha sido, [illegible]

Vayase Clara

San. esta me atento

Entre en la corte del rey
con mi baston en la mano
y al hombro un blanco gurron
que fue del Troya el caballo.
este [illegible] que es a medio dia
guardamangel en el campo
y almoada en la siesta
y guardasol el verano
subido a mayor officio
me sirbio de secretario.
que crecen los pensamientos
en pisando los palacios
en el del rey puse el pie
mire los sobervios patios
con las [illegible] astrosas colunas
y con los techos mosaycos
de marmol blanco eran todos
y entre sus marmoles blancos
vi tantos honbres calbios
que pense que eran de marmol
subi la fuerte escalera
con techo dorado a quadros
y dos passamanos fuertes
flacos de passar las manos
entre con atrevimiento
en la sala preguntando
digo en la sala que tiene
de los godos los retratos
con lo poco que sabia
de leer y ba despacio
leyendo las grandes letras
entre los ffissos dorados

Alli estava Teodiselo
y Atanagildo esforzado
Ricaredo y Gundemiro
Sisebuto y Chisenando,
Cintila y Tulgas el bueno
Recisundo y Bamba sancto
el desdichado rodrigo
y el venturoso Pelayo
Pusselos ojos en el
y como el del Africano
libró a España quise yo
librar tu honor de un villano.
Entro a pessar del portero
desde esta sala hasta quatro
Siguiendo el truhan y el loco
todo por vengar tu agrabio
Pregunto a tres caballeros
que estavan solos ablando
Por el Payo de Vibar
y uno dixo yo soy Payo
preguntesse lo a los otros
y todos lo confirmaron
y el me dixo que dixesse
si era de Mendo el recado.
que si dixe, y que metiesse
dentro del curron la mano
que a las espaldas traia
por caminar con descanso
Y que buscava el querron
y yo que la daga saco
abriendo los dos a un tiempo
yo su pecho y el sus lazos
llegaronle a socorrer
grandes y los hidalgos
mas par dios Mendo que todos
las escaleras rodaron
Apenas tome la puerta
quando como toro salgo

~~[illegible]~~

que sale del corro al rio
hasta vuestros pies no paro
en los quales Mendo ylustre
si te he servido si acabo
de darte el honor perdido
una merced te demando
ya sabes que estoy al sol
de mi sol estos seys años
~~[illegible]~~ deshaziendome por ella
y abrassandome en dos rayos
si nieve me derretia
si cera me ablandó tanto
que hasta el mismo coraçon
di por los ojos llorando.
Cumple tu promessa Mendo
~~[illegible]~~ que el servicio que te hago
bien mereze que en el sol
pongas a tu humilde Sancho

Me. Pues Sancho [illegible] que mi sucesso
has andado sin desseando.
ya es tiempo de abrir los ojos
a mi secreto y tu engaño
quando vine de Leon
como sabes asentando
~~[illegible]~~ de mi a Clara que no quiso
gozar la flor de sus años
cuidando que si tuviera
un nieto entonzes onrrado
por sangre y obligacion
satisfaziera mi agravio
A mi mi padre me dixo
nieto teneys, nieto es Sancho
vuestro y hijo de Bermudo
natural que no bastardo
gozome el Rey persiguiendo
de su poder y pensando
que me casara con el

Sau. tened señor caso estraño
no penseys que esta alegria
que sale bañada en llanto

Ml. 14

Vna razon ynterrompe
por hijo de vn Rey tan alto
Mas porq soy vro nieto:
y porq el y yr me avisando
de q quien soy, es porq dexe
de pedir el sol q aguardo
Aguelo mio señor.
no prosigays tened passo
Hazed quenta q soy Rey
no q de Rey engendrado
y no solo de Leon
mas del ymperio Romano
q soy Xerxes q soy Cesar
constantino o Alexandro
y q es mas villana sol
q el mas desnudo Asturiano
q el yndio o negro mas tosco
q el mas barbaro Polaco
q a sol quiero a sol adoro
Mendo dadme a mi sol claro
dadme essas manos / Me / detente
San. q os quiero comer las manos
Me. Hijo es mucha / San / aguelo mio
el sol basta ser el so casto
para ygualar a mil Reyes
mas me yguala q la yguala
si soy Leon y de vn Rey
de Leon hijo, mas alto
es del cielo el sol y passa
por Leon y esta en sus braços
el signo soy de Leon
q no el Leon coronado
passe a este sol por mi
pues me ha quemado seys años
Me. Hijo no quieres oyrme
San. decid. / M / digo amigo Sancho.

q̄ es tu herm.no aq̄l sol
y q̄ eres de el sol hermano
los dos hoy hijos declara
por hermanos os declaro
pues siendo hermanos no es justo
q̄ os castigeys / San / haçiendo tanto.
ha pesar del rey Bermudo
y de quien le truxo al campo
aquel desdichado dia
q̄ engendro quien lo fue tanto
ha pesar desa muger
y aun de mi pues no me mato

Me) hijo / Sa / de padre / Me / que es esto
Sa) q̄ ha de ser sino q̄ rabio
ha dulce sol de mis ojos
que me abrasas mucho, esta claro
q̄ ha sido para volverse
las lagrimas q̄ derramo
llama padre aquello a mi madre
y al padre solo un rato

Mes) Aguarda q̄ de los dos
sabras la verdad del caso.

San) cayo la torre q̄ en el viento hazian
mis altos [illegible] pensamientos [illegible] castigados
q̄ hasta por el suelo derribados
quando con sus estremos competian
por lo menos al sol llegar querian
y morir en sus rayos abrasados
[illegible] de su luz contentos y engañados
como la ciega mariposa lo dian
[illegible] desde siempre aborrezco el desengaño
amado el procurarle, odioso el verle
q̄ en lugar de sanar, abre la herida.
Pluguiera a Dios durara [illegible] este dulce engaño
que si ha de dar un desengaño muerte
mejor es un engaño q̄ de vida

+
Sol entre

[illegible]

Ynes

[illegible] Para reñirte, Sancho,
quisiera en esta ocassion
que hecha mi coraçon
otro aposento mas ancho
o como estas arrogante
pareze que desta lid
haces como otro David
la cabeza del gigante
Sacando estas [illegible]
mas pareze que estas grave
procuras, y lo sabe
hazerse un hombre famoso.
Bien digo yo que sospecho
que has de ser mi coraçon
para tu ynmenso blason
cassa y apossento estrecho
Pues no llegas a abraçarme
querras tambien que yo llegue
porque no es bien que [illegible] te niegue
las tras de remediarme
Ya como me has merezido
como cosa tuya que eres
que [illegible] y prefieres
lo que eres de lo que has sido
Voy a abraçarte y detengo
el passo, porque no ves
que recibe tu desseo
[illegible] muchas cosas yo tengo
si [illegible] cosa llana no fuera
que [illegible] huvieras Sancho vencido
que tu lo hubieras venido
a tu tristeza creyera
sin duda que el vergüença
[illegible] No has sido, no, mui honrrado
si no que vas declarando
a Mendo tu pensamiento.
si no vienes satisfecho
y has callado de vergüença

dime el suceso, comienza.
Pues hoy de mi a de tu pecho
X y si estas vengado que aguardas
que te abraze prenda mia
dame esos brazos / sin desdén
que ya mi pecho acobardas.
X detente sol, si recelas
que bolbo de ti guardarme
Pues ya en lugar de abrasarme.
como la nieve me yelas
Los rayos puros encoje
que si pense ser tu dia
ya buelbo a ser noche fria
donde jamas ~~los deshoje~~
~~Estate sol entre esfera~~
~~que a no hoy paralelo~~
~~que el es curso de tu cielo~~
~~ni el oriente que te espera~~
~~ya soy oscura Noruega~~
~~tierra tenebrosa y fria~~
~~donde es tan pequeño el dia~~
~~que apenas a verle llega~~
~~ojala que en esta guerra~~
~~en que es fin te he de perder~~
~~pudiesse yo tanbien ser~~
~~Azor de la misma tierra~~
~~que su ligereza estraña~~
~~mui bien menester seria~~
~~para huir de ti, sol mio,~~
~~premio de mi loca hazaña~~
Bien dizes que no le venzido
que no es digno ~~[illegible]~~ el venzedor
deste nombre, si el honor
de la victoria ha perdido
~~[illegible]~~ tu que fuiste el premio della
eres sol ... que perdi
~~[illegible]~~ luego venzido bolui
que no venzeba, sol bello

Mira como no le benido
arrogante por venzer
ni me puede entristezer
bolber de Leon vencido
que de saber muerto a bbas
ya se sabe y cierto que fue
pero con el me mate
pues no te puedo gozar
Sol / perdido anime de que suerte
vienes herido mi vida
San / antes sano de la herida
de que me viste a la muerte
Sol / sano, como? / San / como por
naturaleza sin arte
cerrando puerta al gozarte
cerro la herida y la esta
y esto se llamado perderte
Sol / no lo entiendo es que alguien viene
tras ti y os huir te conviene
por el temor de la muerte
que [tachado] bien podras si ansi es
llebarme contigo / San / no
que mien celi me aparto
antes nino y no despues
despues de dia que mani
y despues mi voz el [tachado] suelo
al termino todo el cielo
que no se gozase asi
atiento desde que naziste
para dezir la berdad
pues que con tanta amistad
del mismo bientre saliste
por dezir lo que es [tachado] no fuerto
mi sol y luz soberana
soy tu hermano y tu [tachado] mi hermana
[tachado] hasta este punto encubierto.
Sol / tu hermano yo / San / si los dos
del Rey [tachado] Bermudo [tachado] hijos fuimos
y doña Clara tubimos
por madre / Sol / valame dios

[illegible]

Ea muerte si en este punto
acabasses tanto daño
si con este desengaño
no queda se Amor difuncto.
Pluguiera a dios madre ynfame
que assi te quiero llamar
pues que tu diste lugar
para que yo te lo llame
que te fuera vibora fiero(?)
que antes que al mundo saliera
tu bientre y vida rompiera
en cambio de aber nacido.
Pluguiera a dios fiera madre
y perdona estas injurias
que algun villano de Asturias
fuera mi origen y padre
x y que lo sabiera sabido(?)
y no este Rey encubierto
por quien es mi bien yncierto(?)
de seys años pretendido.
Bien pareze que Bermudo
te tubo por su muger
pues que [illegible] tu parlero(?) ser
te pudo dexar tan mudo
Jesus [illegible] que no soy villano
ay tan grande desbarío(?)
que [illegible] Sancho es hermano mio
Huye Sancho [illegible] hermanas
Matareme [illegible] claramente
no soy su hijo / Dan sol mio(?)
quien lo ynposible porfia
lo posible se arrepiente
x tu seres mi hermano sin duda
por claro vemos que el cielo
este mundo es nuestro Aguelo
[illegible] furia y proposito muda
que yo tare(?) por que Amor
no busque injusto Remedio

esponerle tierra en medio
Sol aun esto mas / San / no es mejor
Sol Mejor es pero no verte
[illegible]
quien sera a su sufrido parte
que sin verte y no dessearte
es ~~[illegible]~~ esforzarme a la muerte
Mas no te bayas que es bien
que pierdes lo que es Mejor
San Sol, no burlas con Amor
que es algo severo tanbien
Mira que nra amistad
y esta grave privazion
ha de darnos ocassion
~~[illegible]~~ a alguna temeridad
No digas a Mendo nada
sino quedate con Dios
hasta que quede en los dos
~~[illegible]~~ esta voluntad templada.
Sol posible es que de tu acuerdo
sale un rigor tan tirano
San si que si me voy me gano
y si me quedo me pierdo
Sol no me detengas tanto
que eres estopa y yo fuego
y de que si a ti me allego
no mata ese fuego el llanto
Sol ~~[illegible]~~ donde vas / Sa / a una frontera
Sol a que / San / A morir peleando
Sol has de bolver / San / no se quando
Sol pues quedate / San / bien quisiera
Sol no me basta ser tu hermana
sino perderte tanbien
San perdido el primero bien
toda mi esperanza es vana
Sol que llebas / San / este baston
Sol pobre ~~[illegible]~~ vas / San / asi naci

Acto [illegible]

Sol — llebame / San — hija, a vos aquí

Sol — adonde / San — en el coraçon

Sol — en fin me bas a olvidar

San — pues que esso no puedo hazer

Sol — que no se desea tu muger

San — que en fin no te se de gozar

Sol — que no te hartan de ver mis ojos

San — que me ha muerto un desengaño

Sol — que rigor tan estraño

San — o que ynsufribles enojos

pero enjuga Sol el llanto
con los rayos de essa lumbre
que pues es del sol costumbre
sol eres y abrasas tanto.
di a mi madre de mi vida
que me voy por no fiarme
de mi mismo, y por vengarme
della, en aquesta partida
di a Mendo mi caro agüelo
pues me ha costado tan caro
que cuide bien de tu amparo
[illegible] y a ti, Sol, guardete el cielo
bien puede ser que los dos
[illegible]
[illegible]
[illegible]
[illegible]
tengamos suerte dichosa

Sol — de dios imposible es pensar
ynposible esposo, adios

Fin del 2° Acto

+

Bena Bides de lope de Bega

1607

2

Los q hablan en este Acto 3º

quatro segadores
Valerio
tolindo
gileo ricio
gridonio.
doña Elvira
Sancho
El Conde
Payo de bibar
fernan ximenez.
Mendo de benavides
yñigo Arista
d. Clara
d. Sol.
Alfonso niño
Alí moro
Vn Criado
Muzarte albarin. Rosarse, alcaldi Moro
d. Estevan de Lara
garci Ramirez
vn escudero

Los Benavides

Jesus que buen ...

B

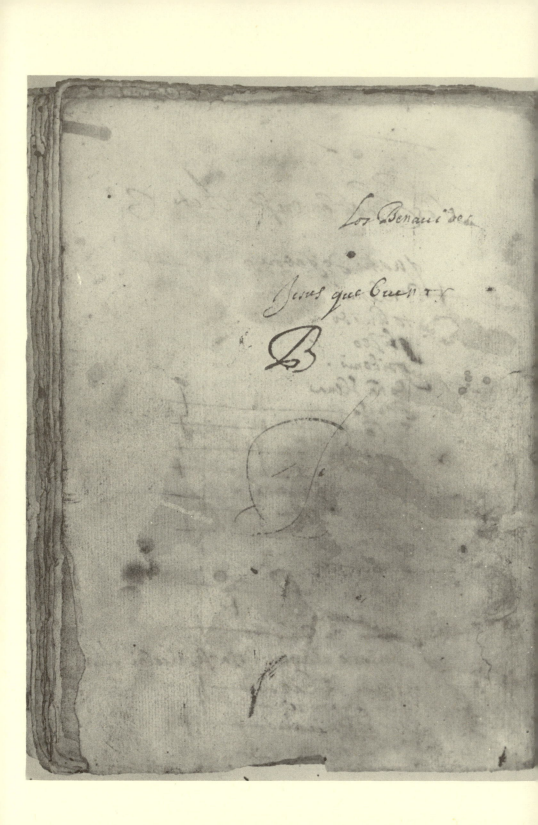

Acto terzero

Entren quatro segadores Valencio Tolindo Liseo y Gridonio q seran los musicos

Vas. Bendiga dios el buen año
Tol. esconderse entre los trigos
puede un hombre / his / caso estraño
Grid. mate dios los enemigos
q suelen hazerte daño
Vas. desdicha por dios es grande
q este perro de Zelin
por aquestos campos ande
q son su guerta y jardin
y q desta segarlos mande
sembramos y coge el fruto
Tol. quiere q el ~~[illegible]~~ diezmo y tributo
toda la hazienda sea
Lis. nunca este campo se ve
de sangre y sudor enjuto
pobre España / ay / los pecados
de la caba y de rodrigo
aun no los tiene pagados
Grid. sable le cabador del trigo.
y en la guerra los soldados
quien nos mete en esto agora
demos en aquesta hora
mientras la canalla mora
no viene a este monte a caza
Tol. Si q es ~~[illegible]~~ grande cazadora
como todos son perros
no es mucho q en estos cerros
anden a cazar hidalgos
Lis. vengan agora los galgos
q nos suelen sacarnos yerros.

~~[illegible]~~

cuida q Juan de Castilla
como alguna vez los mi
mas q de passo ala villa
Guid: q llegue este perro aqui
desde Cordoba y Sebilla
Va: es niño el Rey no me espanto
~~[illegible]~~ q se puedan atreber
aquestos barbaros tanto

Doña Elena rebocado el Rostro y con un venablo

Tol: aqui viene una muger
rebocado al Rostro un manto
Va: por el sol se le abra puesto
no le ofenda el blanco gesto
y trae una jabalina
Lis: q cazadora diuina
que mirar dulce y honesto
Va: Diana debe de ser

Sancho venga detras siguiendola

Ele: no se donde pueda huir
del sol q comienza a arder
solo se puede sufrir
tal pessar por tal plazer
Aunque el gusto del cazar
de mi castillo me alexa
Sanc: si aqui no viene a parar
esta esperanza me dexa
de q la pueda alcanzar
o Amor en q desatino
paro el fin de mi camino
huiendo a huir del sol se atreve
mi alma hallado en la nieve
de aqueste Rostro diuino.
Camine desde Leon
a Burgos desesperado
de mi engañada affiçion
y en estos campos he hallado
q los de Tesalia son

2

Aqui ay yerbas para olvido
y otras para nuebo amor

Val. q es la [struck through] herm.a condizion
de nuestramo / tol. / gran balor
en venir sola ha tenido
q en el pie desta montaña.
Ay alimañas ferozes

h3. demosle boyas de maña

gid. dios q ha de saber gritar bozes
pues q nadie la acompaña.

Val. donde bueno va perdida
diga campesina dama

h3. callad q viene dormida

Val. las manadas le haran cama
sobre esta alfombra florida
la lleguese aquica

tol. si quiere tomar refresco
escusa q bien podra

gid. Aqui corre biento fresco
y mas alto el trigo esta
ea q affe q no baya
quexosa ni discontenta

fom. estos necios le dan baya

va. junto al arroyo se assienta

cle. mucho el calor me desmaya,

tol. grava cosa [struck through] q no intente
callar a esta muger
nuestramo siendo prudente

Val. pues la dexa florezer
guarda la para siguiente

tob. quando veo en su berdura
una lechuga madura
gran gusto en sus ojos hallo
pero en creziendo le el tallo
esta sin sustancia y dura
sin sacar las colas [illegible]

~~de mill gustos pareceres~~
~~saben mal [illegible] sin ocasión~~
~~y mucho mas [illegible]~~
~~cuando pasa el [illegible]ado.~~

Val. Agora esta que es contento
Gri. duermese / Hz. si / Tol. / que haremos
Gri. cantarla es buen pensamiento
Tol. [illegible] breya algo / Val. / por mi cantemos
que aqui trayo mi ynstrumento

Canten

[illegible] o quan bien segando sabeys
segaderuela
segad passo, y no os corteys
que la flor es nueba
Mirad como vays segando
de vros. años el trigo
[illegible] tras vos el tpo. enemigo
va los manojos atando.
y ya que segar quereys
segaderuela
segad passo y no os corteys
que la flor es nueba

Val. y esta ell todo dormida
por vida vra. que vamos
a aquella [illegible] orilla florida
y desnudemos los ramos
de [illegible] de nuestro vestido.
haremos en un momento
un toldo para cubrilla
que le sirva de aposento.
Gri. soy contento de servilla
Fau. y yo de amarla contento.

Vayanse los segadores

Los [illegible] labradores se van y do
[illegible] traza del amor es sido
y benignidad del cielo.
dichoso el sueño y el suelo
~~[illegible]~~

de tal cuerpo y tal sentido
di quardo fue loco y vano
el vendie como villano.
despues supe quien era
si como quien es fuiera
no conquistara en vano.
de q̃ sirbay q̃ este trage
sabiendo q̃ eran tan buenos
los dueños de mi linage
mas bien dize por q̃ menos
se consienta en este mi ultrage
tiene una mancha mi honor
esta mi aguelo afrentado.
y manchas vesse mejor
entre raspelo y brocado
q̃ en sayal de labrador
Amor aun ... os bays de mi
suelbo a prometer aqui
al cielo, de no quitarme
este trage, hasta vengarme
de quien le ha manchado assi
pues si el sol quise correr
quando a esta luna ...
ni la ...
pues q̃ menos bien se ...
se alma q̃ vive en el
presto olvide su fabor
pero fue cosa muy llana
el amansar su rigor
q̃ un desengaño de hermanas
cura muy presto el amor
no ay amor si no ay desseo
no ay desseo en sangre propia
y assi sin su amor me veo.
q̃ amarla era cosa impropia
siendo el pensamiento feo.
venel pie desta montaña
q̃ el bueno espacio, vana

esta divina muger
que de mi pecho ha de hazer
otra la caba de españa
Muero por hablalla y vella
como podre su reposo
deshazer … sin offendella
fingir quiero que alguno osso
baxo del … monte por ellas
dar quiero con el baston
golpes por entre estas ramas
eres osso, res sin cadena
que mas respeta las damas
el generoso leon

+ Asombrase a los golpes D. Elena

D. Ele. valame el cielo que es esto.
San. a una muger tan hermosa
huye traydor … huye presto
osso al fin / Ele. / estraña cosa
en gran confussion me ha puesto
San. ved como se va metiendo
por el monte el animal
entre los robles gruñendo
sosegaos, no os hara mal
Ele. temblando estoy / San. yo temiendo
Ele. osso dizes que venia
bien ombre para matarme
San. este es vellaco que venia
Ele. bien podeys albriçias darme
de la vra vida y la mia
como os dormistes … ansi
Ele. Andava caçando aqui
y vi [illegible] gente
de mi cassa, y esta fuente
tambien por mi daño vi
que hablando con sus arenas
me convido con su risa
… as en sus margenes llenas

de flores, buscasse a[l]muhada
sueño y descanso a mis penas
a dormir no me atreviera
si de mi padre la gente
llegando el campo no [illegible] viera
aunque el arena y la fuente
mayor musica me hizieran

San — a gran ventura he tenido
a tal tiempo aber venido
mas no he visto gente aqui

Ele — por no conocerme [illegible] anssi
[illegible]
dandome vaya, he salido
[illegible]
estoy mui agradecida
pagarte el saber quisiera
y asse que a no estar dormida
agora el ocio durmiera

San — como durmiera (ele) sin ruido
que estoy mui exercitado
a dar le en vez de colmena
de firme a firme cruzado
pero toma esta cadena
que en otra quedo obligado

Herman[a] — [illegible] de un caballero
soy de [illegible] esta tierra señor
deste monte y campo entero
hombre mozo y de balor
sabio en paz y en guerra fiero
si del quieres por ventura
satisfacion, ven conmigo.

San — ya mi alma no procura
que a otro servicio obligo
mas bien que vra hermosura
[illegible] a tiros visto me sobra
en premio [illegible] esta alegria

	[illegible]
	De aquesta peregrina obra
	q̃ ya por vos tan a [illegible] gemidos
	[illegible]
	vna cadena guardad
	q̃ yo estoy mui bien pagado
ele	lleba la q̃ tienes / San / [illegible]
	q̃ aun q̃ pobre soy honrrado
	si es la virtud calidad
ele	enojaseme / San / Señora
	days me la muerte con ellas
	[illegible] si te [illegible] la llebo agora
	q̃ si quisiese vendellas
	mi traxe vil la desdora
	quien dira q̃ me la ha dado
	q̃ diran q̃ soy ladron
	y a serlo yo, q̃ tan honrrado
	yo hurtara algun coraçon
	q̃ esta de amor descuidado.
	mas merced hazer podeys
	a este villano q̃ veys
	[illegible] q̃ [illegible]mente os ruega
	pues es tpõ de la siega
	q̃ en la siega le ocupeys
	este si q̃ es galardon
	conforme a mi y no cadena
	porq̃ si es de obligacion
	yo la tengo ya tan buena
	quanto las q̃ tengo son-
ele	notable lengua y presencia
	si quieres servir en casa
	desde aqui tienes licencia
	y [illegible] q̃ ya se te abrasa
	la [illegible] de hazer ausencia
San	por quien te he de preguntar
ele	por el castillo / San / de quien
ele	de Don Payo de [illegible]
San	Ay de mi / ele / yo conmigo ven
	q̃ por ti te quiero hablar

Som) Como hablar luego no es muerto?
ele) Vno amigo mi herm° es bibo
San) dixose en Leon por çierto.
por el braço vengatiuo
de vn asentado encubierto.
Mas puede ser q otro fuesse
ele) esse del Rey niño es ayo
San) digo señora q es ese
y q yo he muerto a Payo
aunq me pessa q os pesse
ele) Payo de Bibar mi herm°.
Vino agora de Leon
buen hombre, contento y sano
Som) tan muerto es, como estos son
anos dedos de mi mano
ele) si hablo y como con el
como quieres q sea muerto?
otro sera q no es el
Som) yo le he tendido y yerto
de vna estocada cruel
y huelgome q el no sea
ele) digo q esta en su castillo
y q oy vino de su aldea
por q el alarbe caudillo
estas fronteras passea
q es hombre q da temor
a Zulema y Azelin
q conosen su balor
San) q me he vengado en fin
el vltraje de mi honor
siendo desganado he sido.
q ved adonde he venido
pues de mi enemigo adoro
la hermana, contra el decoro
dee honor offendido.
q he de hazer / ele / q estas hablando
San) estoy contento, señora
de q mio esteys gozando
a vro hermano, / ele / y yo agora
en el fuego pensando.

~~[illegible]~~

quien sera el muerto / San / no se
esto alla en Leon soy
y en el nonbre me engaño.
Ele) mi seruici este viuo aqui
y alla donde quiera se
~~[illegible]~~ ven conmigo / San / ya me ensancho
de verme criado vro
porq me viene muy ancho
mas lo q debo le muestro
Ele) como te llamas / San / sancho
pero vos como os llamays
Ele) doña elena ~~[illegible]~~ / San / ya no callo
lo q quiero q sepays
y pues sois otro caballo
de grecia, a troya lleuays
Ele) alguna traycion sospecho
San) diversas son mis hazañas
lo q yo digo es bien echo
por q llebo en mis entrañas
el fuego de bro pecho.
Ele) querras ser como sinon
San) lo q digo es aficion
q antes yo soy bella elena
a troya q ardiendo en penas
se quema de agamenon.
Ele) quando dentro estes no seas
como el caballo troyano
San) si en tu seruicio me empleas
hare q viua tu hermano
hasta q en honrrarme veas
Ele) hasta q estes muy honrrado
no dexara de obligarme
por lo q me has obligado
San) mucho tiene q pagarme
pues el fiador no ha pagado
q aun q es verdad q pago
lo q el honrra ha de dar
quien la tiene / Ele / aqui estoy yo

q te ayudare a cobrar
o te pagare / **San** / eso no

Ele fiador soy de mi hermano
San si el faltare pagareys
Ele a todo sancho me allano.
San bamos q presto vereys
quien soy, aunq soy villano.

Vayanse y entren el Conde Melen y Mendo de Benavides y ynigo Arista y fernan ximenes.. doña Clara y doña sol, ya en traxe de dama

Men beso os las manos por mrd tan grande
como he sido buen conde el recibirme
con amor de hijo solo, como a damas
era justo q a mi de ninguen modo
dalles los braços, si quereis honrallas
Cond aqui teneys señoras otro padre
Cla esclavas vras somos / **Co** / Mendo amigo
alçad del suelo los llorosos ojos.
Me como puedo señor si no me dexa
a cargo della afrenta levantallos
q pesa mucho en el entendimyento.
vine a leon porq mi Rey lo manda
y creo q le fuera ynobediente
si supiera q estava deshonrrado
llegue y supe q fue layn el muerto
y q en sus tierras y castillos vive
contento Pays de bibar, y alegre.
como [illegible] quereys q yo lo este, buen conde
antes os ruego por quien soys, q luego
me deys licenzia q bolberme pueda
a Benavides antes q me vean
estos hidalgos q en pasados años
del cabo de Bermudo honrrarme vieron.
Con yo no puedo buen mendo aunq quisiera
daros licenzia ya q en Leon entrastes
pedilda al Rey, / **me** / el Rey señor es niño
vos sois su padre vos reynays agora
dadme licenzia conde / **co** / ya el Rey sale
niño en la edad q viejo en el yngenio.

+ El Rey niño.
y Alonso Manuel.

~~[illegible]~~. +

yo le hablare por vos y pues es justo
que no viuays donde tengays disgusto.
Dele los pies vuestra alteza
a Mendo de Benavides
vencedor de tantas lides

alfonso — cubrid Mendo la cabeza

men — no me mandeys gran señor
cubrir que estoy descubierto
~~[illegible]~~
~~[illegible]~~
de honor y no es bien por cierto
hablar al Rey sin honor
tiene me echado vn embargo
cierto traydor en la honra

alfo — pariente vuestro deshonra
ya yo la tengo a mi cargo.
quien viene con vos / men / mis hijos

cla — dadnos gran señor los pies

alf — y a vos abrazos / cla / vn angel es

cond — yo ~~[illegible]~~ hablare al Rey no te aflijas
señor como vuestra alteza
a galicia ha de partir
a criarse ya [illegible]
en mi tierra y fortalezas
de leon quise dexar
vn noble gobernador
y no le hallando mejor
a Mendo enbie a llamar
vino pensando que fuera
Payo de Bibar se muerto
hallando el hueso y muerto
volverse a su tierra espera
que dice que ~~[illegible]~~ le es forzoso,
por justo derecho y ley

Me — juzgad vos esto buen Rey
que dios haga venturoso
es que tiene alguna afrenta
que le deis oficios no es justo

La republica aun q el gusto
del Rey es contra no siento
q si odios engendra el mandar
y llaman malo al mas bueno
a un hombre de afrentas lleno
q respeto han de guardar
pues mi afrenta fue por vos
solo por merced os pido
q vida q os a servido
tanto como sabe dios
q por vro aguelo y padre
harta sangre derrame
y la q yo tengo fue
la misma de vra madre
No acabe donde la verguença
de verme de mi honor falto
q afrentado y puesto en alto
es ponerme a la verguença
las dignidades señor
en humildes personajes
desentierran los linajes
y las manchas del honor
este poco q me queda
de vida alla en Benavides
lo passare, / alf Ma con pides
cond: no es bien q se le conceda
q el menos puede saber
para ser governador
Mendo en Leon con su honor
alf veamos / con esse hazer
Mande echar en las plaças vra alteza
un vando en q conoce desafio
a Mendo contra Payo y juntamente
se fixaran carteles por las calles
si no viniere dentro de diez dias
darale por traydor y por ynfame
y a Mendo por lo q es q es de los nobles
q an dexado la sangre de los godos

~~[illegible]~~

si viniere yo tengo un sobrino
de los balientes honbres q han criado
las Asturias altíssimas de oviedo
y se le matara por lo q digo
y pues la razon ynporta mucho
alf / estays contento Mendo / Me / estoy suspenso
Clara / señor hazed esto q os dize el conde
mirad q entretanto hare buscar a sancho
y q tendreys segura la victoria
Sol / señor si esto conviene al honor vro
porq no hazeys lo q tan bien os viene
Ynigo / Mendo no ay q pensar esto os ynporta
fern / hazed Mendo q el conde os aconseja
lo q para su mismo honor busca
Men / digo señor q como vra alteza
desta esse vando tomare el officio
y quedare en leon / con / digo q luego
se escriba y hago publicar / ynigo / si me advierte
q sera bien q con un propio abise
a Payo de bibar deste suceso
Con / baya fernan Ximenez / fer / por servirte
dentro de una ora tomare la posta
Con / y dentro della haced salir al punto
de la ciudad camino de Galicia
Mendo quede en leon y del suceso
podra avisar al Rey / Me / el cielo guarde
y prospere señor tan buenos años
alf / Mendo q dad con dios, adios señoras
Clar / vivays mil años y señor te veas
angel hermoso, desde se haze de betis
Ynigo / yo quedo aqui en leon para serviros
q no voy con su alteza / Me / ynigo Arista
es sin duda un gallardo caballero
Yni / soy vro servidor / cla / yo huelgo mucho
q tan honrrado caballero quede

+ Vayase el conde y el Rey ~~[illegible]~~ y fernan Ximenez

Adonde como es justo le seguiramos
y assi padre os suplico que aqui un rato
me dexeys que le hablo y del camino
os bays adelantar / men. pues venid luego
que solamente donde estays, os espero.

Mendo se entre

yni. si vos teneys que me hablar
yo tengo bien que os dezir
cla. yo os vengo a vista a pedir
yni. yo os vengo clara a rogar
cla. esto es fasil de hazer
yni. esto no ay por que os asombre
cla. vos me podeys dar un hombre
yni. y vos a mi, una muger
~~[illegible]~~
~~que aqui dio muerte a Layn~~
~~[illegible] quisiera buscar que en fin~~
~~[illegible]~~

clas. quien sabra con el librar
a hazer este desafio
yni. yo que ya es negocio mio
si me le quereys fiar
clas. a sancho que el labrador
que dio la muerte a Layn
quisiera buscar que en fin
tiene ynberes en mi honor
pero por que no se dee
me se de atreber a stedir
a hazeros deffensa mia
yni. yo quiero suplir por el
que ymagino que es honrrado
debaxo de aquel sayal
cla. ese sayal que esta mal
que esta aforrado en brocado.
yni. ya que yo acepto la enpresa
por el este desafio
y vuestro onor es el mio
y yo vuestro desde agora
lo que pedir os queria
es que me ynporta saber
quien es aquesta muger
cla. esta es una prima mia

Me

yni / de quien es [illegible] / cla / es muy largo
y ofendese algun decoro
yni / pues sabed q yo la adoro
mitad q [illegible] me alargo
X vila y pierdome por ella
y merçed me tengays de hazer
de darmela por muger
si fuere su gusto della
cla / vençed este desafio
q yo os la prometo / yni / basta
si el Amor me da por hasta
su flecha vençer confio
yo me voy a ver el mundo
con q ~~[illegible]~~ se publica el bando
cla / y yo en vos quedo esperando
mi honor generoso [illegible]
yni / como a q [illegible] Angel se llama
cla / llamase sol / yni / si sol era
q milagro q me hiziera
arder el alma en su llama
ay sol tu etiope soy
negro del alma y esclabo

Vayase ynigo

sol / q es esto señora / cla / alabo
al cielo y gras le doy
~~[illegible]~~ Arista q ~~[illegible]~~ se quiere
con ~~[illegible]~~ bibar al desafio
quiere ya ser yerno mio
sol / calla agora / cla / por ti muere
sol / es noble / cla / de sangre real
sol / y tiene hazienda / cla / tanbien
sol / no hablamas / cla / quierele bien
sol / no me ha parecido mal
cla / y sancho / sol / ~~[illegible]~~ saliome [illegible]
ya aquel amor se acabo
cla / entra y tratarelo yo
con Mendo / sol / fue Amor de hermano

Entra Payo de bibar y Alife Moro.

X. Payo. Responde Moro Dulema
q[ue] reporte si le agrada
essa su lengua blasfema
q[ue] a mi no se me da nada
de q[ue] al Rey temo, o no temas
q[ue] es niño el Rey le confiesso
y q[ue] todo mal suceso.
temo faltando a Leon
mi braço en esta ocasion
y de algun anciano el seso
Pero q[ue] a mi no me cuente
en su deffensa obligado
por vasallo ni pariente
q[ue] ya de y viendo apartado
de su republica y gente
Alla se alçaron con el
los q[ue] daran cuenta de el
deffiendale el su castillo
Zale me maravillo
tan arrogante y cruel [illegible]
que no es del Rey q[ue] es mio
di q[ue] le sera mejor
Moro q[ue] no passe el rio.
porq[ue] es mi hazienda y mi honor
y deffenderle confio

Zale. Bibar ya sabes quien es
el gran Dulema, no quieras
venderle por interes
y a las cristianas vanderas
sabes q[ue] limpian sus pies
dale el castillo q[ue] intentas
deffender, y no consientas
q[ue] tus contrarios se huelgen
de q[ue] en sus almenas cuelgen
mis lunas y tus afrentas
No haviendo de la [illegible] [illegible]

[struck out]

del Taso para boluer
sin despojos de castilla.

pay. y esfuerzo q̃ han de hazer
Moro, de mi hazienda y villa
parte y no te desverguenzes
en mis ojos y en mi casa

ali. q̃ mal tus enojos vences
dlla veras lo q̃ passa
cuando la guerra comienzes
No pienses q̃ es enemigo
delos q̃ castilla doma.
es Rayo, es muerte, es castigo
es hombre q̃ con Mahoma
habla como yo contigo
desdichado si te esperas

pa. vete morillo y no quieras
q̃ a Mahoma, a ti, y a el
cuelgue juntos de vn cordel

ali. hablas cristiano de veras

pa. vete perro / ali. aguarda vn poco

+ Vayase ali y entren d. Elena y sancho,

d. Elen. Moros en casa señor.

pay. Vno honrrado, y ese loco

ele. a quien buscaua / pa. a mi señor
con quien las estrellas toco

Ele. a tu señor q̃ queria

pa. este castilla pedia

ele. quien es el Moro / pa. se llama
el q̃ nros campos quema
hasta la montaña fria

Ele. y como va despechado
el Moro / pa. dixeras mejor
q̃ va el Moro despechado
q̃ es despecho del señor
despachar mal al criado /
quien es este hombre / ele. a quien debo
la vida / pa. como / ele. de vn osso
me libro [struck out] / pa. gentil mancebo

Mtt

Ele — viene a servirte gozoso
Pa — pareze un Hercules nuebo /
adonde estavas / Ele / dormia
al pie del monte y baxo.
El osso. [struck], a una fuente fria
cuyo cristal desprecio.
por beber la sangre mia
llego este moço y venciendo
su furia. bien maltratado
se fue por ese monte huyendo.
Pay — gran valor / Ele / es hombre honrrado.
Pa — el con vuestra y yo lo entiendo
de donde eres / San / Asturiano
soy señor. q̃ a segar vengo
vuestro trigo este verano.
si acaso ventura tengo.
de poner en vos la mano
q̃ otra vez lo que he de hazer
sera el golpe de servir
a quien me dio vida y ser.
q̃ con vos hasta morir
quiero este bien pretender
pa̅ vros segadores
bien siegan, pero yo os digo
q̃ aventajo a los mejores
y espero en segando el trigo
ceñir mi frente de flores
un viejo a vos me presenta.
a quien distes una vez
q̃ el muchas vezes cuenta
q̃ es desta siega el juez.
q̃ de q̃ tarde se asienta
en nombre alegre aca
aquellos sirva por el y a
no puede tomar la hoz.
y os doy su mano, he mi voz.
q̃ al alma mil bozes da

debeys le hato y fauor
desta voluntad a fee
yo con la misma ocasion
por el vengo, a q. me de
v.ra mano el galardon
o quiera mi buena suerte
q. mejor agora acierte
en hazer lo q. procuro.
q. por cobrar honra os juro
de servir asta la muerte
Pay — este labrador, llena
de algun buen viejo Asturiano
es hijo. y teniendo pena
de faltar este verano
de siega y espiga tan buena
deseo de embiarte aca
para q. sirva por el
San — q. bien en el blanco da
si yo acierto como el
contento el viejo estara.
como era viejo perdia
honra porq. no segava
como mancebo solia
mas ya pardios q. se acaba
comienda mi valentia
un mancebo he de llevar
si llego en esta ocasion
q. al viejo pueda alegrar
de mirar la bendicion
de los trigos de bibar.
tras esto. si ese Morillo
viniere a vro castillo.
tan bien siego Moros cuellos
como espigas, q. por ellos
la hoz convierto en cuchillo.
sacad v.ro pendon Rojo.
y echadme media dozena
de reyes [illegible] trayo despachado

o ponedme en vna almena
vereys q̃ Sanchos arrojo.
pa — algun angel [illegible] te ha traydo
como te llamas. /San/ yo Sancho
pa — Sancho, aun q̃ valor ha sido.
mostrarle pecho tan ancho
al Moro [illegible] a Dibar venido
no estoy sin algun temor
tu estas en traje tan baxo
de Asturiano y labrador
q̃ por ese monte abaxo
puedes caminar mejor
y echando entre aquessos trigos
servir de espia y saber
quantos son los enemigos
q̃ no te echaran de ver
San — [illegible] q̃ no se me da dos higos
cercad el castillo [illegible] bien
q̃ yo yre y sabre quien son
pues q̃ cuidado me den.
✠ Sancho de Baya — pa — parte /Sa/ voy /ele/ mal galardon
haceres señor q̃ le den
pa — como /ele/ mataronle alla
pa — no haran q̃ le salva el traje
ele — pues el alma tiembla ya
de q̃ a ver los moros baje
sin duda en el alma esta
Mal pago le dos hermanos
por donde tu fuego cupo
en mi pecho, Amor tirano?
que quien nunca de Amor supo
venga a tenerle a un villano?
Mas no pienso q̃ es Amor
q̃ es [illegible] Amor agradecido
pa — el hombre nuestro valor
✠ Vn escudero — es — a tu castillo ha venido
Fernan Ximenez señor
pa — el de Leon. /es/ assi dizo

+ X

Fernan Xi
menez
entre

pa / Entre sueños / fer / guardete el çielo
pa / o Amigo / fer / no poco dize
Payo en pisar este suelo
q assi el Moro contradize
Pa / Como esta cerca? / fer / ya llega
sino es q el passo le enbargas
Pa / son muchos / fer / por esa vega
q cubren lanzas y adargas
lunas al ayre despliega.
pa / de do vienes / fer / de leon
pa / Como queda el Rey / fer / el Conde
le lleva enesta ocasion
a sus tierras / pay / no responde
a su justa obligacion
mal haze en tpo de lides
quien su gobierno possee
fer / el señor de Benavides
pay / a q vienes? / fer / esta lee
pay / murio Atlante y falta Alçides

Lea / haviendoos retado ante mi, del agravio q le haveys echo, Mendo de Benavides le he concedido campo y desafio contra vos, cuyo plazo sera dentro de seys dias dela fecha desta, acudireys a Leon con vras armas donde os espera o dareys cavallero q por vos salga. donde no os doy por traydor ya el por honrrado. en Leon a 29 de Junio. Año de 979.

Alfonso quinto.

Pay / no tiene la culpa el Rey
q es niño y edad no tiene
para ver lo q conviene
al justo derecho y ley
de los Reynos q mantiene
tienela el Conde Melen
por q a Mendo quiere bien
y a mi del Rey me destierra

Por ser en tpõ de guerra
muestro ala carta desden
Mas no ymporta alcayde tengo
q̃ defendera el castillo
mientras vitorioso vengo.
ya de mi me marabillo
como en dibaxo me detengo.
y por si su barba cana
en del castillo perdiere
llebare a Leon mi hermana
si es tanto el conde a Mendo quiere.

fer. aqui mi pierde mi gana
q̃ cabos tiene del rey
es hindudo, pero el reto
le haze obligar en efecto
como es delos godos ley.

ele. Payo es baliente y discreto
y mi hermana y si el faltasse
saldra por el / pa / aora bien
vente a descansar / fer / no passe
de oy tu partida / pa / esta bien
q̃ el reto el conde acetasse.

fer. como fue possible menos

ele. muestra tu fama y balor
de q̃ estan mil libros llenos

pa. yo defendere mi honor

fer. assi lo han de hazer los buenos

pa. llebar quiero un escudero

ele. Sancho ~~[illegible]~~ al gallo mozo fue
es baliente, aunq̃ es grossero.

pa. no ymporta yo le dare
bestido y armas primero.

Entren el conde y el rey niño y garci ramirez y otra gente /

gar. cansado vendra su alteza

con. es de tierna edad en fin
tended ese transpontin
sobre esta verde malleza
poned luego esa almohada
descansad aqui señor.
q̃ el cansancio y el calor

tiendan un colchoncillo

y boluamos en la jornada
si no [illegible] la tierra esta
si no [illegible] la boz mentirosa
llena de moros que es cosa
que mayor pena me da

Salen al Rey sobre el trag pontin y a el mo Saba

al. [illegible] pues conde si moros vienen
despertadme luego / con / harelo
y pelearemos / al / ypuyno / con / el cielo
os guarde / al / que caras tienen

con. sombres son [illegible] mi Rey, dormios
no temays / al / por eso quiero
dormirme / gar / gran caballero

cond. del padre muestra los brios
al. no me desciñays la espada
por si fuere menester
con. dormid buen Rey a placer
que esto de moros no es nada
gar. que las tablas esperanças
promete en edad tan tierna
con. como un anciano gobierna
gar. o Leon que siglo alcanças
con. a estar menor pertiguido.
no tiene que desfear
gar. apartemonos a hablar
Conde questa el Rey dormido

Don esteban de Lara

este. buen conde gran desdicha / co / ay cielo santo
que es esto don esteban breve el moro
este. una enboscada deste monte sale
y han cautibado alguna gente bra
con. que haremos / ga / detenellos / co / y el Rey / ga / duerma
en tanto que bolbemos / es / bien a dicho
garci Ramirez. / co / si pero no [illegible] es justo
que quede solo el Rey / est / pues quede el mismo
gar. yo quedo y si por dicha mal sucede
me llebare por ese monte al niño
con. Santiago nos ayude y faborezca

Vayanse todos quede con el Rey garci rami rez.

gar. en que estraña confusion
por oras nos pone el Moro

+
suene vna batalla dentro y salgan quatro moros muzarte albarin Rosarfe Alcabir

mu
o guarde el cielo
este cordero a Leon
todo me espanta y altera
pero en fin la causa es mucha
ay de mi que ya se escucha
el son della guerra fiera
mu/ no se escape ni un hombre del bagaje
que alli vendra del Rey la plata y oro
gar/ o si ni este suceso / al/ aqui esta un hombre
Ro/ date a prision / ga/ mejor dare la vida
al/ muera pues. / gar/ morire como hijo dalgo
Ro/ porfias a morir. / ga/ muerto soy, cielos
guardad mi Rey / al/ Rosarfe el Rey ha dicho
Ro/ sin duda es este niño que aqui duerme
que dudas alcabir que el Rey es niño.
alc/ a niño Rey de cristianos
alf/ es ora de caminar
conde? / mu/ no sino de atar
a aqueste cordel las manos
alf/ quien sois villanos / mu/ los dos
somos moros, no te asombres
alf/ las caras teneys como hombres
como no creeys en dios?
dexadme sacar la espada
y a que por mi mal dormi
no buelba ni gente aqui
y me cabeça enbaynada
Ro/ eso es afloxe / alf/ pues no
al/ el Rey tiene los azeros

+
Sancho con su baston

San/ y que entre tantos moros fieros
el niño Rey se perdio
pero aqui le tienen preso
soltad a mi Rey villanos
Hercules soy de cristianos
que mirays / Ro/ estas sin seso

+
sacuda en los moros

San/ dadme a mi Rey / al/ muera / mu/ muera
San/ no sabeys probado el baston
alb/ este no es hombre / Ro/ es leon
mu/ huye / Ro/ muerto soy / Sa/ espera

Vatt

hayendo [illegible] mas cordura
sera que en braços me lleve
al Rey, y esconderme pruebe
del monte por la espesura
Vem.º O amigo señor
alf/ o buen pastor si yo vivo
yo te haré merced / San / recibo.
esa palabra señor.
mas venid que tengo pena
que el moro a traves no baxe
otro pareçio en el traxe
y vos mi Rey la colmena

+ tomele en braços

+ entresse y salgan el Conde y don Esteban y gente /

co/ gente sabemos perdido mas no ymporta
si biesse el rey / est / con el el monte bamos
con/ triste heme Martin Ramirez muerto
est/ y el Rey / con/ no esta aqui el Rey / est / o triste dia
sin duda que sabian que el Rey era
y que enbio Culema la enboscada
con/ el Rey esta cautibo don Esteban.
muramos todos como hidalgos / est / bamos
que hasta cobralle perdere la vida
con/ triste jornada / est / tragica partida.

+ metan el cuerpo /

+ vayanse y entren yñigo Aristo

yñigo Aris/ oy es bellisima sol
aquel desseado dia
que se juntan en un crisol
tu amor y la sangre mia
el ser leones y español
oy veras que el cruel gano
que a tus [illegible] pienso ofrecer
si aqui muriere el villano
que otro en tu padre poner
sobre las canas la mano
canas que fueron [illegible] ceñidas
de mil palmas merecidas
por mil victorias ganadas
de los cristianos amadas
y de los moros temidas

do bl

Pero ya al tocar tu casa
rompiendo el roxo arrebol
la fama del cielo baxa
porq en el partir del sol
le lebo mucho bentaja
todo el sol es de mi parte
pues tengo sol conmigo.
sol — mas si la razon se parte
poca con vro enemigo
esta batalla reparte.
Y pues q llebays razon
mostrad en esta ocasion
y nigo arista bizarro
ese giron de Nabarro
sobre la siel de leon.
Ya soys toda mi esperanza
y mirad q en el vencer
la mayor parte me alcanza
q de ser vra muger
tengo ya sta confianza
Mi madre la misma tiene
y mi nigo aguelo esta
diziendo q le ~~[illegible]~~ entretiene
la honrra, el contrario ya
en q a la plaza no viene.
Por q la espera del rey
ynis — cumpla la mi esperanza Dios
de la suerte q desseo
porq con honrra se be
y nos casemos todos
Dadme señora licensia
para q me baya armar
sol — quien podra haser resistencia
de no sentir y llorar
mas q el peligro la ausencia
estas reliquias tomad
q al cuello llebeys y adios
ini — en el mi sol confiad
yo alumbrandome vos
hays a mi ser claridad

[illegible]

~~Yñi~~

oy soys luz q ~~de mi lealtad~~ por memoria
con el sol de ynmortal llama
alunbrays con tanta gloria
en el tenplo de la fama
la ymagen de ~~[illegible]~~ mi vitoria
no q ~~cudeys~~ q venzere

+

Clara y Mendo
a vista [illegible]

Me) bandera q a punto este
[illegible] ay nuebas de q viene
[illegible] de Binar / q la patiene
[illegible] esperança a mi fee
[illegible]era de la razon
[illegible] nueba satisfacion
del valor de Ynigo Arista

Yñi) el q [illegible] honor conquista.
y a tiene buena opinion
q engendrar lo q es justo
q muestra el valor del pecho
no os de señores disgusto
ver la grandeza del hecho
del [illegible] robusto.
q os tiro q le veays

Men) presto avreys nobles pies
y sio el valor q mostrays
muy bastantemente [illegible]
de la sangre q heredays.
ya vos teneys este nombre

Ym) q diamante no contrastra
quanto mas pecho de un hombre
yo se q ese nombre basta
para q a Binar assombre

+

Un criado

Clara) quanto [illegible] ha venido

Cria) Binar señor ha benido
con diez u doze caballeros
en q de algunos vasallos
haze un esquadron lucido

todos traen astas blancas
con pendones carmesíes
cubiertos de lises blancas
casacas y borceguíes
y armadas las frentes y ancas
sobre los adargas de ante
de azules vandas ~~[illegible]~~ aterciadas
lleva una empresa arrogante
que son dos dagas o espadas
partir queriendo un diamante
a doña Elena su hermana
con grande acompañamiento
trae detrás loca y vana.
Xi) honrras este enterramiento.
viendo que su muerte es llana.
no oyes si la trompeta
pudiera más incitarme
la que a triunfar me incita
y a bolver vengança darme
que el coraçon me ynquieta
me) Arista más reportado
has de entrar que va vencido
el que acomete alterado.
Pinar es rezien venido
que quiera entrar descansado
vamos donde mi consejo
~~[illegible]~~ de padre y de viejo
~~[illegible]~~ tu esposo ... hasen, español
Xi) vos sereys mi norte, y sol
sera de mi honor espejo

entrense y salgan caxa Ordoño
fernan Ximenez doña Elena y
Payo de Pinar armado

...a todo Leon parece
sin descansar arrogancia
tu entrada, aunque la encarece

Ya) no quiero poner distancia
al bien que el honor me ofrece
~~que mas despues que he sabido~~
~~que has de Arista elegido.~~
~~contra mi ... balor~~
~~mucho pierde el vencedor~~
~~quando es tan vil el vencido~~
~~si otro fuera descansara~~
~~mas para tan flaco Arista~~
~~en descansar me afrentara~~
~~quien fama y honrra conquista~~
~~en ningun daño repara.~~
La) tengo esta gente en tan poco
que asimesmo aquel ~~[illegible]~~ no estimaria
por ser temerario y loco
le quise armar de mi mano
y en tales desprecios toco
pero fue a reconocer
los Moros de mi frontera
y agora esta por bolver
ele) si es muerto / Pa) si no lo fuera
aqui le vieras venzer
que alla todos en celada
por dicha le cercarian
que ni el baston ni la espada
sin vida le defenderian
ni el esfuerzo tan desdichada
Ele) siempre pense que aquel hombre
tenia oculto balor
y assi no es saben que me asombre
que me dixesse estaua Amor
de su talle y de su nombre
Ay de mi sin duda es muerto
Pa) ya viene al campo el contrario
de miedo y armas cubierto.
fer) aprestarte es necesario
Pa) de mi victoria estoy cierto.

entren Mendo y Arista
clara, sol, y caxa y gente

Me — tomad señores lugar
ela — si le quiere doña Eleno (?)
con nosotras puede estar
Ele — la conpañia es tan buena
q̄ a la honrra puede honrrar
pero yo estoy bien aqui
Pay — ca Mendo es este el honbre
q̄ viene al canpo por ti
Me — este es mi voz y mi nonbre
yo estoy en el y el en mi
y mi — pareziote poco / pa / Arista
calla y tus armas alista
q̄ ellas te diran mejor
Me — no basta llebar mi honrra
para q̄ al mundo resistas
pa — eso agora lo veras
Me — quiero ver si armado estas
contra el vando / pa / antes desnudo
Me — muere traydor
dale Mendo vna voz
y mano a las (?) llegandole
a reconozer
pa — no pudo
[illegible], mi soberbia mas
traycion me haze [illegible]
atrayzion [illegible] mi hermano
y mi — q̄ has hecho señor / Me / el zelo
de mi honor movio mi mano
Ele — a dios deste agrauio apelo
hidalgos los de Pinar
Me — aqui q̄ a mi herm.o han muerto
ninguno se mueba hidalgos
ni desenbayne su azero
so afrento mis nobles canas
tan vilmente, el bueno vro
debiera considerar
la temeridad del hecho

quien fia de su enemigo
no es honrrado ni discreto
porq̄ puede el agrauiado
matarle aunq̄ este durmiendo
quando yo entre en la estacada
no pense q̄ vn honbre cuerdo
pudiera llegarse a esto
q̄ afrento sin gran rezelo
y aunq̄ de Arista fie
la honrra en este suceso
pudiendola yo cobrar
no puse en duda el efeto
si os mobeys mirad hidalgos
q̄ no escapareys de muerte
pocos soys, muchos los mios
Rey soy, por el Rey gobierno
si esto le paresze alguno
traycion, este caballero
q̄ se trayo al desafio
bolviera por mi derecho
Ele — la soberbia de mis hermanos
en este punto le ha puesto
[illegible]
q̄ a Mendo y a Arista vos
traydores soys fementidos
contra el vando del Rey nro
todos mentis por la barba
ela — pon a tus locuras freno
y pues buelbes por tu hermano
defender mi padre quiero
suelta señor esa espada
Me — clara estas loca q̄ es esto
ela — no eres mi padre / m / si soy
ela — pues yo a mi p.e defiendo
Me — ya no es tpo de esa furia
ya esta mi honor satisfecho
Elena es muger discreta

bien beta razon q tengo.
si le he quitado vn hermano
con darle vn marido pienso
q en algo q ba pagada
y sera el onbre tan bueno
q sea del Rey hermano
cle no es mi mal para consuelo
conozco q como noble
encobrar tu honor has echo
mas yo perdere la vida
o bro Rey niño el Reyno.

Ea conde, con gente y sancho
Don Asturianos y leoneses
caballeros y honbres buenos
los q os teneys por hidalgos
y nunca fuistes pecheros
dexad agrabios y ofensas
dexad batallas y retos
q los Moros de castilla
a bro Rey lleban preso
o alo menos si es berdad
q junto a burgos le han muerto /co
bengad su ynocente sangre. me
q si Abel da vozes al cielo
para vna cosa tan justa
no os escuseys caballeros
q los caballos si hablaran
pidieran sillas y frenos
pasemos a guadarrama
pongamos cerco a toledo.
Vengemos nro Rey niño
por Martin y por Rey nro.
aunq en a esta ocasion
hablar vn onbre grosero

os parezca desbario
estad leoneses atentos
y tu Mendo q vengado
estas de vivir ya muerto
q ya es sabido la historia
porq mi llebar su cuerpo
si es muerto el Rey o cautibo
dexa tu agrauio suspenso.
y de leon y de Asturias
saca los basallos presto.
nonbra vn fuerte capitan
q yo desde aqui me ofrezco
matar por el Rey mil moros
y por cada hidalgo ciento.
Me ya q la falta del Rey
y tu venida me ha puesto
sancho en la lengua las alas
q me cortaua el silencio
digo conde q no vamos
sin Rey pues q Rey tenemos
a bengar el Rey difunto
co Rey / M Rey sues / co q dizes Mendo
me leoneses el Rey Bermudo
prometio casarse vn hijo
con mi hija doña clara
gozola y rompio el concierto
Nanó sancho y doña de
del tratado casamiento
q crie como villanos.
ygnorante del suceso.
Sancho es vro Rey leoneses
herm.o de alfonso nuestro
hijo del viejo Bermudo
de clara y de Mendo nieto

Señor soy de Benauides
todos sabeys si soy bueno
besalde el pie como a Rey
q yo le besso el primero.
Con) Sancho el Conde de galicia
os bessa los pies contento
Fer) Fernan Ximenez señor
da en las Abarcas mil bessos
Cla) yo te abrazo como madre
Sol) yo como herm.a / Ele) y yo quiero
aunq enemigo abrazarte
San) leoneses yo os lo agradezco
pero hazedme vna merced
antes q me deys el ceptro
Co) seruicio sera / San) q a elena
me otorgueys en casamiento
Me) por satisfazer la falta
de su hermano te la ofrezco
si ella al muerto no pareze
en el termino soberbio.
Ele) digo q soy tu muger
y q mas gano q pierdo
pues pierdo vn herm.o loco
y gano vn Rey tan discreto
San) ya leoneses teneys Rey
Me) Rey tenemos / todos) Rey tenemos
San) soy vro Rey / todos) quien lo duda.
San) pues no lo soy / Me) santos cielos
San) Sabed q vn fuerte esquadron
de Moros al Rey lleuaba
cautiuo, en tal ocasion
q cayo muerto quedamos
por esta mano en [illegible]

acometile y mate
tantos moros q libre
al Rey q tengo conmigo
Con) deste agora afirmo y digo
q no tiene ygual tu fee
por esta sola lealtad
Reynar Sancho mereces
M) aquella fidelidad
nacio de la sangre mia
y es hija de mi verdad
en esto conozereys
q es sangre de Benauides
Con) todo el mundo merezes
Fer) q no atlante y como alcides
el Reyno en hombros teneys
San) por el soy / Yni) q gran valor
Cla) es hijo de Rey señor
Yni) luego ya sobrino eres mia
Sol) antes vereys este dia
la firmeza de mi Amor
señor la palabra dada
cumplida a Arista / M) si haze
q mas q mi sangre honrrado
en mi opinion la fe
quando le ciñi la espada

Sancho con el Rey
niño en brazos
con vna corona
en la cabeza

Sa) este es vro Rey leoneses
llegad besalde los pies

con — bien es que asi nos le des
porque tu tambien lo fuestes
que como al arbol le honrra
el fruto que se coge ansi
al rey cogemos de ti
y como al rey damos honrra
como os fue rey y señor

Me — que lagrimas me costays
a todos quantos mirays
soys hijo en lealtad y amor

alf — los moros me cautibaron
mas gracias a dios ya vino
mi hermano, que en el camino
la presa y vidas dexaron

Me — sabeys ya como lo es?

alf — quien que mi hermano no fuera
esta hazaña hazer pudiera

san — besaros quiero los pies

alf — y yo quitar de mi frente
esta corona que es vra.

san — la sangre y amistad nra
esta merced os consiente

alf — tened ~~[illegible]~~ desde oy mas por armas
hen amides un leon
que este arrimado aun baston

san — de tu nobleza me armas
como he a mi madre clara

alf — o clara ~~sclo~~ o rey mi señor
por ser hombre de valor
a tristi y sangre de clara
cedo y [illegible] [illegible]
a sol mi hijo [illegible]

y o a Villamanan tan bien
a Mansilla y a Val[illegible]

San. Si hazeys merced a casados
con doña Elena [illegible]

Al. Sancho diez villas os doy
al hazer, en mis estados

Me. mas te den [illegible] q pides
bien mi agrabio se remedia.

San. Aqui acaba la comedia
del primero Benavides

En Madrid a 15 de Junio
de 1600

Lope de Vega Carpio